语义元语言中的观察者范畴

周淑娟／著

吉林大学出版社

·长春·

图书在版编目（CIP）数据

语义元语言中的观察者范畴：汉、英、俄 / 周淑娟
著. -- 长春：吉林大学出版社，2022.10
ISBN 978-7-5768-0984-8

Ⅰ.①语… Ⅱ.①周… Ⅲ.①语言学 – 研究 – 汉、英、
俄 Ⅳ.①H0

中国版本图书馆CIP数据核字(2022)第206046号

书　　名：语义元语言中的观察者范畴
YUYI YUANYUYAN ZHONG DE GUANCHAZHE FANCHOU

作　　者：周淑娟
策划编辑：黄国彬
责任编辑：王　蕾
责任校对：单海霞
装帧设计：刘　丹
出版发行：吉林大学出版社
社　　址：长春市人民大街4059号
邮政编码：130021
发行电话：0431–89580028/29/21
网　　址：http://www.jlup.com.cn
电子邮箱：jldxcbs@sina.com
印　　刷：永清县晔盛亚胶印有限公司
开　　本：787mm×1092mm　　1/16
印　　张：14.5
字　　数：230千字
版　　次：2023年6月　　第1版
印　　次：2023年6月　　第1次
书　　号：ISBN 978-7-5768-0984-8
定　　价：78.00元

前　言

　　观察者是释义元语言中的一个概念单位符号，是对某些语言单位（例如词汇、句子、篇章）和语言范畴（例如时、体、指示）等进行元语言释义时必不可少的语义成分，一旦缺少观察者，相应释义就会欠完整。观察者是对语言现象进行分析的工具，因此也被称作元范畴或元概念。随着认知科学的发展，观察者在语言学中的运用越来越广泛，成为现代语言学中最引人注意的概念单位之一。

　　观察者存在于语素、词汇、句子到篇章等不同的语言层面。作为一种分析工具，观察者首先被运用于词汇语义分析，也可以成为整个词汇系统的一个分类标准。随着研究的深入，"观察者"概念被语言学研究广为接受，其外延也在不断扩大。在语言单位和语言范畴描写的情景中，观察者是指语言中主体的一种呈现方式，具有人的物理性、生理性和精神性特征，因此，作为物质实体，观察者占据特定的时空位置（充当指示主体）；观察者具有感知能力（充当感知主体）、思想意识和价值判断能力（充当意识主体）。观察者与观察对象密不可分，共同构成了观察情景。在观察活动中，观察者和观察对象具有不同的空间位置关系，观察者可能位于观察对象之中，或者位于观察对象之外，这些特征可以通过语言形式表达出来。此外，观察者与观察对象处于特定的相对运动关系，观察者可能处于相对静止或者相对运动的状态，在描写俄语空间客体分布的情景中，这一特征影响到对动词时体形式的选择。

　　正是基于上述原因，笔者在读博士期间查找了大量的有关观察者研究的文献资料，系统研究了语言学中观察者相关的理论，整理了例证，主要从俄罗斯语言学家Е. В. Падучева等关于观察者的学术思想出发，广泛吸收国内外其他学者的观点，借助认知语言学、语义学和语用学等多学科理论成果对观察者概念进行系统化的审视，对语言学中"观察者"概念的内涵和外延、存在范围、解释力以及它在语言学中的作用进行研究。本书是本人博士期间研究成果的总结，是在博士论文基础上整理而成的。

通过深入而广泛地研究涉及观察者的文献资料，本书描述了观察者研究的历史，说明了"观察者"概念在语言学研究中由朴素概念上升到科学概念的过程，分析了"观察者"概念化的理论依据，阐释了"观察者"概念及和观察过程相关的其他一些概念（例如观察、可观察性、观察对象）之间的联系及区别，根据观察者的自然属性和语言属性，采用不同标准对观察者进行分类，揭示形容词、名词、动词等词类语义及空间客体分布动词、显现类动词时一体语义中的观察者意义成分，并尝试与汉语中的相应现象进行对比研究，说明了观察者概念对不同层面语言事实具有较强的解释力，同时对不同的语言具有一定的普适性。

本书研究表明："观察者"概念普遍存在于语言中，是对语言的语义和结构具有重要影响的范畴，可有效、合理地解释一些语言学现象。"观察者"概念可以区分和充实语义，有助于完善语言的语义系统。

本书在撰写过程中参考、引用了国内外最新出版或发表的一些认知语言学、语义学和语用学等多学科理论成果，特此说明，并向各位专家致以谢意，同时向一直以来支持、关心我的国内外俄语界的同行、朋友、亲人表示衷心的感谢，并请不吝赐教。

由于作者水平有限，书中定有不当之处，欢迎各位专家和同仁批评指正，作者将不胜感激。

作者于吉林外国语大学

2022年3月1日

目　　录

绪论　研究语义元语言中观察者范畴的意义

第一节　选题的意义

一、选题的时代背景

语义元语言范畴观察者（наблюдатель, observer，下文简称观察者）早在20世纪60年代已经用于语言学研究。在俄罗斯，首先明确这一概念并使用不同例证对其进行说明的是俄罗斯著名语言学家、莫斯科语义学派的代表Ю. Д. Апресян。他在词汇语义研究中将观察者分为常规观察者（тривиальный наблюдатель）和非常规观察者（нетривиальный наблюдатель）[①]。任何表述中都存在广义的、常规观察者，即使是在Идёт дождь.（下着雨。）这样非常简单的表述中也存在着一个感知下雨的主体。这种常规观察者无处不在，但并不是我们的主要研究对象。"只有当观察者是某一语言单位的一部分、而不是整个表述语义的一部分时，即观察者发生词汇化和语法化时才成为非常规观察者。此时，只有借助观察者概念才能充分解释相应的词汇意义或语法意义。"[②]

观察者起初并不是现代语言学的直接研究对象，而是对语言单位（例如词汇、句子、篇章）和语言范畴（例如时、体、指示）进行分析的工具，是释义元语言（метаязык, metalanguage）里面的一个概念符号，因此被称作元范畴（метакатегория）或元概念（метапонятие）。

[①] Апресян Ю. Д. и др. Новый объяснительный словарь синонимов русского языка[Z]. М.: Школа «Языки славянской культуры», 2003: 43.

[②] Апресян Ю. Д. и др. Новый объяснительный словарь синонимов русского языка[Z]. М.: Школа «Языки славянской культуры», 2003: 36.

　　观察者概念广泛应用于词汇语义学、词典学、句法语义学（Гловинская，1982，Падучева，2004）、语言类型学（Talmy，1983；Рожанский，2000）以及功能语法（Золотова，2000）等研究中。从传统而言，观察者作为元语言学概念，在术语上被定义为隐性题元(фиктивный актант)，在句法表层并不表现出来，是一种"具有指示意义的隐性句法题元，不能通过从属于动词的名词性成分表达，但却是词汇单位不可或缺的释义成分"[①]。例如：Пришёл Петя.（别佳来了。）这句话表示的是别佳开始处于观察者所在的位置。一些表示空间意义的名词、形容词、副词、前置词、状态词以及一些动词的元语言释义中均包含观察者元素。由于"观察者"概念的引入，解释和使用上述词语时就有了一套自己的规则。例如высота контейнера（箱子的高度）表示观察者是从侧面来判断箱子的垂直距离，而глубина контейнера（箱子的深度）则表示观察者是从箱子的内部（或上部）来判断其垂直距离。

　　俄罗斯语言学家Е. В. Падучева认为，"观察者"概念是"现代词汇语义学中最引人注意的概念之一"[②]。她在Апресян等人的研究基础上将"观察者"概念深化，并在词汇动态语义研究、动词时—体语义研究、篇章语义研究中广泛而普遍地采用了"观察者"的概念。"观察者"概念是Падучева语言学思想中引人注目且卓有成效的分析工具之一。"观察者"概念被Падучева用于自己不同阶段的语言学研究中，她对这一概念的理解和认识逐渐深化，分析和解释的语言现象也日益广泛，显示了这一概念在语言学中的强大解释力和高度的科学价值。

　　相比而言，Падучева的研究范围更广泛、系统性更强、对语料的分析更深入、细致和透彻。她提出的解释机制也被Апресян等学者认可。她对作为语义分析工具观察者的分类标准和分类结果也是独树一帜、深刻而富有创见。所以，本书的研究主要借鉴和参考Падучева的相关研究，兼顾Апресян、Бодндарко以及Кравченко等学者的理解和成果。

---

① 张家骅. 俄罗斯语义学——理论与研究[M]. 北京: 中国社会科学出版社, 2011: 82.

② Падучева Е. В. Наблюдатель как Эксперидент «За кадром»[A]. Слово в тексте и словаре: сб. ст. к 70-летию акад. Д. Апресяна[С]. М.: Школа «Языки русской культуры», 2000: 176-192.

由于观察者概念属于普适的分析工具，这不仅仅对认知语言学，而且对语言哲学、认知理论和哲学方法论等具有重要的意义。

二、选题的现实性

　　本研究符合现代语言学研究发展转变的时代需求。从研究语言的结构—系统关系转向研究语言在人类认知世界中的角色，研究人类本身在语言中的作用，以观察者为基础的朴素世界的可感知性深入到语言的各个层面。由于观察者和观察对象（наблюдаемое）之间的相互关系总是处在一定的观察活动（наблюдение）过程中，两者之间还存在着一种特殊的感知关系，即观察者对观察对象的认知—感知关系（перцептивно-когнитивные отношения），所以对观察者、观察情景和观察对象的关注是语义研究（词汇、语法、篇章）中必不可少的且卓有成效的分析方法。作为元语言概念的观察者，在认知研究中需要形成和确定概念术语。因此，本书的现实性首先体现在对"观察者"这一范畴系统全面的阐释，采用俄、汉这两种不同语系的语言对"观察者"概念的研究，说明了这一概念的普适性，而且，本书引入观察对象的概念，补充了对"观察者"的认识，促进了对语言学现象的合理解释。

　　对日常的朴素世界图景和科学世界图景相互作用的研究成为目前决定学科现代发展的迫切问题之一，这与观察者密切相关。观察者概念不仅体现了语言的主观性特征，也体现了语言的客观性特征。作为体验者的原型观察者（感知主体）的观察结果是客观的，而作为意识主体的观察者的观察结果就带有主观性。因此，本研究同时也反映了21世纪以来出现的总体趋势，即人类中心主义（антропоцентризм）方向的综合性、一体化研究。对观察者做出合适的解释必须吸收交叉学科的知识，其中包括哲学、心理学、认知生物学，还有现代哲学观念和语言学理论。

三、选题的理论意义和实践价值

　　本书以Е. В. Падучева的观察者研究成果为基础，借助国内外语言哲学、认知语言学、语义学、语用学、叙事学等多学科理论成果及学术思想对观察者概念进行审视，并对其现象背后深层的认知因素做出阐释，以期对"观察者"概念进行更为深入的研究。本书的研究不仅仅具有重要的理论意义，还具有一定的实践价值。

（一）理论意义

第一，"观察者"概念的研究可为语言学相关领域（词汇学、语法学、语言文化学、叙事学等）的持续性研究提供借鉴。

第二，对语言词汇、语法、篇章语义层面观察者的分析，可验证观察者概念在解释不同层面语言现象的能力（由于篇幅所限，本书并没有涉及篇章语义层面的观察者）。

第三，语言现象只有通过比较，才能揭示出其实质性的用法和特点，通过"观察者"概念在俄汉中解释力共性和差异的研究，可以深化我们对俄、汉两种语言的认识。

第四，将俄罗斯学者的研究成果介绍到国内，对国内语言学理论的发展具有借鉴意义，并可以加深对汉语的理解和认识。同时汉语语料可以为"观察者"研究开辟更为广阔的空间，验证"观察者"概念的解释力，有助于全面解释语言单位的功能。

（二）实践价值

首先，对语言学中"观察者"这一重要概念的理解可以作为语言学基础理论专题内容直接应用到语言学教材中。

其次，本书的研究成果以及文中分析的具体实例可以直接应用于外语教学和翻译学，对俄、汉语的理论教学和实践教学起到辅助作用。

最后，对"观察者"概念词汇化手段的分析成果对词典编纂具有一定的指导意义，可应用于词典编纂实践。

第二节　本书的结构

本书除绪论和结束语外，主要分五章展开论述，研究重点是第四章和第五章，其中对词汇语义和语法语义中的观察者因素进行了深入的阐释。

绪论部分介绍了本书的选题依据、选题的现实性、理论价值、实践意义、研究方法、语料来源、创新之处以及本书的框架结构等，说明在人类中心主义思想影响下，对语言主、客观性的研究具有迫切性。结束语部分概括了本书的研究结果，指出本书研究中存在的不足和今后进一步研究的方向。

　　第一章描写了"观察者"在国内外语言学中的研究现状，尤其是这一概念在俄罗斯语言学界的研究历史、研究范围即主要的研究成果，并就现状进行了评述，指出在欧美、俄罗斯和中国语言学界研究的突出成就和现存的不足，指出本书主要的研究方向和内容。

　　第二章主要明确语言学中的"观察者"概念，分析了这一概念从日常概念到科学概念的提升过程，阐释了与观察过程相关的一些概念，例如"观察""观察对象"和"可观察性"等。说明了观察是人认识和改造世界的首要信息来源，是人类经验中的基础性部分，进而说明了观察现象的共性特征以及观察者存在的普遍性，对"观察者"概念进行了界定。

　　第三章主要根据Падучева对"观察者"概念的研究和相关思想，对语言学中的"观察者"进行了分类。本书主要的分类标准是观察者的本体性功能特征，从观察者作为有机体、有意识的主体角度出发，将观察者分为三种类型。同时，根据观察者在观察行为中相对于观察对象的特征，也可以对观察者进行分类。观察者的不同类型都有相应的语言学表现形式，并且观察者的存在与否能够影响到句子的表层结构。

　　第四章和第五章是本书的重点，借助观察者概念展开实证分析，揭示词汇、语法语义中的观察者信息，从而验证观察者的分析潜力。

　　第四章以语言中的主要词类——名词、形容词和动词中的观察者因素为分析对象，从时空关系、情感、评价意见、感知呈现等不同角度研究了词汇语义中包含的观察者形象，说明了观察者因素在语言中存在的普遍性。

　　第五章进一步从语法层面对观察者进行分析，主要研究了动词的时—体范畴以及名词的数范畴特征，说明了观察者因素在语法层面的表现形式以及对语言现象的影响。

　　为了方便进一步研究，本书附录中提供了《俄语空间客体分布动词一览表》和《俄语显示类动词一览表》。

第三节　本书的创新

本书力求在吸收国内外相关研究成果基础上，坚持理论探讨与实证研究相结合、定性与定量相结合，对语言学中的观察者进行系统分析。本书的创新体现如下。

第一，本书系统性地梳理了俄语语言学中对"观察者"这一概念研究的成果，尤其是 Е. В. Падучева 等语言学家对观察者的研究成果。

第二，本书吸收众家观点，主要继承和发扬了 Падучева 的学术思想，将语言学中的"观察者"概念纳入系统化研究中。根据 Падучева 提出的"观察对象不存在"和"观察对象缺席"的相关论述，将观察对象纳入对观察者的研究中，并对其做了深层次的阐释。

第三，本书揭示了词汇语义、语法语义中的观察者因素，有助于深入认识语言的客观性和主观性特征。通过俄、汉语对比研究，充分说明这一概念的解释力。

第四节　本书的研究方法和语料来源

一个完整的科学认识过程往往都要经历从感性认识到理性认识，再复归到实践等阶段，而各个阶段都有与各具体内容相对应的科学方法。"语言是多维存在的，只有整合更多的研究方法、综合更多的研究数据我们才能够更好地对各种语言现象做出更加合理的解释。"[①] 因此，本书采用的主要研究方法如下。

一、文献研究法

本书通过调查文献获取了国内外相关研究材料，在分析和研究材料的基础上，全面地、正确地了解"观察者"相关研究历史和现状，形成关于"观察者"概念的认知，为本书的研究奠定基础。

---

① 段芸, 莫启扬, 文旭. 认知语料库语言学刍议[J]. 外语与外语教学, 2012(06): 39.

二、定性与定量相结合

本书将定量和定性的分析方法相结合，进行研究。"定性研究方法和定量研究方法在揭示问题的深度和广度上各有所长，前者从深度挖掘语言理论，而后者则从广度对语言诸方面加以描写。定量研究以大量的数据表明语言发展的趋势，而定性研究则对定量方法所揭示的语言发展趋势作深度分析，两种研究方法相辅相成。"① 因此，本书有效结合定性与定量分析方法，对文中研究材料进行了基于词典释义和日常认知基础上的聚合语义特征提取，运用归纳和演绎、分析与综合以及抽象与概括等方法，对获得的各种语料进行加工，从而达到认识事物本质、揭示内在规律的目的。

三、描写与解释相结合

描写与解释是语言学中相辅相成的研究方法。描写是解释的基础，而解释是更深入的探索，是"语言研究的'最终目的'"② 。本书主要借助结构主义语言学相关理论，描写俄、汉语词汇的形式特征，借助"观察者"概念对语言现象进行阐释。

四、静态与动态相结合

静态的语言系统一直是语言学家研究的主要对象。这一系统是高度概括的、不掺杂使用者个人成分的，是语言学家规定出来的一个"语言模型"（языковая модель）。该系统也正是以其相对的稳定性来保证研究的可操作性。然而语言毕竟是在实际运用过程中鲜活存在的，如果无视语言运用中的常态和非常态表现，语言研究将失去描写与解释的源泉。因此，要使研究更为全面、系统，应兼顾静态、动态两方面。笔者在研究过程中不仅参考了大量的辞书，而且还深入到语料库中，观察实际使用中的动态特征，以实现词对汇语义及语法语义中观察者的充分描写。

---

① 梁茂成. 理性主义、经验主义与语料库语言学[J]. 中国外语, 2010(04): 95.
② 沈家煊. 不对称和标记论[M]. 南昌: 江西教育出版社, 1999: 6.

五、受限与化简相结合

由于词汇系统的庞大和繁复，面对开放性的词汇，笔者采取化繁为简的方式，提取俄汉语中某一类型的词汇作为一个受限的研究对象，使其成为一个封闭域，建立典型的词汇语义群理论模式，进行穷尽式研究。

本书研究的语料主要包括俄语语料和汉语语料两部分。俄语语料主要源自«Национальный корпус русского языка»（《俄语国家语料库》），部分语料出自现当代知名作家的作品，还有个别例句出自MAC、БАС词典。汉语语料主要源自北京大学中国语言学研究中心《CCL语料库（网络版）》，还有个别例句出自《现代汉语词典（第六版）》。

文内未加标注的俄语例句均源自俄语国家语料库，汉语例句均源于北京大学中国语言学研究中心《CCL语料库（网络版）》，而源自其他的例句均注明了相应出处。

第五节　关于本书中的术语和译名

本书术语包括两种，一种是国内已经有翻译的术语，基本上沿用相关领域权威著作、语言学术语词典中的固定翻译；另外一些术语鉴于无相关参考，由本人翻译。术语一般给出外文形式。

译名。俄语语言学家姓名通常使用原姓名，非俄文的外国语言学家姓名通常采用英文转写形式。对于所有首次出现的外国人名，使用其全称形式，再次出现时只用姓氏。所有外国语言学家一般不使用汉语译名形式。

第一章 语言学中观察者的研究述评

观察者起初并不是现代语言学的直接研究对象，而是分析语言现象的工具，是释义元语言里面的一个概念单位，因此被称作元范畴（метакатегория）或元概念（метапонятие）。"观察者"早在20世纪60年代就已经被用于语言学研究，在解释语言的主、客观性现象、词汇语义、句法结构等相关研究中取得了一系列成果。借助"观察者"概念可加深对语言本质的认识。

观察者作为一种分析语言现象的工具，在语言学研究中有着久远的历史。欧美、俄罗斯和中国语言学界在相关研究中都取得了可资借鉴的成果。

第一节 欧美语言学界观察者研究述评

欧美语言学研究中观察者概念始于对指示[①]（deixis）现象的研究。

C. J. Fillmore（1968）在著作中首次提出了"观察者"概念，他借助观察者概念分析一些具有"显现、呈现"意义的词汇（例如动词to lurk"闪烁，闪耀"），说明动词描写的情景中存在着一个隐性的观察者。在随后的研究中Fillmore（1975）进一步指出了空间表达的两种方式：①指示用法（deictic use），即空间词语表示的位置相对于说话人自身的方位特征；②非指示用法（nondeictic use），即空间词语表示的位置相对于参照物的内在方位特征。例如，在"此处禁止倒垃圾"中，"此处"应当被理解为"受话人（观察者）所位于的地方"，至于说话人的"此处"，在此无关

[①] 指示是语言语用学的基础性范畴之一。"deixis"在国内语言学界通常被翻译成"指示"，它和国内汉语界语言学家沈家煊的"直指"概念相对应——笔者注

紧要。这种形式的表述几乎与说话人无关，并且参照受话人的当下时刻和当时的地点。试比较Fillmore（1981）的一个例证：门上的便条写着"I may be in room 2114"（"我现在可能在2114房间"），其中现在时表示的并不是便条被书写的时间，而是书写者预期中受话人可能会读到这一便条的时间，也就是说，时间被投射到受话人。这种将指示的参照主体由说话人转移到受话人的理解方法被称为"指示投射"（дейктическая проекция）。指示投射是理解不同的标牌、路标、口号和告示等交际符号中指示成分的一个基本策略。但是，对于不同的词汇和不同的语言，指示投射的适用条件并不相同。例如，J. Lyons指出，英语中这种投射适用于"come"，但在类似的条件中，"here"却不能采用指示投射的策略进行解释。

在Fillmore和Lyons的基础上，Miller和Johnson Laired（1976）把空间参照分为内在系统（intrinsic system）和指示系统（deictic system），分别对应Fillmore所言的非指示用法和指示用法。在上述各位学者的理解中，指示用法或者指示系统中都存在着一个指称参照点，是情景潜在参与者（观察者）。

S. C. Levinson（1996）在专著《语言与认知的空间——认知多样性探索》中更为详细地划分了空间表达的参照系（frames of reference），包括内在的（intrinsic）、相对的（relative）和绝对的（absolute）参照系三种。绝对参照系使用"东、南、西、北"、经度和纬度等表达空间位置，这一系统与任何观察者无关；内在参照系利用参照物自身的方位特征表达空间位置（例如"前、后、左、右"等），相当于Fillmore所言的非指示用法[①]；而相对参照系利用观察者身体坐标的方位角度表达空间位置，相当于Fillmore所言的指示用法。这是观察者指示性用法研究的深化。Levinson的研究极大地推动了语言与认知研究的进程，特别是语言空间认知研究，拓宽了认知语言学研究的视野。

此外，欧美学者在时空范畴的研究中也经常使用观察者概念。通常认为，对空间和时间的认识与人自身的身体构造、观察事物的视角和运动

---

① 由于参照物可能属于自然物或人造物，对它的解释方式并不相同。详见下文"树前""房前"等相关解释——笔者注

方向等因素紧密相关。^①空间中的"前后、上下"等关系被投射到更为抽象的时间关系中："人的躯体是一个自我解释的实体，具有过去、现在和将来三个维度。"^②实体的维度决定时间认识中空间的方向性，时间与人的这种相互关系可解释时间的方向性与人身体朝向相关的时间位置。时间运动和存在的方位与观察者有直接关系。在时间的运动中，过去、现在和将来分别与观察者相关联：观察者所处的方位是现在，他前面的空间是将来，后面的空间是过去。^③ V. Evans研究了人所理解时间的结构。他划分出了时间的词汇概念以及对时间的三种认知模式：时间整合移动（complex moving time）、自我整合移动（complex moving ego）以及整合时间顺序（complex temporal sequence）。其中"时间整合移动"是一种需要观察者充当指示中心的认知模式，时间运动相对于观察者而进行。而当时间被理解为运动着的物体、从而成为一个空间隐喻后，作为运动物体的时间，它的方向性总是与观察者视角相关：观察者看到的是时间面向自己运动，时间的经过就是运动，例如：Two hours passed by.（两个小时过去了。）时间的流逝被视为从身边经过。

　　不管是时间整合移动、还是自我整合移动，其理解方式在本质上都是自我中心的，时间运动方向取决于观察者的身体朝向和观察视角，从该意义上而言，时间的存在与运动、与人的存在密不可分，这与哲学的存在论观点一致。

　　此外，《认知语法导论》(*Cognitive Grammar: A Basic Introduction*)的作者R. W. Langacker广泛使用了观察者概念（1991，1999a，1999b，1999c，2008）。Langacker认为，根据认知语法理论可以很自然推导出来观察者存在的必要性和合理性，例如：语义对客观情景的依赖性，即语义化（概念化）过程在很大程度上依赖感知方式。如果采用不同的感知方式

---

① 肖燕. 时间的概念化及其语言表征[D]. 重庆: 西南大学, 2012.

② Dreyfus H. L. Human Temporality[A]. The Study of Time II Proceedings of the Second Conference of the International Society for the Study of Time[C], Berlin. Heidelberg. New York: Springer-Verlag, 1975:150-162.

③ Lakoff G. & M Johnson. Philosophy in the Flesh[M]. New York: Basic Books, A Member of the Perseus Books Group. 1999:140.

（如视觉感知、触觉感知等）来感知情景，那么这些情景有时会在感知中处于重要地位，变成图像，有时会处于次要地位，变成背景。^① 在研究科拉语（Cora）的词类问题时，Langacker使用了观察者（他采用的术语是viewer）概念，他非常关注这些语气词的重要意义（意义的使用），指出了事物的结构特征（内部和外表）、深入内部（深、浅）、水平方向的视线投向、是否可感知等。研究表明，意义的这些方面取决于是否存在着视觉感知主体（或观察者）。

观察者和其在时空中位置的重要性在S. Shapiro等学者的研究中占有很大比重。暗含在叙述上下文中被描述的人被作者称为"perspective ego"（直观自我），即正在观察的人。这一人物也可以被称为"perciver"（感知主体）。为了准确地描写、观察或者理解叙事中的场景，必须引入相应的被描述的"元对象"，从观察者的角度对情景做出的观察和评价。

其他学者的研究中也采用"说话人"（speaker）（Fillmore，1972）、"叙事者（narrator）"（Prince, 1987）、"视角或者观察点（perspective / point of view）"（Cresswell 1990，Dijk & Kintsch 1983，Prince 1982）、"场景的假设观察者"（hypothetical obsever of the scene）（Cresswell 1985，1990）等近义术语。

此外，观察者具有指示主体的特征，占据一定的时空位置。在理解篇章时，观察者在时间和空间方面的"远近"，可以被看作是指示在篇章中的投射。观察者范畴在叙事研究中占据重要地位，与"视角""时空""叙事模式"等概念有着紧密的联系。

通过对欧美语言学界观察者的研究现状概述，我们发现，欧美语言学界对观察者的研究极大地推动了语言与认知研究的进程，特别是语言空间认知研究，拓宽了认知语言学研究的视野。

---

① Langacker R. W. Concept, image, and symbol: The cognitive basis of grammar[M]. Berlin; New York: Mouton de Gruyter, 1991: 35.

第二节　俄罗斯语言学界观察者研究述评

就纯语言学研究、而不是语言哲学研究的角度而言，"观察者"概念对俄语的解释力比英语更大。这主要是因为，英语在更大程度上是一种分析语，而俄语是一种比较典型的屈折语，更多的语义是通过语法手段，而不是词汇手段来表达的。俄罗斯学者对这一概念更加关注，相关研究成果十分丰富。

俄罗斯学界普遍认为，首先提出"观察者"这一概念并使用不同例证对其进行说明的学者是俄罗斯莫斯科语义学流派的代表人物Апресян（1986，1995）。但是，通过对相关资料的深入挖掘，我们发现，实际上А. М. Пешковский早在1956年就使用了这一语言分析工具。[①] 虽然Пешковский并没有给观察者概念做出明确的定义，但他在研究词类语义以及系列空间前置词的意义时，不止一次使用到该概念。其研究不但早于Апресян，也远远早于欧美学者的研究。[②]

观察者概念被Пешковский广泛地应用于形容词、动词和前置格结构的语义解释过程中。例如在解释Он ленивый.（他懒。）/ Он белый.（他是白色的。）以及Он ленится.（他在偷懒。）/ Он белеет.（它正在变白。）之间的语义区别时，Пешковский指出，形容词表示事物恒常的、与时间属性无关的特征，并没有指出特征被观察到的时间，因为说话人认为这种特征始终存在且保持不变。[③] 而在动词中，特征是作为事物的行为而被表现出来的，是一个动态性呈现状态的过程。动词的现在时或者过去时等时间形式表明，事物的特征只在某一时刻或者是某一特定时期被观察到的。[④] 由

---

① Пешковский А. М. Русский синтаксис в научном освещении[M]. М.: Государственное учебно-педагогическое издательство министерства просвещение РСФСР, 1956.

② Апресян Ю. Д. «Русский синтаксис в научном освещении» в контексте современной лингвистики[C]. Русский синтаксис в научном освещении. 8-е изд., доп. М.: Языки славянской культуры, 2001: 11

③ Пешковский А. М. Русский синтаксис в научном освещении[M]. М.: Государственное учебно-педагогическое издательство министерства просвещение РСФСР, 1956: 84.

④ Пешковский А. М. Русский синтаксис в научном освещении[M]. М.: Государственное учебно-педагогическое издательство министерства просвещение РСФСР, 1956: 85.

此我们可以得出结论：其他时刻或其他时期，这种特征可能没有出现或者并不存在。

此外，在研究前置词词组的语义时，Пешковский也使用了观察者概念。他对"за+空间名词第五格"结构的意义描述为："行为发生于名词所表示事物所在空间的另一面。与此同时，'另一面'的实际意思可以根据上下文的条件而发生变化。"① "另一面""对面"可以表达三种意义，Пешковский分析了其中两个和观察者相关的意义：

（1）根据和观察者的关系，"另一面""对面"可能比"这面""这边"距离观察者更远。观察者在大多数情况下就是说话人，例如：Я стоял у реки; за рекой простирались...（我站在河边，河对面……延伸。）有些时候也可能是被强调出来的其他人，例如：Представьте себе, что вы стоите на берегу реки; за рекой простираются...（想象一下，您正在站在河边，河对面……在绵延。）

（2）"另一面""对面"也可能指事物的背面。例如：Я стоял за ним в очереди.（我排在他的后面。）

上述分析证明，Пешковский不仅使用了观察者概念，还将其和说话人对立起来。此外，Пешковский还首次将可以从解剖学或物理学角度进行切分和不可切分的事物对立了起来。但是，正如前文所述，他并没有对观察者概念做出明确的定义，因此，当时该概念并没有被关注。

Апресян在《词汇语义学》（*Лексическая семантика*）一书中正式提出了"观察者"概念，并对其做出了描写性的阐释。② 在后续的研究中，Апресян深化和发展了该概念，以此为工具解释了一系列的语法和语义现象。③

---

① Пешковский А. М. Русский синтаксис в научном освещении[M]. М.: Государственное учебно-педагогическое издательство министерства просвещение РСФСР, 1956: 308-309.

② Апресян Ю. Д. Лексическая семантика: Синонимические средства языка[M]. М.: Наука, 1974: 68-69, 113, 161.

③ Апресян Ю. Д. Типы информации для поверхностно-семантического компонента модели «Смысл<=>Текст»[M]. Wien: Wiener Slawistischer Almanach, 1981.

Апресян Ю. Д. Дейксис в лексике и грамматике и наивная модель мира[J]. Семиотика и информатика, 1986(28).

　　Апресян将观察者纳入元语言的语义单子（примитив）之中，认为观察者是带有指示性质的意义成分，是一种隐性句法题元，不能通过从属于动词的名词性成分表达，却是许多词汇单位不可或缺的义素成分。[①][②] 此外，他将景色描写中的观察者分为内部观察者（внутренний наблюдатель）和外部观察者（внешний наблюдатель）。Апресян在专著《词汇语义学：语言的同义手段》（*Лексическая семантика: Синонимические средства языка*，1974）、《语言的整合描写和系统词典学》（«*Интегральное описание языка и системная лексикография*»，1995）、《俄语同义词新详解词典》（*Новый объяснительный словарь синонимов русского языка*，2003）以及一系列本书，如《词汇和语法中的指示现象以及朴素的世界图景》（*Дейксис в лексике и грамматике и наивная модель мира*，1986）、《词条виться₂, извиваться₂, змеиться₁, петлять₂, вилять₂》（*Словарная статья виться2, извиваться2, змеиться1, петлять2, вилять2*，1997）、《动词词条гореть》（*Словарная статья глагола гореть*，1991）、《论语言单位意义的结构》（*О структуре значений языковых единиц*，1983）、《论莫斯科语义学派》（*О московской семантической школе*，2005）等研究中，都对观察者概念及其解释力进行了阐释。

　　继Апресян之后，很多学者都开始对观察者概念表现出浓厚的兴趣，由此，观察者概念广泛运用于包括词汇语义学和词典学在内的语言学各个学科研究中，典型的代表有莫斯科学派的Падучева，Г. И. Кустова等，彼得堡功能语法学派的А. В. Бандарко以及伊尔库茨克认知语言学派的А. В. Кравченко等。

　　Падучева将观察者概念广泛应用于词汇语义、语法语义和篇章语义的研究中。Падучева的研究成果颇为丰富，代表性著作有：《语义研究：俄语时体范畴的语义》（*Семантические исследования: Семантика времени и вида в русском языке. Семантика нарратива*，1996）、《词汇语义的

---

① Апресян Ю. Д. и др. Новый объяснительный словарь синонимов русского языка[Z]. М.: Школа «Языки славянской культуры», 2003: 19.

② 张家骅. 俄罗斯语义学——理论与研究[M]. 北京: 中国社会科学出版社, 2011: 82.

动态模式》（*Динамические модели в семантике лексики*, 2004）；相关代表性本书有：《作为观察者的说话人：语言学应用于诗学的一种可能性》（*Говорящий как наблюдатель: об одной возможности применения лингвистики в поэтике*, 1993）、《否定句中的生格：句法还是语义？》（*Родительный субъекта в отрицательном предложении: синтаксис или семантика?*, 1997）、《声响动词常规性多义聚合体》（*Парадигма регулярной многозначности глаголов звука*, 1998）、《作为"幕后"体验者的观察者》（*Наблюдатель как эксперимент "за кадром"*, 2000）、《观察者：类型及可能阐释》（*Наблюдатель: типология и возможные трактовки*, 2005）、《配位结构、否定生格、观察者》（*Диатеза, генетив отрицания, наблюдатель*, 2006）、《篇章词和篇章范畴：解释机制》（*Дискурсивные слова и категории: режимы интерпретации*, 2008）。

Падучева从本体论出发，在语言单位或者语言范畴所描写的情景中，将观察者的所指概念化为感知主体（如视觉主体、听觉主体、味觉主体和触觉主体等）。观察者是语言自我中心主义（эгоцентризм）的一种体现形式，可以出现在典型交际情景（日常交谈话语）和叙事情景（电话交谈、书信和篇章交际等）中，不同的交际环境影响到观察者的体现形式以及充当观察者的主体形式。她分析了言语机制、叙事机制和主从句法解释机制中的观察者的语义指向。她将观察者和配位结构（диатеза）联系起来。在研究包含观察者的感知动词的意义和用法时，Падучева指出，只有感知主体或体验者（экспериент）在句法表达上不占据位置，即退居"幕后"（уходить за кадры），并在上下文中获得纯指示功能时，他才能成为观察者。[1]此外，Падучева还对观察者进行了分类和阐释。[2]

应当指出的是，Апресян和Падучева对观察者的理解并不完全一致。

---

① Падучева Е. В. Наблюдатель как Эксперисент «За кадром»[A]. Слово в тексте и словаре: сб. ст. к 70-летию акад. Д. Апресяна[C]. М.: Школа «Языки русской культуры», 2000: 185, 198.

② Падучева Е. В. Наблюдатель: типология и возможные трактовки[A]. Сборник «Компьютерная лингвистика и интеллектуальные технологии». Труды международной конференции Диалог 2006[C]. М.: Изд-во РГГУ, 2006a.

Апресян将观察者理解为释义中的隐性题元，这种观察者不受上下文影响，而Падучева在Апресян的思想基础上，将观察者思想做了进一步的扩展和深化，将其概念的外延扩大化并将观察者和配位结构（диатеза）联系在一起，将观察者纳入动态语义学中。

Кустова继承了Падучева的学术思想，认为带有观察者配价的показаться₁是показаться₂（例如показаться врачу）的语义派生，在показаться₂中体验者是用予格表示的，这种语义派生模式能解释一般的体验者转为观察者的现象。Кустова相关领域的主要代表作有：《变化动词：过程和观察者》（*Глаголы изменения: процесс и наблюдатель*，1993）、《直观事件：参与者、观察者、视角轨迹》（*Перцептивные события: участники, наблюдатели, локусы*，1999）以及专著《派生意义的类型及语义派生机制》（*Типы производных значений и механизмы семантической деривации*，2000）等。

Кравченко（2001）是认知语言学研究观察者的代表人物，他为观察者范畴研究做出了重大的贡献。Кравченко将观察者概念用于研究感知、语言范畴化的认知基础以及语言世界图景的建构。他对观察者概念表现出了极大的兴趣，因为观察者体现了语言的主观性并涉及世界在人的认知中的反映方式。此外，俄罗斯学者 Т. И. Семёнова以及Т. Л. Верхотурова等的研究都涉及了观察者因素，她们将观察者的朴素概念和科学概念结合起来研究，相互参照，进一步深化了对观察者本质的认识，将观察者概念的解释力进一步深化。

观察者概念还被用于文艺学、叙事学研究中。Б. А. Успенский提出根据观察点的确定方法来区分文艺作品结构，其中观察点是展开叙事的出发点。理解观察点有很多可能的方法。观察点可以从"思想—价值层面、从对事件进行描写的人的空间—时间层面（也就是说将他的位置在时间—空间坐标中固定下来），从纯粹语言学意义方面（例如自由间接话语）等角度进行研究"①。至于时间，Успенский认为，作者可以从人物的视角或者是从自己的视角进行描写。作者的视角可以和人物的视角重

---

① Успенский Б. А. Поэтика композиции[M]. Флинта: Наука, 2007: 18.

合，也可能是回顾性的视角，似乎是从未来审视场景。Успенский引用了
В. В. Виноградов论述普希金作品《黑桃皇后》（*Пиковая дама*）中的观
点来说明观察者视点的变化：首先，时间参照点是丽扎维塔·伊凡诺夫娜
（Лизавета Ивановна），然后参照点转移到格尔曼（Германн）身上。作
者的时间和人物的感受事件的时间形式相一致。①

　　时间和空间的所有观察点都和叙述者相联系，同时，也和作者如何从
这一视角选择人物以及其环境相关。这是一个"物理观察点"，并不涉及
人物的评价、理解和感受，也就是说，这里谈的是叙事者出现的物理性观
察点以及叙事者对物理世界的视野（从上中下、内外等角度）。

　　观察者的空间—时间位置可以使得对文艺篇章中形象和事件进行不同
的理解和解释。这是一个评价性位置（ценочная позиция），读者更像是
一个观察者。"观察者"概念在文艺学和叙事学研究中具有更为复杂的内
涵，这一问题的探究仍有很大的余地。

　　随着研究的深入，许多俄罗斯学者都有意或无意地在自己的研究中
使用了观察者概念。俄罗斯各语言学流派对这一概念及其分析对象的理
解既有显而易见的共性，也存在迥然不同的观点，研究对象也不尽完全
一致。观察者作为元语言中的一个概念，也有自己的变体，例如Бандарко
（2004）采用了"перцептор"（*感知者*）的概念研究感知动词的语义，
其包含观察者的意思。在功能语法中进行语法范畴描写时，观察者狭义地
表示视觉感知主体。② 此外，在研究中或多或少涉及这一概念的语言学家
也很多。例如，在2000年出版的有关空间关系语义和概念化的《语言的逻
辑分析：空间的语言》（*Логический анализ языка. Языки пространств*,
2000）文集中，几乎每一篇论文都或多或少地涉及了"观察者"概念。③

　　俄语语言学界对观察者研究的现状表明，俄罗斯学者对观察者概念的
理解不尽相同，其解释力还待充分挖掘。因此，对观察者的整合研究有助

---

① Успенский Б. А. Поэтика композиции[M]. Флинта: Наука, 2007: 18.

② Бондарко А. В. К вопросу о перцептивности[A]. Сокровенные смыслы: Слово. Текст. Культура:
сб. статей в честь Н. Д. Арутюновой[C]. М.: Языки славянской культуры, 2004: 276-282.

③ Арутюнова Н. Д., Левонтина И. Б. Логический анализ языка(языки пространства)[C]. М.: языки
русской культуры, 2000.

于深入理解和借鉴相关理论。同时，俄罗斯学者在不同层面的语言研究中都使用了观察者概念，但是对观察者的观点散见于不同问题的研究，在语义学研究中的相关著作并没有问世。

第三节 国内语言学界观察者研究述评

根据目前我们掌握的材料来看，整体而言，国内语言学界对观察者研究仍基本上处于引进、诠释和吸收阶段。

在这一方面，国内英语界的研究主要侧重于认知语言学视角下对时间、空间关系认知中的观察者因素以及在对比英语、汉语对空间关系、时间关系的认知模式以及语言概念化过程中所包含的观察者因素，研究范围相对有限。另外，由于汉、英语总体属于分析语，形态特征相对于俄语不是十分明显，词汇表达的意义多于语法形式表达的意义，所以显性表达的观察者要多于隐性表达的观察者。可能正是由此，观察者概念并没有受到深入的挖掘，也很少被用于对相关语言现象的实证分析。

国内俄语界在观察者研究方面的成果相对丰硕。俄罗斯学者的一些重要著作被翻译成中文出版，从而极大地提高了俄罗斯语言学思想在中国的影响力。这些译作包括杜桂枝翻译的《语言的整合描写和系统词典学》、李洪儒、赵爱国等翻译的《语言与人的世界》、蔡晖翻译的《词汇语义的动态模式》和刘利民翻译的《世界的语言概念化》等。这些著作在不同程度上涉及语言本体特征以及语言中人的因素，语言的人类中心主义和自我中心主义等特征。

国内涉及观察者的主要有张家骅等人的专著《俄罗斯当代语义学》（2003），彭文钊、赵亮的专著《语言文化学》（2006），赵亮的专著《空间词汇系统的认知研究》（2008）、张家骅的专著《俄罗斯语义学》（2011），王晓阳的专著《语言自我中心成分和文本解释》（2012）以及姜宏的专著《俄汉语义范畴的多维研究（空间和时间范畴之对比）》（2013）等。

此外，还有系列博士论文也或多或少地涉及了观察者，比如上海外国语大学任雪梅的《论俄语的空间范畴》（2004）、黑龙江大学王彤的

《俄、汉语时间范畴多视角对比研究》（2005）、徐英平的《俄汉语空间系统多层次对比研究》（2006）、解放军外国语学院赵亮的《空间词汇系统的认知语义分析（以俄汉语词为例）》（2007）、西南大学肖燕《时间的概念化及其语言表征》（2012）以及首都师范大学许先玉的《世界的语言概念化（俄语时间概念化问题研究）》（2011）等。

通过上述现状概述，我们发现，国内学界大多使用的是"观察者"概念的朴素意义。一些专著和本书中仅仅涉及这一概念，对概念的使用也没有上升到理论层面。国内英语界的研究多沿袭Fillmore、Lakoff等人关于观察者在时空范畴中的指示功能思想，研究领域还未充分开拓；相对而言，国内俄语界的研究成果中使用该概念的较多，但相关的观察者思想也只是散见于各种著作中，缺乏深入的理解和系统性的梳理。

通过对国内目前观察者相关研究的梳理，我们可以得出如下结论。①国内理论介绍不充分、不系统。②国内研究理论介绍多于实证分析。③国内研究主要集中在时空范畴的研究中。原因很明显，因为于空间关系的方位系统具有主观性，所以空间关系的确定必须包含一个至关重要的因素——观察点（观察者）。④国内俄语界的大部分研究也关注时空范畴中的观察者，但更多借助观察者概念来定位时空语义差别，例如赵亮的专著《空间词汇系统的认知研究》和姜宏的专著《俄汉语义范畴的多维研究空间和时间范畴之对比）》。⑤观察者的指示性范围被扩大，例如，通常不将体作为指示范畴[1]，随着对观察者概念研究的深入，越来越多的学者指出体范畴具有指示属性，但相关研究并不深入。⑥观察者作为自我中心成分的二级指示参照点在王晓阳的专著中有所涉及，但鉴于研究目的，相关研究并不深入。[2]

---

① Lyons J. Semantics(Vol. 2)[M]. Cambridge: Cambridge University Press. 1977: 687.
② 详见王晓阳. 语言自我中心成分及其文本解释[M]. 北京: 中国社会科学出版社, 2012.

第二章　语言学中观察者的概念化

概念化（концептуализация），即形成和深化某一概念在观念上的认识。观察者在语言学中的概念化指的是在语言学中形成和深化对"观察者"概念在观念上的认识，理解该范畴。语言学中观察者概念化基于日常语言（俄、英、汉等）中观察者的朴素理解。在俄、英、汉语的朴素世界图景中，该范畴分别通过"наблюдатель""observer"和"观察者"等来称谓。观察者在语言学中的概念化经历了从朴素概念到科学概念的提升过程。观察者是观察行为中的主要参与者，与其他参与者之间存在着复杂的认知关系和时空关系。

第一节　观察者概念的产生与发展

由于理论来源于实践，所以语言学中的科学概念通常基于语言学中已被接受的、参照世界图景的朴素概念。由此形成了科学认知和日常认知之间的区别。[①] 只有科学认知和日常认知之间存在共同点时，我们才可能将其进行比较，尤其是当它们来源于不同的感官认知。毫无疑问，对于科学认知和日常认知而言，最重要的整合性因素是语言，因为语言是形成、储存并传达知识的手段。

一、元概念观察者的基本属性

如上所述，观察者是释义元语言里的一个概念单位符号，因此被称作

---

① Болдырев Н. Н. Когнитивная семантика: Курс лекций по английской филологии[M]. Тамбов: Изд-во Тамб. ун-та, 2000: 123.

元范畴或元概念。

"元语言"概念来自现代逻辑学。由于逻辑学与语言学分属不同学科，"语言学的元语言"研究与"逻辑学的元语言"研究在目的、方法、范围上都不同。[①] 语言学体现了有意识的认知活动及其结果，是有意识反思（即认知和交际）最发达的领域，所以语言学不仅是专门语言、术语学最重要的发展领域，也是元语言学（即对知识、认知、思维和交际进行解释的手段）最重要的发展领域。[②]

不管是在科学认知中，还是在普通科学领域和具体科学领域中，元概念观察者都必不可少。普通科学研究一方面证实了观察者的无所不在，另一方面也证实了观察者在概念化过程中存在明显差别。但是，不管是语言学的具体学科，还是语言认识论及方法论，都对作为感知—认知范畴的观察者表现出了浓厚的兴趣。

20世纪中叶，Л. В. Щерба就已经指出，在俄语语言学中，世界的语言表征（языковое представление мира）在科学术语中和日常标准语中并不相同。[③] Апресян认为"朴素世界图景反映了该语言民族的、物质的和精神的经验"[④]。由此可见，日常世界图景是语言、民族和文化上独特的世界图景。他又补充道："朴素世界图景明显区别于纯逻辑的、科学的世界图景，而逻辑的、科学的世界图景对于使用不同语言的人而言是共同的。"[⑤]

应当承认，朴素（语言的、民族的、文化的）世界图景和科学世界图景不完全相同，所以无法用数学（或逻辑）的方法对它们加以严格区分。随着全球化进程和信息传播的加速和科学知识的普及，朴素（语言、民族、文化）世界图景和科学世界图景逐渐接近，世界图景也在发生改变。因此，科学世界图景的客观性和普遍性可能也会遭受质疑。这意味着，科

---

① 李葆嘉. 汉语元语言系统研究的理论建构及应用价值[J]. 南京师范大学学报(社会科学版), 2002(04): 140–147.

② Рябцева Н. К. Язык и естественный интеллект[M]. М.: Academia, 2005: 640.

③ Щерба Л. В. Избранные работы по русскому языку[M]. М.: Учпедгиз, 1957: 68.

④ Апресян Ю. Д. Избранные труды. Т. 1. Лексическая семантика: Синонимические средства языка[M]. М.: Школа «Языки русской культуры», 1995a: 57.

⑤ Апресян Ю. Д. Избранные труды. Т. 1. Лексическая семантика: Синонимические средства языка[M]. М.: Школа «Языки русской культуры», 1995a: 57.

学篇章的客观性（科学的）、自觉性、独立性（文化—语言方面）可能只是一种理想化假说，因为在形成科学经验的概念—语言框架时，会有一系列因素对科学活动中的每一位参与者产生影响。

首先，即使是科学性很强的篇章都是以某种民族的语言撰写的（因为没有普遍的自然科学语言或纯粹的、不基于自然语言的人工科学语言），那所有的科学范畴首先都是语言范畴，用具体的民族语言对它们进行概念化、理解及定义。

其次，理解和定义某个范畴时要依赖科学学科，甚至是某一学科框架下的某种科学研究观念和方法。

再次，科学词汇化范畴可分成两组。①通过专门技术术语表达的范畴。这些术语至少要具有准确而清晰的定义，虽然在这种情况下存在不少困难和不同的解释，但绝不是描写。②普遍范畴或元范畴在科学篇章中很常见。它们可以作为一种工具，用来分析方法—概念机制（методологическо-концептуальный аппарат）和语言中所包含的特殊认知方式，也可作为分析对象（或对象物）。在大多数情况下，诸如"时间""空间""概念"和"语言"等这些范畴同时也属于日常意识（自然语言、朴素世界图景）。而且，它们也常常出现在语言哲学（философия языка）、心理学和其他的世界观、人类学（антропология）、人类中心论等系统和观念构成的科学世界图景中。

最后，个性化的描述和见解以及作者的世界观都会对这种带有普遍哲学或心理学特点的范畴的概念化产生特殊影响。

综上所述，我们感兴趣的元概念观察者是没有准确、具体、固定、合乎科学定义的元范畴，在认知上也缺乏能够被普遍接受的、词汇化的概念性理解，因为观察者范畴明显属于普通心理学和哲学范畴之列。而且，在任何一门学科中（包括在积极使用这一概念的语言学中），"观察者"都没有作为专业性极强的术语被强调。此外，"观察者"没有清晰而具体的定义。大部分的学者只是在朴素的意义上、基于直观的理解来使用观察者这一概念，并没有事先界定观察者的内涵和外延，使用时认为其内涵和外延不言自明，但事实上并非如此。我们认为，目前对观察者范畴的理解是任意的、直觉的和不明确的，因此，在使用过程中对观察者的理解也非常混乱，所以会出现自相矛盾的情况。

二、日常世界图景中的观察者概念

有生命的、理性的感知（观察）主体，即日常所言的"观察者"所进行直观活动的实质是用眼睛注意看某人或者某物。①

词典释义体现了日常世界图景（обыденная картина мира）。"观察者"概念在俄语、英语以及汉语中的意义既有共性，也有差异，体现了"观察者"概念的日常、朴素起源。在俄语、英语和汉语词典中，它们的释义形式如下：

俄语：Тот, кто внимательно следит глазами за чем-, кем-либо.②

英语：One who sees and notices; watches carefully, attentively.③

和俄、英语不同，汉语中并不存在一个对应的专门术语表示"观察者"这一概念，我们借助的是偏正结构词组"观察者"。汉语中"观察"的释义为"仔细察看（事物或现象）"④，其中"察看"的释义为"为了了解情况而细看"⑤。所以，汉语词典中"观察者"的释义应当为"为了了解情况而仔细看的人"。

上述语言的词典释义均指出了"观察者"概念在语义中的两个基本方面：

首先，观察者是通过**眼睛**这一感觉器官进行感知活动的行为主体，释义中都指出了感知行为的手段：

俄语：Тот, кто внимательно **следит глазами** за чем-, кем-либо.

---

① Тихонов А. Н. Комплексный словарь русского языка[M]. М.: Русский язык, 2001: 1229.

Хориби А. С. Толковый словарь современного английского языка для продвинутого этапа: Специальное издание для СССР[M]. М.: Русский язык, 1982.

② Евгеньева А. П. Словарь русского языка в 4 т.(2-е изд., испр. и доп)[Z]. М.: Русский язык, 1981-1984. Т. 2. К - О.

③ Activator. Longman Language Activator Dictionary[Z]. London: Longman Dictionaries, 1996.

④ 中国社会科学院语言研究所词典编辑室. 现代汉语词典(第6版)[M]. 北京: 商务印书馆, 2012: 478.

⑤ 中国社会科学院语言研究所词典编辑室. 现代汉语词典(第6版)[M]. 北京: 商务印书馆, 2012: 137.

英语：One who **sees and notices**; watches carefully, attentively.

汉语：为了了解情况仔细**看**的人。

其次，观察者是进行特殊形式视觉感知的、以特定方式进行观看行为的主体，他的观察行为具有一定的方式特征，通常是"积极地""全神贯注地"进行观察活动的主体：

俄语：Тот, кто **внимательно** следит глазами за чем-, кем-либо.

英语：One who sees and notices; watches **carefully, attentively**.

汉语：为了了解情况**仔细**看的人。

此外，从上述释义中我们还可以强调出观察行为的一个重要因素：观察者通常是为了达到特定目标而进行观察的人。三种语言中很少用"观察者"来表示纯粹的日常视觉感知主体，该词通常用于表示履行特殊任务、以观察作为工作方式、以判断作为目的而进行职业活动的专业人士，汉语中相对应的术语是**"观察员""观察家"**。试比较：

俄语：военный наблюдатель, политический наблюдатель, дипломатический наблюдатель, независимые наблюдатели (за голосованием)

英语：an observer sent to a conference, an impartial observer of the current political scene

汉语：**军事观察员、政治观察员、外交观察员、独立观察员**

在观察者概念的日常理解中包含一个重要的变体**"观察家"**。观察家在这些日常角色和职业化角色中不仅是感知（视觉）主体，还具有特殊的感知—认知属性，即认真地观察客体、事态的发展，并做出相应的、专业的判断。这一形式的观察者将日常世界图景和科学世界图景联系在一起，沟通了认知方式的日常层面和科学层面。作为从事科学观察工作研究的观察家，既存在于日常意识的语言世界图景中，也存在于科学世界图景和科学语言中。然而**"观察家"**的概念化（不仅是作为观察者，也是作为学者）取决于图景的属性。日常世界图景中的观察对象是日常生活现象，而科学世界图景中的观察对象则具有专业性，通常要借助一定的理论、工具等辅助手段，从而超出了日常的理解范围。

由此可见，在普通科学的上下文中，允许"观察者"概念化的两种基本方式如下。

①将观察者概念化为研究者（由于其功能取决于科学领域、概念、研究任务等，所以这里的解释也不同）。

②将观察者概念化为视觉感知主体。观察者的次要特征，即认真地用眼睛观察，则退居次要位置。

三、语言世界图景中的观察者概念

语言研究中观察者的不同特征表明，"观察者"概念在日常世界图景以及科学世界图景中存在共性和差异。"观察者"可以从两个层面进行研究：作为进行语言研究活动的主体以及作为进行语言分析的工具。

（一）作为进行语言研究活动主体的观察者

作为进行语言研究活动的主体，观察者在语言研究中主要承担以下功能。

1. 观察者是日常行为、过程或现象的感知主体

观察者在这里被看作是日常意识的知觉主体，即心理（生物的）感知主体。在У. Матурана, D. Searle, Кравченко等学者的语言哲学著作中和理论中都体现了对观察者的这种概念化形式。

2. 观察者是认识主体，即观察不同客体、现象或者过程的研究人员

Фрумкина（1999）对带有学者身份的观察者有类似的理解。[①]她将语言学（心理语言学）研究中的观察者（研究者）从认识论上区分为四种类型：现存语言材料（现实）的观察者；间接实验数据的观察者（在心理语言学和认知心理学中）；语言知觉观察者；潜意识心理活动背后的内省观察者。

可见，观察者是科学中进行科学观察活动的认识主体。由于观察对象和观察方法不同，对该身份的理解也不尽相同。

（二）作为语义分析工具的观察者

从另一方面而言，观察者是语言学研究中进行词汇语义、语法语义以

---

① Фрумкина Р. М. Самосознание лингвистики – вчера и сегодня[J]. Изв. РАН. Сер. лит. и яз. Т. 58, 1999(04): 28–38.

及篇章语义分析的工具。在俄语纯语言学（区别于语言哲学）研究中，不同学者对该范畴的理解、应用范围和分析对象既有共同之处，也有差异。

在Апресян的著作中观察者概念是作为指示性形象（дейктическая фигура）而固定在语言单位意义中的特定成分，相对所描述场景的现实题元（реальный актант），占据一定的时空位置①，但没有显性的句法表现形式，所以是一种隐性题元。这种观察者的存在并不取决于上下文，在形式上也没有语义描述，因此可以被理解为感知主体的表意空缺形式，相比"情感框架"（модальные рамки）主体，其定义更为简单。②此时，观察者可以在语言结构的不同层面揭示"我"的存在，例如"第二格+не было"就包含观察者：Отца не было на море.（父亲不在海边）表示观察者位于海边，而父亲不在观察者所处的地方。所以观察者是显示"父亲不在海边"这一事实的见证者。语义中带有描述性成分的一些动词（描写的是物质客体在空间中的位置）、带有感知成分的一些动词（例如показаться等，Падучева将其归入感知动词语义场）都包含类似的潜在观察者。

观察者除了具有指示性之外，还可以作为区别词义的一个参数。在Апресян看来，"除了内部观察者，一些词的意义中也包含外部观察者，即不是以题元身份参与到情景中的、只是想象的、位于情景外的一个身份"③。例如用于描写道路、小路、小径分布状态的动词вилять和виться。在вилять的上下文中存在一个内部的、沿着小路移动的观察者，该观察者本身处于所描写的情景中；而在вилять的上下文中存在一个外部的、静态

---

① Апресян Ю. Д. и др. Новый объяснительный словарь синонимов русского языка[Z]. М.: Школа «Языки славянской культуры», 2003: 29.

② 情态框架是指释义和意义说明的一部分，其中描述了说话人对所描写客体、现象的主观判断。而观察者框架（рамки наблюдения）指的就是以观察者为基础的释义的一部分。详见Апресян Ю. Д. Отечественная теоретическая семантика[J]. Пространство и Время. Известия АН. Серия литературы и языка, 1999(04): 39-53.

③ Апресян Ю. Д. Отечественная теоретическая семантика[J]. Пространство и Время. Известия АН. Серия литературы и языка, 1999(04): 50.

的观察者。① 与此同时，动词词义中还包含对观察者在所见场景基础上做出的价值判断：вилять 包含否定意义的、带有功利主义色彩的内部观察者，而 виться 包含肯定意义的、带有美学色彩的外部观察者。②

被概念化为感知主体的观察者，不仅是视觉感知主体，还是听觉、触觉等感知主体，尽管大部分情况下，我们谈论的主要还是视觉感知主体和听觉感知主体。Падучева 指出：Звенела музыка в саду.（花园里响起了音乐声。）与其说是发出声音的过程，不如说是观察者视野（或听觉）中出现的过程。这里的观察者是作为在视觉和听觉参数上并未区分的、并不强调观察行为本身特殊性（即用眼睛认真地观察对象和过程）的一个感知主体。③

后来 Падучева 又详细地分析了这一角色。④ Падучева 主要研究了带有感知语义的动词。在俄语中，对感知的理解十分宽泛，语义中包含感知概念的动词都可以进入到该语义场。在研究这些动词的意义和用法时，Падучева 描写了感知情景（过程、活动）中的主要参与者，即感知主体或体验者（экспериент）。这种观察者被我们称为原型观察者（прототипический наблюдатель, prototypical observer）。观察者被 Падучева 阐释为"具有指示意义的零位符号"（нулевой знак）。其中，原型观察者是"情景的参与者，履行感知主体的语义角色（体验者），但是没有体现在句法层面。观察者配价体现在动词的语义结构中，但是在句法表层中占

---

① 外部观察者和内部观察者是不同上下文（描写性的和活动的）中的视觉感知主体。但外部观察者的下列定义包含另外一个意思：通常争吵也伴随声音，但是在 "争吵停息了"这种情况，意味着不再被看见，更确切地说是停止了。这里显然有一个外部观察者：在争吵时出现的一个人，因为隔着墙听不见争吵，未必可以说"争吵停息了"。详见 Кустова Г. И. Экспериенциальная сфера и концепт тяжести в русском языке[J]. Семиотика и информатика, 2002(37): 80. 这里显然指和视觉感知主体对立的声音感知主体。在作者分析的话语上下文中外部观察者是听话人，而不一定是眼睛看到的人。

② Апресян Ю. Д. Отечественная теоретическая семантика[J]. Пространство и Время. Известия АН. Серия литературы и языка, 1999(04): 50.

③ Падучева Е. В. Парадигма регулярной многозначности глаголов звука[J]. Вопрос языкознания. 1998(05): 9.

④ Падучева Е. В. Наблюдатель как Экспериент «За кадром»[A]. Слово в тексте и словаре: сб. ст. к 70-летию акад. Д. Апресяна[C]. М.: Школа «Языки русской культуры», 2000: 185.

据'幕后'的层级"[①]。包括观察者配价的动词可分为如下类别。

1. 表示"进入视野或从视野消失"意义的动词（появиться, исчезнуть, пропасть）

2. 表示"穿越障碍"意义的动词（用于转义）（высунуться, проступить, выступить, выглянуть, проглядывать）

3．表示"运动物体从观察者旁边经过"的动词（скользнуть, проскользнуть, мелькать, промелькнуть）

4. 表示"空间客体分布"的动词（通常以观察者为参照）（разверзнуться, раскинуться, расстилаться）

5．表示"散发出味道、光线、声音"的动词（пахнуть, звучать, светиться）

6. 表示"可被观察到的事物特征"的动词——颜色：(белеть, чернеть）、形状（расстилаться, торчать）、声音（раздаваться）以及реять 等）

Падучева从词汇语义视角研究了包含观察者配价的动词，从句法结构的视角来看，其价值在于：它们的语义中包含有直观感知意义；它们构成了包含有事物性主体的结构，与此同时丧失了行为意义；观察者在句法表层要么位于"幕后"位置，要么通过у кого，перед кем-чем等结构显性表达出来。

Падучева还研究了受动词语义制约的观察者的某些指示程度和一定的语义分类。例如动词обнаружить和обнаружится的语义中也存在观察者，但与动词показаться相比，其指示性相对较低。动词показаться的结果存在状态是纯感知的，该状态是短暂的，很快就不再具有现实意义；然而在动词обнаружить（ся）的语义中，看到的东西很容易变成知识，而知识是一种稳定的状态。此外，知识很容易通过人际传播，成为社会财富。所以动词обнаружить（ся）中观察者通常是作为一种概括性的、集体性的身份进行感知的……在动词показаться的语义中，确定了物体和观察者之间的相对位置，即远近程度，这里的感知是视觉感知，但是对于动词обнаружить

---

① Падучева Е. В. Наблюдатель как Экспериент «За кадром»[А]. Слово в тексте и словаре: сб. ст. к 70-летию акад. Д. Апресяна[С]. М.: Школа «Языки русской культуры», 2000: 198.

（ся）而言，观察者获取信息的渠道并不确定，可能是意识、而不仅仅是感知的结果。[①]

换句话说，在进行某种语义或概念解释时，观察者在指示性的概念（语义）特征中具有下列对立：视觉感知—非视觉感知；纯感官感知—复杂的认知（包括潜意识）；较为确定的个体范畴—某种较为概括的集体范畴。

可以发现，以此为基础的观察者概念的元语言解释是由"指示"和"集合性"概念所定义的，将观察者理解为日常世界图景的范畴——"一个认真观察某事物或者某人的观察者"这是合理的，因为任何一个元范畴的解释或多或少都会借助其自然语言的本体来说明，但这些元语言的概念化和观察者作为自然语言范畴的概念化相差甚远。

Кравченко（1992，1993，1996）从认知语言学角度出发，将观察者解释为感知活动的主体。Кравченко认为，俄语的整个语法范畴（词法学和句法学）以及很多词汇意义中都包含认知内容，其实质上都包含感知主体，即观察者。观察者是语言不同层面在意义解释模式中的一个元素。观察者是事况最主要的信息来源，可以和说话人重合或不重合；在句子中可以被称谓或不被称谓，但在解释话语时一定需要被标记出来。作为感知主体，观察者不仅仅只是通过视觉渠道获取信息，同时也并不一定认真地进行观察活动。

А. В. Бондарко则在更为宽泛的"可感知性"（перцептивность）范畴中研究观察者。他认为这种"可感知性"是具有隐藏性的。[②] 和Кравченко的理解不同，Бондарко提出了一个新的术语——перцептор（感知者）。Бондарко认为，该感知者囊括感官感知的所有渠道，而观察者（包括观察、可观察性）只是在视觉范围内被研究。[③] 他还提出了"可观察性和其

---

① Падучева Е. В. Наблюдатель как Экспериент «За кадром»[A]. Слово в тексте и словаре: сб. ст. к 70-летию акад. Д. Апресяна[C]. М.: Школа «Языки русской культуры», 2000: 198.

② Бондарко А. В. Теория значения в системе функциональной грамматики: на материале русского языка[M]. М.: Языки славянской культуры, 2002: 275.

③ Бондарко А. В. Теория значения в системе функциональной грамматики: на материале русского языка[M]. М.: Языки славянской культуры, 2002: 276.

他的感知类型""可观察性和人类感知世界的其他方式"①。该限制使观察者的概念化更接近自然语言范畴，即视觉感知主体。

Л. М. Ковалёва以英语为研究材料，在研究感知情态（модус восприятия）时将作为观察者的感知主体选择性地进行了范畴化。作者还在感知动词see、notice、overhear、find等上下文中研究了感知模式，并在句法表层体现出了作为现实题元的感知主体（观察者）。通过对感知主体（观察者）这种更广泛的理解，Ковалёва将感知动词分为两种类型：短时（刹那间）的notice（注意）和glimpse（瞥一眼，扫一眼）以及长时间的observe（观察）和watch（看）等。感知动词的类型不仅可以决定某一句法形式，还可以独立地说明事件感知的特性，同时说明观察者（感知主体）的特征。英语现在分词形式所表达的短时（刹那间的）感知中的观察者是感知主体，see sb doing sth 强调看见某人正在做某事，着重动作过程，例如：I saw him drawing by the river then.（我见他那时正在河边画画。）而动词原形所描写的完全被感知事件中的观察者是见证者，see sb do sth 强调看见某人做某事，着重看见这件事的发生，例如：I saw him draw by the river sometimes.（我看见他有时在河边画画。）Ковалёва解释了在充分感知或非充分感知（观察）意义关系中的现在分词和原形动词之间的对立。她认为，可以在篇章层面的研究中对观察者进行分类。观察者可以指向叙述作者、叙述主人公等。Ковалёва的研究表明，时—体形式的使用不仅取决于观察角色和观察模式（是否充分、是否认真），还取决于对事件或结果的感知。Ковалёва成功地对观察者角色进行了更为细致的概念化，揭示了观察者不同的本体论特征以及篇章功能对所感知事件语法范畴化的影响。

Т. И. Семёнова以英语为材料研究了假象范畴，她使用观察者这一分析工具研究所指范畴框架中表现出来的感知意义和认知意义。"情态的内隐主体是不同变化形式的混合，他在语义角色中承担感知主体和意识主体（观察者）的功能。'可观察性'特征是由假象动词的语义决定的，其词

---

① Бондарко А. В. Теория значения в системе функциональной грамматики: на материале русского языка[M]. М.: Языки славянской культуры, 2002: 276.

典释义中包含感知主体（观察者）。"①观察者已经不再是意义中的指示
（дейстический, индексальный）成分②，而是语义配价（семантическая
валентноть）和现实题元，原则上，有可能体现在句法表层。与此类似，
Верхотурова也将观察者视为现实（语义）题元的层级，同时她也非常关注
作为隐性题元的观察者和"幕后"观察者（наблюдатель «за кадром»），
并使用观察者作为语言分析的工具。

感知意义和认知意义的区分结果表明，作为感知主体的观察者和进行
判断、评价的意识主体之间存在一定的差别。

由于语言中存在着语义合并现象，所以观察者及其他语义配价在表
达层面并没有区分出来。而且，如果词的语义中包含有假象成分，观察者
不可能同时充当感知主体，因为这里不仅包括感性经验，还包括以感性经
验为基础而作出的判断或评价。因此，当论及观察对象的内部世界时，观
察者同时是判断主体和评价主体："对人类内部世界的判断和作为信息来
源的观察者的具体感性经验有关。"③在Семёнова的理解中，观察假象
的观察者不仅是主要的协调者（有时和说话人重合），还具有辩证的双重
性身份，包含有两种类型的"自我"：主观的、感性的、内部的"自我"
和客观的、观察的、外部的"自我"。然而，和Апресян的观点不同，
Семёнова认为内部观察者和外部观察者的对立完全是以其他观点和语言事
实为基础的。内部"隐身"的观察者观察（感知）并评价的是纯内心世界
领域。④

语义学研究中，观察者概念具有不同的表达形式，它们构成近义术
语，强调的是观察者的不同侧面以及履行的不同语义角色。在俄语语言学
中，用来表示观察者范畴的近义术语包括наблюдатель, субъект восприятия,

① Семенова Т. И. Модус кажимости как способ репрезентации внутреннего мира человека[J]. Лингвистика и межкультурная коммуникация. Том 2, 2004(01): 84–89.
② Апресян使用的术语是隐性题元——笔者注
③ Семенова Т. И. Модус кажимости как способ репрезентации внутреннего мира человека[J]. Лингвистика и межкультурная коммуникация. Том 2, 2004(01): 81-89.
④ Семенова Т. И. Субъектный синкретизм в высказываниях с модусом кажимости[J]. Современные лингвистические теории: проблемы слова, предложения и текста, 2005:03): 136-150.

перцептор等。

перцептор和субъект восприятия是观察者概念的变体形式，它们在意义上是可以相互替换的，区别在于词源。例如："描写风景类的篇章，运动动词在使用命题名词（пропозициональные имена）时获得的是感知者（перцептор）感知的领域中特征出现的阶段意义。在使用特征名词（признаковые имена）时，运动动词会将背景杂音带入观察者（наблюдатель）的感知空间，有时候运动动词也会使用其直义，在篇章中表达的是感知主体（субъект восприятия）的物理状态。"[1]

当表达这种感知—认知意义时，还会使用зритель（观众）和свидетель（见证者）这两个概念变体。Н. Д. Арутюнова曾经使用了зритель，例如："所叙述的可以归为指向观众（зритель）对其他人行为的解释。"[2] 而Д. А. Калинина则使用了свидетель（见证者），例如："作为旁观者的观察者和'羞愧'情景有关，和扮演其他人的'我'一样都是情景的必须参与者……其他人，不仅仅充当见证者（свидетель）的角色，还是法官，将自我的行为客观化……"[3]

与субъект восприятия 和перцептор不同的是，наблюдатель可以用于表示不同的认知状态和情感状态，并可以和相应的形容词搭配。例如：беспристрастный（公正的），неискушенный（经验不足的），заинтересованный（深感兴趣的），сторонний（旁观的）等。但这种搭配未必适用于субъект восприятия 和перцептор。因为观察者的元语言范畴地位特殊，观察者总是同步出现于日常世界图景和科学世界图景。зритель和свидетель在表达наблюдатель的意义时，有时也可以和上述形容词搭配，因为在日常世界图景中，它们是наблюдатель的同义词，只不过相比наблюдатель而言，词义相对狭窄和专业。

---

[1]　Чумирина В. Е. Грамматические и текстовые свойства полисемичных глаголов[J]. Филологические науки, 2003(03): 42.

[2]　Арутюнова Н. Д. Феномен молчания[A]. Язык о языке: сб. статей[C]. М.: Языки русской культуры, 2000b: 445.

[3]　Калинина В. В. Языковое моделирование человека стыдящегося «извне» и «изнутри»[J]. Когнитивные аспекты языкового значения: Вестник ИГЛУ. Сер. Лингвистика. 2006(08):26-37.

在英语认知学的研究中，观察者可用observer, perceiver和viewer等术语表达。Langacker在研究空间的概念化时，交替使用了viewer和perceiver这两个术语，并指出，作为观察者概念的变体时，它们的意义完全相同。Langacker在研究认知和语法中的视觉感知角色时，广泛使用术语observer来表示视觉感知主体，但是从整体上而言，observer在其研究中远远超出了视觉感知主体的意义。

R. Jackendoff也使用了术语observer，其意义和Langacker研究中的意义相同，即观察者是心理感知主体，是感知—认知世界的人。观察者的观察对象是数量、逻辑世界。

观察者范畴除了纯外部表达形式上的区别外，在将其概念化为感知—认知主体时也存在不同的变体。例如，Апресян提出了语义配价——受众（аудитория）①，他认为："受众是某些言说类、社会情感（例如骄傲、自豪、羞耻、惭愧等）流露类动词的语义配价②，是行为主体所诉诸的、感兴趣的、通常是集体的见证者（свидетель）和判断者。"③上述释义部分明确限定了аудитория作为观察者的一个题元角色的变体地位，因为"见证者"是表达这一概念的主要术语。④

当观察者表现在句法表层，也就是说，当观察者成为句法题元时，语义变体在理解和阐释观察者时是可能的，也是必需的。

因此，在语言学中，表达元范畴观察者的术语包括以观察者为主的一系列相关的、近义的术语，即存在更狭义的，更专业的观察者的题元角色变体。

（三）作为感知主体代名词的观察者

人和周围世界的相互作用过程通常被称为"感知"（восприятие）或

---

① Апресян在他的《词汇语义学》中列举了25个配价：主体、逆主体、公众、客体、信息受体、事物受体、中介、来源、处所、起点、终点、路线、手段、工具、方式、条件、理据、原因、结果、目的、方面、数量、期限和时间。详见Апресян Ю. Д. Лексическая семантика. Синонимические средства языка[M]. М.: Наука, 1974: 125-126.

② 张家骅. 莫斯科语义学派的配价观[J]. 外语学刊, 2003(4): 29.

③ Апресян Ю. Д. и др. Новый объяснительный словарь синонимов русского языка[Z]. М.: Школа «Языки славянской культуры», 2003: 18.

④ Ожегов С. И. Словарь русского языка, стереотип[Z]. М.: Русский язык, 1985: 797.

者"经验"（опыт），"感知"范畴和概念上更为宽泛的"经验"范畴紧密相关，因为在所有的理论中，感觉经验本身就包含感知过程。这两个范畴是哲学、心理学、人类学（文化人类学、心理人类学）、社会学等学科的核心概念。如果没有感知过程无法形成经验，而"感知"和我们的研究对象观察者也具有直接关系。

由于认知过程的层级性，作为感知主体和一般认知活动主体的观察者常常将视觉感知作为概念化的出发点。因为在主体与客体的认知活动中，视觉感知是最主要的信息渠道。实验心理学家苏瑞特拉（D.G.Treichler）曾经做过一个关于人类获取信息的来源的心理实验。他通过大量的实验证实，人类获取的信息83%来自视觉，11%来自听觉，3.5%来自触觉，1%来自味觉。[①] 可见，作为能动的、积极的活动主体，人在与客观世界的相互作用过程中，视觉感知是最为重要的感知方式，是人类活动过程中最为重要的信息来源，在对周围世界的认识和改造中发挥着主导性的作用。所以，视觉观察就成了"为了研究和寻找现象中的意义而进行的有计划的、有目的的对外部世界进行感知的活动"[②]。通过视觉方式感知世界的这一活动，在科学的上下文中获得了借代性的用法，观察者概念的外延逐渐扩展，涵盖了感知行为主体以及对感知行为产生的信息进行分析、理解、判断的主体。也就是说，观察者并不仅是一个正在观看或者是一个已经看到某客体的人，还是听觉、嗅觉、触觉等感知主体以及普通认知活动主体。

观察者概念正在逐渐取代感知主体的概念，成为各种感知形式（视觉、听觉、嗅觉等）主体的代名词。产生这一趋势的因素有多种，具体如下。

第一，观察者是一个本体论范畴，而感知主体是一个认识论范畴。和观察者概念有关的概念本身包含作为知识科学结构的感知主体，同时赋予该结构"鲜活知识"的色彩[③]，该知识来源于日常生活世界图景，并且将无

① 卞志荣. 浅淡物理课堂教学的情景创设[J]. 物理教学探讨. 2006(04): 16-18.

② Философский энциклопедический словарь[M]. М.: ИНФРА, 1999: 576.

③ Залевская А. А. Проблема «Тело-Разум» в трактовке А. Домазио[A]. Studia Linguistica Cognitiva. Вып. 1. Язык и познание: Методологические проблемы и перспективы[C]. М.: Гнозис, 2006: 82-104.

生命的逻辑概念转化为一个具有普遍意义的元概念，从而保证了观察者概念在任何世界图景中的地位。

第二，根据现代科学、逻辑学的理解，中性的感知主体（包括意识主体）"存在于逻各斯之中"[①]，而观察者存在于不断发生变化的环境中，观察者对这一环境的反应形式是多方面的，其中包括情感反应、生理反应、心理反应、情景的不可控性以及不可预测性等。因此，感知主体概念主要存在于科学世界图景中（心理学、生理学、哲学等），而观察者概念则既属于科学世界图景，也属于日常世界图景（朴素世界图景），因而具有更大的解释力。

第三，在俄语语言学研究中，观察者概念之所以取代感知主体概念，可能还有语言经济原则方面的原因。Кустова将感知主体称为观察者就是出于语言经济性或者行文方便的考虑："在本书中，为了简单起见，感知主体被称作观察者。"[②] 相对于感知主体，观察者具有显而易见的便利性和经济性。

类似的语言经济问题在英语中并不存在。从形式上而言，感知主体（perceiver）和观察者（observer）一样，都是由单一词根和同一后缀-er构成的。但英语科学术语词典中通常收录术语observer，却并没有收录术语perceiver。可见，在英语语言学中，语言经济性的要求未必可以能够成为观察者代替感知主体的决定性因素。原因可能在于：observe（观察）比perceive（感知）更为常用、更易于理解，同时在形式上也相对简单一些。这也再次印证了观察者是比感知主体更为重要的、首要的概念，也可以说明观察者用于一系列现代认知科学文献的原因。

观察者概念可以取代感知主体概念，至少可以被解释为感知主体的同义术语。从概念所表示的外延范围来看，观察者范畴以及感知主体范畴并不相同，观察者更适应现代科学发展的趋势。将观察者解释为感知—认

---

① Свирский Я. И. Нелинейный мир постнеклассической науки и творческое наследие Жиля Делеза[D]: дис. д-ра философ. наук. М., 2004: 373.

② Кустова Г. И. Вид, видимость, сущность(о семантическом потенциале слов со значением зрительного восприятия)[A]. Сокровенные смыслы: Слово. Текст. Культура: сб. статей в честь Н.Д. Арутюновой[С]. М.: Языки славянской культуры, 2004: 155-157.

知主体，实际上赋予了观察者可承担不同主体的权力。观察者具有多层面性，可作为感知主体、评价主体（субъекта оценки）、意见主体（субъекта мнения）等，但占据主导地位的依然是感知主体。该主导地位的形成是将日常世界图景的概念本体性地投射到观察者范畴，经历概念化过程后的结果。

作为感知—认知主体的同义词，观察者概念可作为不同情景中的分析工具，如：纯粹的、第一层级感知活动中（直观感知活动）的感知主体、日常生活感知中最高层面的意识主体（日常生活认知的主体、评价主体）、对自己本身生理状态和心理状态进行观察的感知主体、科学认知主体（研究者）等。

所以，对直观感知过程的反思、从整体上对认知活动和意识主体的反思以及对感知主体和感知客体之间相互作用的反思等都表明，需要一个全新的、认知科学的元范畴观察者。在现代人类中心主义理论中，观察者创建了世界并对其命名："世界并不是纯粹的世界，它是人所看见的世界，是人类意识反思中的世界。人类本身将世界称作世界，并为世界和世界上所有事物命名。"①

观察者概念替代感知主体概念具有非常重要的意义。一方面，这种可相互替代性证明，这两个概念具有同义性；另一方面，这种替代性也不绝是偶然的，它代表的是一种趋势，即用具体的、直观的概念通过隐喻或借代的方式表达更抽象的概念。

四、观察者在句法表层的体现

在句法语义理论中，语义配价与句法题元（синтаксический актант）分别用来表示特定句子的语义结构层面、句法结构层面的相应片断。句子语义结构层面用来填充谓词（предикат）语义配价的片断称为语义题元，句子句法结构层面用来填充谓词语义题元的片断称为句法题元。② 其

---

① Петрова Н. В. Интертекстуальность как общий механизм текстообразования англо-американского короткого рассказа[M]. Иркутск: ИГЛУ, 2004: 36.

② 张家骅. 建构详解组合词典的相关语言学概念再阐释[J]. 外语学刊, 2014(06): 62.

中包括：主体（субъект）、事件（событие）、施事（каузатор）、工具（инстиумент）等。

在俄语语言学研究传统中认为，观察者是个别词、一组词甚至是一类词语义元语言释义中的"隐性范畴"（скрытая категория）[①]。Апресян将观察者概念定义为"隐性题元"。

语义配价又被称为现实题元（реальный актант），因为它们可以体现在句子的句法表层，当然，也会由于某种原因没有体现出来。例如，出于语言经济（языковая экономия）原则，当所有的参与者都很明显时，为了避免一些冗繁的重复，情景的一些参与者是可以省略的，例如：

（1）—Что он делает?（他在干什么？）

　　—Читает.（读书。）

汉语中也存在类似情形。例如：

（2）当然，我认为《抉择》是部好小说，所以还自费买了一本，读了几遍。说这些有点鸡蛋里挑骨头的话是希望张平先生以后的小说更好。

（3）我和往常一样起床后悠闲地拿过新的一期《南方周末》，然而整整半个小时，我都被一篇讲石油经济的文章卡住了，反反复复地读了几次，仍然不明白作者在里面谈的问题，我陷入了深深的沮丧之中。

动词"读"的语义中包括必需的语义成分：读书的人和读的对象。虽然在某些情况下，它们并不体现在话语句法表层，但一旦需要，可以还原到自己的合法位置上。基于题元理论，在句法语义的研究中可以实现谓词的分类，从而帮助更准确地理解包含这些动词的表述，而且还可以从整体上解释句法结构和语义生成之间的关系。

与此同时，现实题元似乎不足以描写整体动词的语义，也不足以解释由这些动词构成的表述的特点。例如，"感知动词（глаголы восприятия）、知晓动词（глаголы знания）、拥有动词（глаголы обладания）和一部分运动动词（глаголы движения）的词汇语义中包含

---

① Булыгина Т. В. Скрытые категории[A]. Лингвистический энциклопедический словарь[Z]. М.: Советская энциклопедия, 1990: 457-458.

'进入观察者视野'的成分。"① 所以，可以借助"可观察到的空缺"这一特征来解释带有该类动词句子的一些语法特点。

在解释词汇（动词）语义时必须考虑观察者这一语义配价，这被称作"观察者思想的词汇化"（лексикализация идеи наблюдателя）。这种必要性要求确定观察者概念具有术语学地位。虽然观察者这一身份非常重要，但是并没有确定不移的、显性的句法位置，因此Падучева采用了"幕后观察者"的隐喻术语，也就是Падучева和Кустова所称的"句法上无法表达的观察者"（синтаксически невыразимый наблюдатель）②。无论如何，语言学中观察者这一隐性题元对解释话语、解释词汇以及句法上下文话语结构是否合法时产生了重要影响。在这种隐性的上下文中揭示观察者的存在并对其进行概念化比较困难，但观察者概念有助于深入解释语言的结构和意义。

由于观察者功能的多面性，严格地限定观察者概念的隐性题元特征或者"幕后"特征，难于阐释一些特殊的语言现象。因为此时对这些语言现象的解释需要的是观察者的意义特征，而不是强调观察者是否可以体现在语句的法表层。例如，在分析和比较一些动词的主体生格（генитив субъекта）和客体生格的语义理据时，Падучева已经证实了观察者的决定性作用。"已经证实，'观察对象不存在'和'观察对象没出现'这两个因素决定了客体生格的语义。其区别在于，当主体为生格时，观察者（意识主体）位于幕后，而当客体为生格时，观察者可能表现为句子的主语。"③

Кустова在研究带有视觉感知语义词汇的语义特征时偏离了观察者概念

① Падучева Е. В. Генитив дополнения в отрицательном предложении[J]. Вопросы языкознания, 2006b(06): 23.

② Кустова Г. И. Типы производных значений и механизмы семантической деривации[D]. автореф. дис. дра филол. наук. М., 2001: 62. / Падучева Е.В. Наблюдатель как Экспериент «За кадром»[A]. Слово в тексте и словаре: сб. ст. к 70-летию акад. Д. Апресяна[С]. М.: Школа «Языки русской культуры», 2000: 188

③ Падучева Е. В. Генитив дополнения в отрицательном предложении[J]. Вопросы языкознания, 2006b(06): 21.

的这种严格术语意义。① 在她的著作中，观察者概念使用的就是其狭义的本体论意义，和视觉感知主体类似。而且，在一些带有вид的固定搭配中，尤其是在带有на виду的结构中，观察者可能以前置格、主语等形式体现在句法表层。例如：

（4）Обнять на пороге школы на виду у старшеклассников она не могла.（当着高年级同学的面在学校门口拥抱，她做不到。）

（5）Только вы уж очень не опаздывайте, а то знаете, стоять на виду у всех...（只要你不要迟到那么长时间，否则你就要在众目睽睽之下站着……）

这种情况往往会给观察者附加一些认知意义。在на виду这一搭配的上下文中，附加的认知意义就是：观察者对观察对象实施监控。例如：

（6）Она всегда держала ребенка на виду.（她总是不让孩子离开自己的视线。）

观察者体现在句法表层，成为显性表达的元素，这在很大程度上扩大了该范畴的分析能力，同时也可以使我们对该范畴的认识更加全面、准确。

综上所述，我们研究的观察者概念具有以下特征：观察者是对某些语言单位（例如词汇、句子、篇章）和语言范畴（例如时、体、指示）等进行元语言释义时必不可少的语义成分。

从这些语言单位或者语言范畴所描写的情景来说，观察者的所指是语言中主体的一种呈现方式，所以观察者可以是表示对情景进行感知、评价、判断和指示的主体。②

传统认为，观察者是隐性句法题元，即句法上没有体现的语义的指示性元素。但由于观察者功能的多面性，严格地限定观察者概念的隐性题元特征或者"幕后"特征，难于阐释一些特殊的语言现象。随着研究的深入，观察者显性地体现在句法表层，这是对观察者认识的深化。

---

① Кустова Г. И. Вид, видимость, сущность(о семантическом потенциале слов со значением зрительного восприятия)[A]. Сокровенные смыслы: Слово. Текст. Культура: сб. статей в честь Н. Д. Арутюновой[C]. М.: Языки славянской культуры, 2004.

② 见第三章《语言学中观察者的分类》——笔者注

第二节 和观察过程相关的概念

观察者是观察过程中的一个主要参与者，在观察过程中还会伴随产生"观察""观察对象"和"可观察性"等相关概念，它们共同描述了整体的观察情景。虽然它们和日常世界图景中的类似概念相同，但在语义上却有着明显的区别。"观察行为""观察对象"和观察者同时存在，不可分割，构成了一个完整的统一的观察过程。

一、观察

虽然观察者概念并不是严格的术语，在词典和百科全书中都没有确定的定义，但是产生观察者的情景却是一个有所指的、具有固定、合法、普遍接受的科学术语——"观察"。"观察"是人们为了认识事物的本质和规律，通过感觉器官或借助某些科学仪器，有目的、有计划地考察、搜集、描述有关自然现象、社会现象的一种方法。是获取感性经验的基本途径，是科学研究中最基本的方法之一。[①] 在大多数词典的释义中，术语"观察"的解释中均包含观察者范畴，显然，没有观察主体的观察行为是没有任何意义的。词典中对术语"观察"进行阐释时，观察者是被用作该术语的隐性释义元素而存在的。

《俄罗斯社会百科辞典》（*Российская социологическая энциклопедия*）中"观察"被定义为"认识世界的方法"[②]。在该辞典中，"观察"被分为日常观察和科学观察。"日常观察指的是人的不由自主的活动，该活动帮助人们获得外部世界的信息。而科学观察的首要特征就是为了达到特定科学目的。"[③] 在《俄语大百科词典》（*Большой энциклопедический словарь русского языка*）中，"观察"被定义为一种科学方法，它是"由活动任务

---

① 金炳华. 马克思主义哲学大辞典[M]. 上海: 上海辞书出版社, 2003: 222.

② Осипов Г. В. Российская социологическая энциклопедия[M]. М.: Издат. группа НОРМА-ИНФРАМ, 1998: 802.

③ Осипов Г. В. Российская социологическая энциклопедия[M]. М.: Издат. группа НОРМА-ИНФРАМ, 1998: 802.

所决定的有目的的感知"①。科学观察的一个基本条件是能够通过再次观察或采用新的研究方法检验。

在语言学研究中，"观察"被看作是语言学研究的方法之一。②虽然其定义过于普通，但是基于观察法却可以构建心理语言学。作为一门科学，心理语言学就是以实验、观察和自我观察（самонаблюдение）为基础的一门学科。③语言学中对"观察"的认识不同，虽然这里说的是人文科学中被用作研究过程的科学观察。Р. М. Фрумкина将"观察"看作是语言学认知过程中的一个过程。"文化学家、社会学家、历史学家和文学家对现实进行观察，该现实可以是文件、陶瓷器皿的碎片、交响乐和大教堂，也可以是片断性行为，例如婚礼仪式、公开表演、舞台上言语和自然条件下儿童的言语等。他们推理的材料正是观察。"④

这里说的是自然条件下对现实的观察，所以此时的观察者是消极观察者。Фрумкина在文章中描写了（纯粹的）心理语言学实验："毫无疑问，让我感兴趣的任务并不是为了解决表停、表慢或表快的问题，我不能直接观察测试对象的心理，但是我可以对任务条件稍作改变，根据实验结果来推断表示'时间''正确'等概念的那些由测试者完成的心理活动。"⑤

Фрумкина还提到了自我观察。自我观察是一个特殊的认知过程，包括纯语言直觉观察和纯心理观察（即内省）。此时需要注意的是，不能将进行自我观察的纯直觉观察者和进行内省的心理内部层面的观察者相混淆。⑥

① http://www.dic.academic.ru.

② Баранов А. Н. Англо-русский словарь по лингвистике и семиотике[M]. М.: Азбуковник, 2001: 253.

③ Фрумкина Р. М. Психолингвистика[M]. М.: Издательский центр «Академия», 2001: 19.

④ Фрумкина Р. М. Самосознание лингвистики – вчера и сегодня[J]. Изв. РАН. Сер. лит. и яз. Т. 58, 1999(04): 31.

⑤ Фрумкина Р. М. Самосознание лингвистики – вчера и сегодня[J]. Изв. РАН. Сер. лит. и яз. Т. 58, 1999(04): 31.

⑥ Фрумкина Р. М. Самосознание лингвистики – вчера и сегодня[J]. Изв. РАН. Сер. лит. и яз. Т. 58, 1999(04): 31.

二、可观察性

"可观察性"是一个哲学术语。该术语具有一些朴素意义，在一定程度上包含"知觉"的意义，没有任何辅助工具的视觉感知是一种观察。由于观察可能是肉眼观察或者是借助仪器进行的观察，所以"对象应该是那些可被观察的客观物体：可以被人的感官直接感知或借助科学仪器可以感知到的客观实在。这样就可以将那些各种主观臆想物 (如神灵、上帝之类) 排除在外，为选择观察时间、地点和手段等具体事项提供理论前提"[①]。同时，"可观察性"是相对客观的。B. C. Van Fraassen在"基础主义之后：恶性循环与无穷后退之间"一文中指出，"可观察性"这一术语是"以人类为中心的术语，因为它指的是我们的能力极限。然而却不是以个人为中心的"[②]。

在语言学中，"可观察性"随着观察者概念而产生，与传统概念"确定性/不确定性""体貌""抽象性/具体性"等具有紧密联系。

俄语中的наблюдаемость是由被动形动词наблюдаемый借助后缀-ость构成的名词，因此具有系统的语法性抽象意义。俄语中以-ость结尾的词包含系列抽象意义，表示"产生某种行为的可能性和能力、某作用实现的程度或者是能够经受某作用（或状态）的程度"[③]。英语中与之相近的是observability，是由动词词根observe（观察，查看）和后缀-ability（能力，可能性）构成。总体而言，"可观察性"可以被定义为被观察的可能性或者是这种可能性的程度。

"观察"是观察者和观察对象之间在感知—认知上的相互作用，所以"可观察性"和"观察"的概念从术语角度而言更为接近。显而易见，在观察行为中，由于观察者的存在，观察对象相应地获得了可被观察的属性，如果没有观察行为和观察者，观察对象及其可观察性就无从谈起。可见，观察者和"观察""观察对象"和"可观察性"等概念在意义和解释

① 李淮春主编. 马克思主义哲学全书[Z]. 北京: 中国人民大学出版社, 1996: 328.

② 郑祥福. 范·弗拉森可观察性概念的批判[J]. 自然辩证法研究, 1994(01): 10.

③ Виноградов В. В. Русский язык(грамматическое учение о слове)(2-е изд)[M]. М.: Высшая школа, 1972: 613.

中具有相互依存的因果制约关系。

Падучева使用了"情景的可观察性"（наблюдаемость ситуации）这一概念。她将"情景的可观察性"看作是"动词语法语义和搭配性能本身所固有的特征"①。该语义特征描写了同一主题场内动词的分类范畴语义。在动词搭配特点研究的基础上，Падучева强调说，这样的动词有很多。"表示过程的动词具有一系列语义特征，其中包括空间的可定位性（локализованность）和可观察性"②。"可观察性"和语言自我中心主义有关。语言自我中心成分的语义中包含第一性的、主要的、基本成分（例如空间客体的时空特征），也包含次要的、背景成分，"可观察性"属于后者。

Бондарко在著作《语法系统中的范畴化》（*Категоризация в системе грамматики*）中集中总结了圣彼得堡功能语法学派对语言自我中心主义的研究，其中包括对观察者的研究。将说话人的视角与篇章联系在一起的最重要的一个范畴就是"可观察性"范畴。③

Бондарко（2004）认为，"可观察性"是一种很复杂的、系统性的、具有范畴性的单位。"可观察性涉及一定的空间范围、感知主体和感知客体。"④ Бондарко更倾向使用术语"可感知性"（перцепность），它属于功能语法的语义范畴，用于表达语言形式不同层面的感知语义，例如动词体、话语、篇章。因此，显性或隐性程度不一的"可感知性"（感知语义）成为动词体语义中的一部分时，表示可用言语表达的、源自不同感觉器官的信息。例如：

（1）Идут.（他们正在走。）

（2）Вы ошибаетесь.（你们在犯错。）

---

① Падучева Е. В. Семантические исследования[M]. М.: Школа «Языки русской культуры», 1996: 128.

② Падучева Е. В. Семантические исследования[M]. М.: Школа «Языки русской культуры», 1996: 142.

③ Бондарко А. В. Категоризация в системе грамматики[M]. М.: Языки Славянской Культуры, 2011: 340-341.

④ Бондарко А. В. Теория значения в системе функциональной грамматики: на материале русского языка[M]. М.: Языки славянской культуры, 2002: 275.

例句（1）属于可被感觉器官所直接感知的情景，而例句（2）则相反，可能通过人的感觉器官无法直接感知，需要通过内心思维活动作出判断。① "感知话语"（перцептивное высказывание）表达的是原型的交际—语义范畴，其中包括原型感知话语（прототипические перцептивные высказывания）和非原型感知话语。原型感知话语描述感知时刻和言语时刻重合时被感知到的世界的片断。Бондарко的观念中包含内部感知的思想。通过记忆、想象等内部感知表现的是非原型感知话语的特点。

Бондарко扩大了感知的外延范围，并在研究文学篇章时使用了 "文艺可感知性"（литературная перцептивность）这一概念。

整体而言，在Бондарко的解释中，术语 "可感知性" 和 "可观察性" 是一对语言学近义词。"可感知性" 范畴相比 "可观察性" 范畴更宽泛，内容量更大；"可观察性" 范畴只和感知中的视觉感知模式相关。②

尽管只有当出现观察者时才会产生可观察性，但术语 "可观察性" 中并无法显性表达行为主体——观察者。

观察者概念可表达事物—空间关系和分类关系，例如：指向观察者（указать на наблюдателя），观察者的位置（местоположение наблюдателя）。③ 在不同的上下文可选择使用上述相应表达。在对行为和静态特征、性质等进行描写时，需要指出是否存在可观察性。同时，这种描写中也包括纯感知行为不可缺少的评价元素。当描写客体在空间的位置以及其在空间的移动时，需要一个相对的指示参照点，该参照点通常是观察者。换句话说，如果需要指出客体的位置（左、右、前、后）和移动的方向（来、去），那么观察者正是处所和运动方向的参照点，这时并不说情景的可观察性。

在空间关系的概念化中包含定位思想，但并不指出可观察性，在这

---

① Бондарко А. В. К вопросу о перцептивности[A]. Сокровенные смыслы: Слово. Текст. Культура: сб. статей в честь Н. Д. Арутюновой[C]. М.: Языки славянской культуры, 2004: 277.

② Бондарко А. В. Теория значения в системе функциональной грамматики: на материале русского языка[M]. М.: Языки славянской культуры, 2002: 273.

③ Кравченко А. В. Язык и восприятие: Когнитивные аспекты языковой категоризации[M]. Иркутск: Изд-во Иркут. ун-та, 1996: 160.

种情况下可观察性是必要条件。Падучева研究运动动词的语义时就指出了这一事实。她使用了观察者概念来解释运动动词的语义："在阐释俄语прийти和英语come的语义时,我们发现,观察者的位置位于运动终点。come的语义中存在着一个作为说话人的旁观的观察者(他应当位于终点)。俄语中,如果动词идти的终点配位已经被填充了的话,那观察者应该位于起点。"①

英语中用于研究空间语义的词汇时使用观察者概念也是很典型的。例如:The ball is to the left of the tree.(球在树的左边。)球和树的位置是以观察者为定位的,观察者具有空间指示主体功能。②

对比分析表明,可观察性通常不适用于空间的概念化。观察者从范畴—工具以及方法论方面而言是一个更宽泛的概念,其本身蕴含了观察对象的可观察性。"可观察性"可以分为"内部可观察性"和"外部可观察性",其概念也可以包含也经常包含评价意义。

在Кравченко的著作中,观察者和可观察性是非常重要的两个概念。"如果将说话人的角色理解为某种函数(функция),那么观察者就是它显而易见的自变量(аргумент),因为没有观察就不可能有感知—认知的相互作用,更别说体现这种相互作用了。因此,只有观察者才可能成为理解语言机制的第一性事实和关键。"③

Кравченко认为,语言的直观性体现在两种知识类型中:①以观察者的直接经验为基础的现象学知识(феноменологические знания);②说

---

① Падучева Е. В. Дейктические компоненты в семантике глаголов движения[A]. Логический анализ языка. Семантика начала и конца[C].М.: Индрик, 2002: 125, 128.

② Levinson S.C. From outer to inner space: linguistic categories and non-linguistic thinking[A]. Language and conceptualization[C]. Great Britain: Cambridge University Press, 1999: 13-45, 17.

③ Кравченко А. В. Знак, значение, знание. Очерк когнитивной философии языка[M]. Иркутск: Иркут. обл. типография, 2001(01): 183.

话人的结构主义知识（структуральные знания，或间接知识）。[①] 语义的合法性和对话语可能做出的解释由说话人和观察者这两个因素之间相互作用的特点决定。当说话人通过话语告知某一信息时，他是以认知范畴化（когнитивная категоризация）的这两个层面（现象学和结构主义）上获得的语言知识为基础的。语言中存在着一些单位，其意义中确定了事物、现象、事件认知范畴的现象学地位。反之，整个知识存在的本身就会受某个个体（即说话人）认知活动直接影响。[②]

在Кравченко的研究中，观察者的重要程度并不次于说话人。借助"指向观察者"（указать на наблюдателя）和"可观察性"，他解释了一系列语言现象，例如现在时、体的对立、消极配位结构（пассивная диатеза）、空间关系的表现、词汇语义以及回顾（回溯）语义等。

对观察者相关概念内涵的分析，可以明确每个具体术语的内涵和外延，同时有助于描写整个术语集合的系统性特征。

三、观察对象

在观察过程中，观察对象伴随观察者的出现而产生，因此，观察对象既可以是所感知的整个世界，还可以是这一世界的某一片段：事物、特征和事件。由于观察对象概念的外延范围极为宽泛，因此需要对观察对象进行分类分析。这种分类分析不仅可以确定观察对象与观察者之间的相互制约关系，完善对观察对象这一范畴的认知及阐释，补充观察对象范畴的

---

① 现象学知识：德国古典哲学里面的"现象"专指那些依赖于主体的感知能力而被显现出来的东西。人类的认识能力包括高级的理性认知能力和低级的感性认知能力，康德所开创的"美学/感性学"就是研究后一种能力，以与研究前一种能力的"逻辑学"对应。结构主义知识的基本内容也可从以下四个方面加以概括：第一，就"实在"的性质而言，人的心理表征与外部世界一样拥有"真实"的存在状态；第二，就知识的性质而言，知识是个体建构的，它内在于人的心灵之中，而不是外在于世界之中；第三，就科学的性质而言，科学是一个创造意义的活动，这种活动像人类的其他活动一样，也是带有偏见并经过人的价值观念的过滤的。价值是中立的，与意义无关；第四，就人际互动的性质而言，我们依赖于共享的或协商的意义，这些意义在本质上是合作产生的，而不是依靠权威或经过操纵而产生的——笔者注

② Кравченко А. В. Язык и восприятие: Когнитивные аспекты языковой категоризации[M]. Иркутск: Изд-во Иркут. ун-та, 1996: 26.

解释力、认知力和方法论价值，而且可以揭示观察对象范畴自身的解释潜能。

（一）观察对象概念的多义性

观察对象是一个具体的、个别概念，和世界图景中通过具体语言称名和描写的片段相一致。作为对词汇层面和语法层面的现象进行概念化的一个语义成分，观察对象和描述篇章、言语行为特征的指示性范畴（自我中心成分）一样，只有在观察行为中才能表现出来，即成为所谓的非常规观察对象（нетривиальное наблюдаемое）。不借助观察者或者可观察性，无法或者很难对其进行阐释。

任何感知主体在定义上都是观察者，因此所有的感知谓词（以动词видеть和смотреть为核心）就构成了一个集合，为观察者和观察对象提供了相应的位置。在包含这类谓词的表述中，句法结构与观察情景的认知模式具有同构性（изоморфизм），因此，它们最大程度地揭示了观察者（以及观察对象）的原型上下文（прототипический контекст），例如，在"他看见了一些新建筑"这句话中，动词所必需的句法主体范畴和客体范畴与观察情景的认知和语义参与者相一致：主语位上是观察者，补语位上是观察对象。

感知行为这一概念在更大程度上是隐性地体现在语言中的，它内在于其他的相关概念中。例如，在表述"她悄悄地走出了房间"中，副词"悄悄地"指出了观察者的存在，但此处的观察者是假设的，因为并没有在观察情景中体现和表达出来。副词"悄悄地"所描写的行为或者情景中总是包含假设的观察者，该观察这也可能在句子中显性地表达出来，例如，通过状语小句等形式表现在句法表层：在客人都没有注意的时候，她悄悄地走出了房间。

但是，当表述涉及的并不是一个可控行为，而是客观化的、没有任何目的性的事件时，观察者未必能够显性表达出来。我们可以说：太阳悄悄地落山了。但是未必可以说：在我们没有注意的时候，太阳悄悄地落山了。显性表达出来的观察者自动要求出现观察对象。

（二）作为多模态感知结果的观察对象

观察对象的分类可以以感知模态（包括视觉感知、听觉感知、触觉感知和味觉感知等）为基础，不同的感知模态导致不同的感知结果。因此，被称为观察对象的不同类型的实体也有所区别。

视觉感知系统下的观察者可以广泛地进行直观感知，例如感知光线及光线的强度，感知形状、客体的特征（大小、尺寸和颜色等）以及感知客体在空间的位置和运动。正是这种多样性以及视觉行为在所有感知模式中的第一性才可将"世界图景"凸显出来，使其成为一个普遍适用的认知概念，其中包含所有直观认知活动的结果。但在视觉模式下若想统一对观察对象进行唯一的分类是不可能的。

听觉感知的最终结果是声音。此时的观察对象具有双重属性：可以是外界刺激物或内部感受（或内部形象），因此可以形成一个认知借代机制，用于解释概念结构化和语义分化的过程。[①]正是通过借代扩展了词汇意义。该意义描写了从称名外界声音现象到形成声学形象，进而受到听者评价性感知的声学现象。试比较："声音传来"（观察对象声音的外部层面）和"听起来很棒"（评价性描述）。

与周围环境嗅觉互动的直观结果是味道，它被借代性地用于表示来源，即我们所谓的观察对象。如果散发的味道比较好闻，那就是"好味道"。嗅觉自身是多层次的，可以通过不同的接触类型（温度、潮湿度）和地点（皮肤、指端等）进行区分，正如视觉感知，其观察对象的概念化也没有统一的分类。

观察对象隐含性最大的一个层面表现在语法语义中。在词汇语义中，观察对象的开放程度最高。不同实词描写的都是观察对象事物性、事件性以及特征性层面，试比较"红色""变红""红色的"等。在很多表示直观感知意义的形容词中，有一些形容词可以将观察对象描述为一个整体性的特征形象，这证明了感觉和不同感知模态之间存在相互联系和相互制约关系。试比较："大"描写的是观察对象在视觉模态下的特点；而"甜"则可能是综合模态下或者味觉、嗅觉、听觉感知叠加下的观察对象，例如

---

① Barcelona A. On the ubiquity and multiple level operation of metonymy[A]. Cognitive linguistics today[C]. Frankfurt-Main: Peter Lang, 2002: 197-206.

Taylor J. R. Linguistic Categorization. Prototypes in linguistic theory[M]. Oxford: Clarendon Press, 1989: 270.

"甜酒"（味觉）、"甜味"（味觉和嗅觉）、"甜歌"（听觉）。这种整合性的观察对象反映了整合性的感觉现象。[①] 多层次的观察对象至少可以将两种同级别的感知模态结合起来，试比较"亮光""亮色"（视觉感知）和"毛茸茸的小猫"（视觉和触觉的综合感知）等。

具有整合性特征的观察对象体现了不同感知模态之间的相互作用，其中初始的、首要的感知模态可以成为其他感知模态的隐喻性基础。试比较俄语描写温度感觉时的"暖冬"以及在表示颜色时的转义用法"暖色"。语言整体性关系表明，触觉感知倾向于向其他感知模态领域发生转移，这证明了触觉感知在个体发生方面的首要性。触觉的核心属性为那些能够联想到其他感知模态的触觉感知中的观察对象提供了例证，例如：暖空气/暖色，冷空气/冷色，柔软的布料/柔软的性格，硬邦邦的沙发/硬邦邦的话，冰冷的石阶/冰冷的答复/冰冷的目光等。

感知模态的作用同时还表现在事件中，动词的语义分化就证明了这一点。例如，俄语声响动词的词汇语义和感知概念存在隐性关系，其语义中包含观察者（在听觉感知的情况下）。也就是说，它们表达了作为动态性、感知性声学特征的事件。这些动词在和方向性词汇搭配时，可表示附加的语义功能：在特定上下文描写有方向的运动，并且表达观察对象的综合性形象。试比较：Паровоз пропыхтел (прогудел, просвистел) мимо. 这些动词的初始形式пыхтеть, гудеть, свистеть等都是未完成体动词，包含观察者。[②] 未完成体动词表达观察对象的行为，具体到声响动词，这是对声音现象的感知。前缀про-和方向运动副词мимо用于将声响动词变为定向运动动词的特殊语法上下文和词汇上下文。

如果感知动词语义中的'通过感官进行感知'的义位并未实现，而是被新的义位所替换，或者是与其他语义场（如精神义"审视"，情感义

---

① Бордовская А. И. Средства номинации синестетических соощущений(на материале английских и русских художественных текстов)[D]. Дис. канд. филол. наук. Тверь, 2005: 19, 222.

Рузин И.Г. Когнитивные стратегии именования: модусы перцепции(зрение, слух, осязание, обоняние, вкус) и их выражение в языке[J]. Вопросы языкознания, 1994(06): 79-100.

② Кравченко А. В. Язык и восприятие: Когнитивные аспекты языковой категоризации[M]. Иркутск: Изд-во Иркут. ун-та, 1996: 160.

"看透"等）混合在一起，那么感知动词就产生了派生义。许多语言符号中都包含有'感知'这一义素。例如，"看"这一义素也存在于和视觉感知的范围相差甚远的词汇中（例如"看望""看来""看作"等）。有些包含感知意义的词汇甚至被完全语法化，例如包含'嗅觉'义素的"一味"可用作副词（"养花不能一味浇水""一味迁就孩子"等）。[①] 这表明了感觉在人类认知世界过程中的首要地位。鉴于此，К. Л. Бюлер 写道："一个理智并且富有成效的词汇学原则就是在可感知的范围内探求词汇的初始意义。"[②]

从相关研究中，我们还可以区分出观察对象的特定感知层面。在分析вид一词的语义时，Кустова认为其包含有视觉感知客体配价，即我们所言的观察对象。[③] Г. Е. Крейдлин对голос和тон进行了系统描写时认为，它们的语义原型可以上溯到звук这一类别。[④] 同时，他还研究了触觉相互作用以及触觉在交际过程中的结果。[⑤]

（三）作为世界空间范畴化结果的观察对象

观察对象在对空间关系（包括空间中的运动方向）进行概念化时占据了重要位置。在典型交际情景中，当说出"他的房子在我们前面"这句话时，和其他观察情景一样，只有当说话人和观察对象之间发生观察与被观察的关系时他才可能成为观察者。但是在对空间关系进行模式化的过程中，需要研究何为观察对象。在该表述中，"房子"占据主位，述位是"在我们前面"，其中包含观察者"我们"。在可以被感知的空间中，房子和观察者之间的空间关系是被强调出来的观察对象，即观察者的感知空间是观察行为的背景，相对于观察者且只能相对于观察者确定客体的位

---

① 徐时仪. "一味"的词汇化与语法化考探[J]. 语言教学与研究, 2006(06): 24-27.

② Бюлер К. Л. Теория языка. Репрезентативная функция языка[M]. М.: Прогресс, 1993: 104.

③ Кустова Г. И. Вид, видимость, сущность(о семантическом потенциале слов со значением зрительного восприятия)[A]. Сокровенные смыслы: Слово. Текст. Культура: сб. статей в честь Н.Д. Арутюновой[С]. М.: Языки славянской культуры, 2004: 155-175.

④ Крейдлин Г. Е. Голос и тон в языке и речи[A]. Язык о языке: сб. статей[С]. М.: Языки русской культура, 2000: 453-501.

⑤ Крейдлин Г. Е. Движение рук: касание тактильное взаимодействие в коммуникации людей[A]. Языки динамического мира[С]. Дубна, 1999: 330-348.

置。并且，观察者是观察对象概念化时所必需的成分。

在Уходите!（请走开！）这一例句中我们同样发现，观察者融入了纯粹的空间关系中。运动动词在俄、汉语中，都包含一些次要的、隐性语义配价"开端和终点"[1]，其参照点通常是观察者。此时，对于作为观察者的说话人而言，即使存在着可被观察到的、正在运动的实体，也必须将自己本人纳入直观感知空间中来描写运动场景。

在使用完成体或未完成体动词对空间客体描写时，也能发现观察者的存在。未完成体动词事实上也可以具有指示意义，用于表示事件与观察者（说话人或其他人）之间的联系。完成体和未完成体表达的是相反的指示关系。完成体动词实际上将所描写事件的时间纳入了观察者的个人时间之中。而未完成体动词则将观察者描写的时间位置纳入到被描写的时间中。试比较：在Лодка врéзалась в берег.中，事件被描写的时间和观察者的时间一致，即行为是在观察者的视角中给出并且已经被实现。观察者位于过程之外，他是从外在于过程的视角进行描写的。而在Лодка врезáлась в берег.中，观察者是发生事件的见证者，描写的是正在实现的行为。观察者位于过程之内，是从内在于过程的视角进行描写的。

当描写地理空间时，相对重要的并不是时间坐标，而是空间坐标，即重要的不是观察者相对于描写对象的时间界限，而是空间界限。试比较：在Отмель врéзалась в море.这句话中，描写的场景中需要观察者的一个空间位置，观察者与被描写的事实相间隔，位于所描写的空间之外。而在Отмель врезáлась в море.中，要么描写现实的事态（与观察者的空间位置无关），要么需要一个观察者的位置，观察者属于所描写的客观事实之中，位于所描写的空间之内。[2]

---

① Майсак Т. А. Семантика и статика: глагол идти на фоне других глаголов движения[A]. Языки динамического мира[C]. Дубна.: Международный ун-т природы, общества и человека, 1999: 51.

Морозов В. В. Сопоставительный анализ глаголов движения в английском, русском и французском языках[A]. Языки динамического мира[C]. Дубна.: Международный ун-т природы, общества и человека, 1999: 78-86.

② Успенский Б. А. Поэтика композиции[M]. Флинта: Наука, 2007: 223-224.

总体而言，完成体形式描写的是相对于交际行为的行为或状态，而未完成体形式则描写行为或状态本身。有时，该行为或状态可以表达与完成体相对立的意义，即表示的并不是观察者相对于所描写行为或状态的外在位置，而是内在位置。

（四）内部观察对象

不同感知模式的观察对象并不相同，内部观察对象和外部观察对象的外显程度也不同。

人的内心世界（或某一部分）是内部观察对象（внутренее наблюдаемое）。内部观察对象可以是观察者纯粹的生理状态、情感状态、精神状态以及智力状态。在任何情况下，观察者对观察对象的反思也发生在对心理实体进行观察的过程中。"当我们以研究者的身份来观察和研究自己的心理状态时，我们不可避免地也在改变这种状态。"[①] 当观察者将自己的心理状态作为某一内部观察对象进行研究时，这是一个可控的过程，或者说是一个科学观察的过程。

内部感知的行为和过程是一种虚拟观察（мнимое наблюдение），它也发生在日常生活情境中，例如представить, вообразить（想象）描写的就是内部的、虚拟的感知，这种感知有意识地创建了内部观察对象。这种可控的内部观察对象和不可控的、自发的观察对象是对立的。类似于казаться, чудиться, мерещиться（似乎、好像）等则表示"形成某一心灵图像"，此时的观察对象就是自发的、不可控的。[②]

我们以А. П. Чехов作品中的казаться用法为例，说明内部观察对象和外部观察对象之间的区别和联系。

动词казаться是Чехов最喜欢使用的动词之一，他的文本中"充满了动词казаться"。[③] П. М. Бицилли曾经写道："除了Чехов之外，没有任何一

① Фрумкина Р. М. Психолингвистика[M]. М.: Издательский центр «Академия», 2001: 24.

② Верхотурова Т. Л. Лингвофилософская природа метакатегории «наблюдатель»[D]. Дис... канд. филол. наук. Иркутск, 2009: 196.

③ Кожевникова Н. А. Типы повествования в русской литературе XIX – XX вв[M]. М.: Рос. АН, Ин-т рус. яз., 1994: 205.

个其他作家的词汇中казаться占据着如此重要地位。"[1]

动词казаться的首要特征在于其语义融合了直观情态和心理情态。在不同的上下文中，直观感知情态成分和心理情态成分之间的相互关系可能发生变化，有时侧重于前者（**Кажется**, что занавеска шевелится），有时侧重于后者（**Кажется**, что он прочитал всех классиков）。

动词казаться的第二个特征在于其语义和人称范畴、时间范畴存在不同的相互关系。在现在时中通常按照第一人称进行解读，在惯例用法中通常按照第三人称进行解读。如果用于现在时（现在进行时或者过去进行时），且将思维活动用词汇手段表达出来的话，那казаться可以被解读为内部视角述谓。此时，情态主体表现为不带前置词的第三格形式：可能是第一人称代词（мне），也可能是名词，而最经常出现的是第三人称代词（**Ему** / **Ей** казалось, что...）。

例句（1）Он дождался, когда проснулась Таня, и вместе с нею напился кофе, погулял, потом пошел к себе в комнату и сел за работу. Он внимательно читал, делал заметки и изредка поднимал глаза, чтобы взглянуть на открытые окна или на свежие, еще мокрые от росы цветы, стоявшие в вазах на столе, и опять опускал глаза в книгу, и **ему казалось**, что в нем каждая жилочка дрожит и играет от удовольствия. （А. П. Чехов, «Черный монах»）（他等着达尼雅醒来，然后跟她一块儿喝咖啡，散步，后来就回到自己的房间，坐下来工作。他专心看书，写笔记，有的时候抬起眼睛来，朝敞开的窗子外面，或者朝桌子上花瓶里还挂着露珠的鲜花瞧一眼，就又埋下头去看书，并且**他觉得**他每一根小血管都由于愉快而在颤抖和跳动似的。）

有关感觉的知识来源只可能是主人公本人（Коврин）。此外，没有任何的时间背景，说的只是思维的当下时刻。在«Дуэли»中是另外一种情况。

例句（2）Нелюбовь Лаевского к Надежде Федоровне выражалась главным образом в том, что всё, что она говорила и делала, *казалось ему*

① Бицилли П. М. Творчество Чехова. Опыт стилистического анализа[A]. Трагедия русской культуры. Исследования. Статьи. Рецензии[C]. М.: Русский путь, 2000: 245.

ложью или **похожим на ложь**, и всё, что он читал против женщин и любви, *казалось ему*, как нельзя лучше подходило к нему, к Надежде Федоровне и ее мужу. Когда он вернулся домой, она, уже одетая и причесанная, сидела у окна и с озабоченным лицом пила кофе и перелистывала книжку толстого журнала, и он **подумал**, что питье кофе — не такое уж замечательное событие, чтобы из-за него стоило д**елать озабоченное лицо,** и что напрасно она потратила время на модную прическу, так как нравиться тут некому и не для чего. И в книжке журнала он увидел ложь. Он **подумал**, что одевается она и причесывается, чтобы **Казаться красивой**, а читает для того, чтобы **Казаться умной**. (А. П. Чехов, «Дуэль») （拉耶甫斯基不爱娜杰日达·费多罗芙娜，这主要表现在凡是她所说的话和所做的事，**在他看来都像是做假**，或者近似做假。凡是他在书报上读到过的斥责女人和爱情的言论，**在他看来都好象**能够恰当不过地应用到他身上、娜杰日达·费多罗芙娜身上以及她丈夫身上。等他回到家里，她已经穿好衣服，梳好头发，正坐在窗前，带着专心的神情喝咖啡，翻一本厚杂志。**他**心里就**想**：喝咖啡并不是什么了不得的大事，犯不上因此做出**专心的脸色**，而且她也不必浪费时间梳出时髦的发型，因为这儿没有人喜欢这种发型，这是白费心思。在那本杂志上，他也看出了虚伪。**他心想**，她穿衣服和梳头发都是要**显得漂亮**，看杂志是要**显得聪明**。）

在该片段中，动词казаться出现在谓语结构以及说明从句的主句中。在所有的用法中，它使用的都是第三人称代词的第三格形式。动词казаться在谓语结构中表达两个意思：①作为Лаевский心理活动的标记（казалось ложью）；②作为Надежда Федоровна的指责——她想看起来更美和更聪明。可见，казаться的主要功能在于连接和衔接，表明从客观的描写向主人公内心世界和他的思想世界之间过渡。

（五）作为表意空缺的观察对象

观察对象和观察者是观察行为中不可或缺的两个组成部分。在观察者个人感知空间中，感知客体的空缺（отсутствие объектов）在俄语语法体系具有重要意义。① 严格而言，它指的是词汇语义和句法语义的相互作用。而且，空缺的是从朴素的、蕴含的语言语义系统中抽取出来的观察对象。

很多动词的语义中都包含感知成分，它们与感知概念具有显性或隐性联系。当主体生格或者客体生格的表述中出现这些动词时，它们建立的是一种指称效果（референциальный эффект），与观察者具有直接联系，被Падучева称作"可观察到的空缺"（наблюдаемое отсутствие）。② "在带有感知动词、知晓动词、拥有动词和运动动词上下文中，生格表达了'可观察到的空缺'的语义现象，这一现象要比传统的确定性更为宽泛，它表明了具体指称的自然属性，揭示了空缺概念和不存在概念之间的共性（不存在——在世界中；空缺——在个人空间中）……"③

我们来比较一下Машу не видно.和Маши не видно.这两个句子。其形式上的区别在于主体的格，这种情况下必须对它们语义做出不同解释：Машу не видно.指的是"玛莎来了，但是观察者并没有见到她"，而Маши не видно.则是"观察者并没有看到玛莎，因为她很可能不存在，她没在场，缺席了"。

在Машу не видно.的句法表层存在具体观察者的位置，试比较：Мне (ему等) Машу не видно. 此时，观察对象可以被定义为虚拟的，因为观察者知道，观察对象本身是出现的，只不过是由于某种原因没有被感知到。而在Маши не видно.中并不允许显性表达观察者，试比较：*Мне (ему) Маши не видно. 此时的观察者是隐性出现的、位于"幕后"的，是一个虚拟的形象或者是一个概括性的形象。正是这种概括性的观察者使得造成观察对象在语义上的空缺（当观察对象通过生格形式的主体表达的时候）。

---

① Падучева Е. В. Глаголы действия: толкование и сочетаемость[A]. Логический анализ языка. Модели действия[Z]. М.: Индрик, 1992a: 69-77. / Падучева Е.В. О семантическом подходе к синтаксису и генитивном субъекте БЫТЬ[J]. Russian Linguistics, 1992b(16): 53-63. / Падучева Е.В. Родительный субъект в отрицательном предложении[J].Вопросы языкознания, 1997(02): 101-116.

② Падучева Е. В. Генитив дополнения в отрицательном предложении[J]. Вопросы языкознания, 2006b(06): 21.

③ Падучева Е. В. Генитив дополнения в отрицательном предложении[J]. Вопросы языкознания, 2006b(06): 40.

　　在存在客体生格（генитив объекта）时，观察对象空缺并不要求观察者是虚拟的，观察者在这种表述中总是具体的，并且可以用表述主语的形式表达出来，例如：Я не чувствую никакого запаха.（我没有感觉到任何味道。）其中包含有 '气味不存在' 的推断，它决定了观察对象具有表意空缺的地位。

　　日常世界图景（纯词汇阐释语义）对观察对象的表意空缺同样很敏感。在俄语词汇系统中将"观察对象表意空缺"概念带入语言世界图景中的词包含：темнота (тьма, темь, темень), пустота, тишина (тишь), безмолвие, молчание等。我们发现，上述用以表达"表意空缺观察者"概念的词汇仅体现了两个感知参数：对声音的感知和对光线的感知。这一限制受客观事物属性的制约：对于健康的、生活在有光亮和有声音世界中的人而言，可以闭上眼睛或捂着耳朵去模拟没有光明和声音的情形，但是却很难或不可能模拟出没有味觉、嗅觉、触觉的情形。客观事物的这种自然属性可能基于器官的多种功能：鼻子、舌头、口腔、皮肤等，它们除了参与感知世界的功能外，还具有一些其他功能。①

　　темнота (тьма, темь)指光线的空缺。②汉语中可用"黑暗"来表示。

　　例句（1）**Тьма**, пришедшая со Средиземного моря, накрыла ненавидимый прокуратором город. (*Мастер и Маргарита*)（地中海方向袭来的黑暗已经完全笼罩住这座为总督所憎恶的城市。）

　　例句（2）航程还很远，而这一段路还笼罩在**黑暗**之中。

　　光线的空缺实际上意味着不存在其他所有的视觉反应。

　　例句（3）**黑暗**中什么也看不见。

　　俄语中，通过пустота表达的视觉观察对象的表意空缺和蕴含"容器"概念的"客体""物质"概念关系最为紧密。темнота和пустота并不是视觉可感知的对象，而是感知对象的空缺。典型的感知动词不能将其作为感知客体，如：

---

①　Wierzbicka A. Lingua Mentalis. The Semantics of Natural Language[M]. Sydney etc.: Academic Press, 1980: 367.

②　Ожегов С. И. Словарь русского языка, стереотип[Z]. М.: Русский язык, 1985: 797.

Я вижу темноту/пустоту.

Я смотрю на темноту/пустоту.

声音的空缺可借助"静""无声"等词来描写。俄语主要借助
молчание, безмолвие, тишина来描写。[①] Арутюнова详细解释了表示'空
缺'意义的молчание, безмолвие, тишина 和 пустота之间的区别。[②] 简言
之，тишина更大程度上指称自然现象，молчания主要描写人的交际行为，
而безмолвие 综合了上述两词的特征，可以描写自然界和人的世界的特
征。[③]

比起没有视觉的追踪，在没有声学观测的情况下，人们更容易注意到
符号。可以听到寂静和人群中的沉默。沉默是最能言善辩的交际工具：拒
绝交际行为的许多不同情况下都与"沉默"概念相关。

---

① Ожегов С. И. Словарь русского языка, стереотип[Z]. М.: Русский язык, 1985: 797.

② Арутюнова Н. Д. Феномен молчания[A]. Язык о языке: сб. статей[C]. М.: Языки русской культуры, 2000b: 417-436.

③ Арутюнова Н. Д. Феномен молчания[A]. Язык о языке: сб. статей[C]. М.: Языки русской культуры, 2000b: 417-436.

第三章　语言学中观察者的分类及阐释

"观察者"已成为语言学研究中的一个常用概念，并且其意义开始变得模糊。本章将以Падучева的分类理论为基础，对作为语义分析工具的观察者进行分类和阐释。

第一节　自我中心主义和观察者

英国语言学家J. Lyons区分出了交际过程的典型交际情景，其中说话人和受话人具有共同的时空和视野，能够直视对方及对方的手势和表情等。许多词和语法范畴的语义以说话人在场为前提，这势必影响双方言语的结构。说话人可作为交际情景的直接参与者反映在语言单位的语义中，相应地在交际情景中承担不同角色。说话人首先是言语主体，还可能是话语中的指示主体（субъект дейксиса）、感知主体、意识主体（субъект сознания）、表情主体、称名主体等。语义中包含共时说话人角色的词汇和语法范畴是自我中心成分（эгоцентрические элементы）。叙事话语情景和典型交际情景相对立，其中没有作为言语主体的真正说话人和共时受话人，没有语言的基本时间范畴——言语时刻（即现在时）。

相应地，我们区分出阐释自我中心成分的两种不同机制：言语机制（对话机制）和叙事机制。语言中存在着一级自我中心成分和二级自我中心成分。一级自我中心成分是指只有在言语机制中才能完全实现其意义的词汇和语法范畴，只能以典型交际情景中真正的说话人作为参照。一级自我中心成分在叙事中不使用。二级自我中心成分在保持语义不变的情况下，既可用于典型交际情景，也可用于叙事话语情景，其参照点可能是说话人或者观察者。

俄语时范畴是典型的一级自我中心成分。叙事话语中时范畴的意义不同于口语对话中的用法。例如，俄语中未完成体动词过去时形式在言语机制中表示事件发生于言语时刻之前，而在叙事话语中表示事件的同时性。试比较：

（1）Над кроватью тоже *висел* тяжёлый ковёр.（床边也曾经挂着一幅厚重的壁毯。）

在言语机制中，例（1）表示"床边也曾经挂着一幅厚重的壁毯"。未完成体动词过去时形式 висел（挂）表示ковёр（毯子）在言语时刻之前悬挂着，但此刻不挂了；而在叙事机制中，则表达具体状态与话语时刻的共时性，即在话语时刻"毯子"仍挂着："床边也挂着一幅厚重的壁毯"。

动词体则属于二级自我中心成分。例如，未完成体动词可以表示具体过程（状态）意义（同时关系），也可以表示概括事实意义（回溯关系）。在典型交际情景中，这是相对言语时刻而言的同时性或回溯性，表达同时性时只用现在时，见例（2）；而在叙事话语中，则是相对话语当下时刻而言的同时关系或回溯关系，表达同时性通常用过去时，见例（3）。两种机制中体形式的意义相同，但参照点不同。

（2）a. Вот он **читает и думает**.（你看他正在一边读着一边想着呢。）

b. Недавно я **читала** книгу о великом поэте.（前不久我读过一本有关伟大诗人的书。）

（3）a. Он **читал** свои записки, мы пили чай.（他读着自己的笔记，我们喝着茶。）

b. Это письмо он уже **читал** мне раньше, и мы договорились тогда, что...（这封信他已经给我读过。那时我们就商量好要……）

汉语持续体形式（"V+着"）与俄语未完成体动词具体过程（状态）意义（同时关系）大体对应，但是汉语持续体形式属一级自我中心成分。俄语动词未完成体过去时用于具体过程（状态）意义时，译成汉语可使用体助词"着"，而用于概括事实意义时，则应使用体助词"过"。这是汉语具体过程意义区别于概括事实意义的体标记。[①] 但应注意的是，例

---

① 张家骅. 现代俄语体学（修订版）[M]. 北京: 高等教育出版社, 2004: 134.

（2a，3a）中的俄语动词现在时形式читает и думает与过去时形式читал，пили的汉语译文没有时的区别，动词只带共同的持续体标记"着"，因为汉语动词没有时的区别，只有体（态）的区别[①]。而例（2b，3b）中的читала和читал的汉译文"读过"则与原文相同，同时表示概括事实意义和过去时意义，汉语经验态或称经历体（"V+过"）[②]因而也属二级自我中心成分。例（1）译文中的时间副词"曾经"也是二级自我中心成分，汉语动词概括事实意义的辅助标记：床边也曾经挂着一幅厚重的壁毯~床边也曾经挂过一幅厚重的壁毯。例（2b，3b）译文也都可加入"曾经"而不改变动词经验体形式的意义：曾经读过=读过。

观察者是带有指示意义的零位符号（нулевой знак），在某些方面和说话人类似。说话人是一级指示主体，因为他能够参照自身的位置或时刻，证同或确定客体、空间段或时间段。观察者是二级指示主体，类似于说话人，但无法以第一人称代词自称，而说话人可自称为"我"。

观察者在言语机制中指说话人，在叙事机制中指情景中的人物或叙事者；而在复合句的从句中则指向主句的主体。观察者对全面理解词汇和语法范畴意义必不可少。例如：

（4）a.一个戴着墨镜、打手势的男人，正站在车**前**。

b.冬天来临，即将离队的复员老兵冒着风雪排在树前留影。

《现代汉语词典（第6版）》中对"前"的释义是："正面的部分；人和物正面所朝的方向。"对于有正反面的人造物"车"而言，其意义中不包含观察者，但对于没有正反面的自然物体"树"而言，只有参照观察者的相对位置才可理解：复员老兵排在树前留影~复员老兵排在树与观察者之间留影。[③]

---

① 吕叔湘主编. 现代汉语八百词（增订本）[M]. 北京: 商务印书馆, 2007: 36.

② 吕叔湘主编. 现代汉语八百词（增订本）[M]. 北京: 商务印书馆, 2007: 16.
　戴耀晶. 现代汉语时体系统研究[M]. 杭州: 浙江教育出版社, 1997: 57.

③ 张家骅. 俄罗斯语义学: 理论与研究[M]. 北京: 中国社会科学出版社, 2011: 82–83.

第二节　观察者的功能分类

为了系统地研究观察者，需要对其进行全面的分类。观察者可以有两种分类依据：根据观察者所指的自身功能属性或观察者与外界事物之间的相互关系。观察者的所指是语言中主体的一种呈现形式，观察者具有人的物理性、生理性和精神性特征，因此具有感知能力（感知主体）、思想意识和价值判断能力（意识主体）；作为物质本体，观察者还占据特定的时空位置（指示主体）；在观察活动中，观察者和观察对象具有不同的位置关系，相对于观察对象，观察者可能处于静止或者相对运动的状态，位于观察对象之外或之内。对观察者最为本质的分类是根据观察者所履行的各种主体功能进行分类。

一、主体类型

主体是一个最普遍的元概念。该概念常被用作分析、解释和论证的工具，广泛使用于各个学科。"主体在更多的情况下指的是有生命的人，体现在很多次范畴中。其中最重要的是感知主体、意识主体、行为主体（субъект действия）和认识主体（субъект познания）。这些角色的不同方面都是通过充当言语主体的人的语言能力间接表现出来的。"[1] 主体范畴的不同地位一方面指出了主体次范畴之间的上下义关系，另一方面也指出了不同主体之间通过近义概念关系相互联系的事实。在一定的上下文中，这些术语概念是可以相互替换，相互解释的，而且研究者常常下意识地交替使用这一系列术语用于表示同样的意思。

俄语中经常使用的认知主体（когнитивный субъект）次范畴包括认识主体（субъект познания, познающий субъект)、意识主体、评价主体（субъект оценки）、感知主体和观察者（也称观察主体，субъект наблюдения）。尽管这些概念非常相近，但是表达的却是不同的科学

---

① Кравченко А. В. Язык и восприятие: Когнитивные аспекты языковой категоризации[M].
Иркутск: Изд-во Иркут. ун-та, 1996: 160.

意义。因为在概念的外延上"认识"（познание）是不可能和"意识"（сознание, consciousness）等同，"感知"也不可能归为"状态"或者"行为"等。所有这些范畴都是哲学、人类中心学和人文科学长期以来研究的对象。当然，随着人文科学和自然科学的联姻，这些范畴也变成了自然科学感兴趣的范畴。

首先我们来看一下意识主体。D. Searle在研究中非常关注意识概念。他定义了意识的地位、典型特征及功能。意识是人固有的特征。Searle认为，意识的形式表现虽然多样，但却固有三种特征：内部性、质性、主观性，这三种特征对于意识而言非常重要。所谓的内部性特征指意识只发生在大脑的内部，质性指意识只能在某种特性中才能被感觉到。区别于其他的特征，最重要的性质是主观性，因为意识是主体（人或动物）所亲历的，也就是说只有主体才有意识。

因此，上述特征将意识归为主观上能感知的世界中，而这一世界存在的意义是为了让主体感受。Searle宽泛地将其定义为观察者，即具有认知特性的人。但是，在研究中，我们还发现了有关意识和意向性的其他观点："意识和意向性（интенциональность）是独立于观察者的现实世界中的现实部分。"[①] 该观点和Searle的解释并不矛盾。Searle不再遵循西方传统所谓的"物质"和"精神"的对立，认为意识既是物质现象，同时也是精神现象。有必要将世界划分为不取决于观察者的客观世界（物质世界和物理世界）以及取决于观察者、能被观察者意识到的主观世界。但是这种划分引起了很多学者的反对。

根据Searle的观点，人的意识总是指向某个对象并以其为目标，意识活动的这种指向性和目的性即"意向性"。意向性是意识的本质和根本特征，是"一种特殊的能力，思维借助该能力能够将我们和世界联系在一起"[②]。正如上述所言，一方面，意向性不取决于观察者，另一方面，它存在两个变体：真正的意向性（истинная интенциональность）和后天获得的

[①] Кравченко А. В. Язык и восприятие: Когнитивные аспекты языковой категоризации[M]. Иркутск: Изд-во Иркут. ун-та, 1996: 134.

[②] Кравченко А. В. Язык и восприятие: Когнитивные аспекты языковой категоризации[M]. Иркутск: Изд-во Иркут. ун-та, 1996: 100.

意向性（приобретенная интенциональность）。然而，Searle认为后天获得的意向性和观察者有关系，应该属于客观现实的世界。

认识主体是认知活动和认识活动的载体。传统上，认识中强调的是其活动方面，即人的方面。"认识是获得、保存、加工以及系统化意识到的、具体的情感和概念形象的过程。"① 根据传统观点，认识可以是行为、过程或者带有结果的活动。它通常和人类活动的心理情感方面和意向—意志方面相对立。传统的这种定义已经和现代的认识论观点不相符了。随着认识论的发展，认识主体获得了广义的阐释，其本身可以囊括意识主体和其他任何生物体。

评价主体在任何研究中都会涉及价值论的问题。显然，这种主体只能是有意识的主体、人。人类创造了价值观世界，这是将人类和其他生物区分开来的重要标准。② 价值范畴和人认识的整个过程以及文化素质的发展有直接关系，在语言中体现出来的意识主体、认识主体都可以被等同为评价主体，因为任何表述都不可能是评价外的。至少评价主体不会被单独区分出来，不会和意识主体及认识主体相对立。在语言学研究的某些分析层面，评价主体通常包含抽象的意识主体及认识主体范畴，例如，Падучева曾经说过："意识主体就是评价主体或者观察者。"③

感知主体是感知行为和感知过程的载体。上节在与观察者概念对比时，我们已对其进行了详细阐释。

如上所述，意识主体可以被描写为集体的，而感知主体只能是个体的。在这一上下文中他们是对立的。意识主体和感知主体都可以被看作是不具有意识的知识主体（субъект знания）。而观察者，区别于上述主体，在任何一门学科中都是具有生命、具有意识的范畴——人。正是该特征使观察者范畴成了一个普遍使用的概念。但是该事实不是唯一因素，上一章我们已经列举相关事实，说明了观察者概念成为现代科学研究中普遍概念

---

① Алексеев А. П. Краткий философский словарь. Изд. 2-е, перераб. и доп[M]. М.: ПБОЮЛ М. А. Захаров, 2001: 496.

② Арутюнова Н. Д. Язык и мир человека[M]. М.: «Языки русской культуры», 1999: 896.

③ Падучева Е. В. Семантические исследования(Семантика времени и вида в русском языке; Семантика нарратива)[M]. М.: Школа «Языки русской культуры», 1996: 464.

的原因。

二、作为感知主体的观察者

作为感知主体的观察者又称原型观察者，是以视觉感知和听觉感知（主要是视觉）体现出来的情景的隐性旁观者，不体现在句法层面上。Падучева认为观察者包含在动词释文描写的语义配价结构中，但在表层配位结构中脱落。[1]

若要证明一个词的语义中包含观察者，必须做两件事：①提出包含观察者语义配价的词的释文；②说明词义中的观察者体现在词的语言行为中。

Апресян以动词показаться（出现）为例，指出在На дороге **показался** всадник.（马路上出现了一个骑马的人。）所描写的情景中，除了骑马的人（всадник)和路（дорога）这两个显性参与者，还包含句子层面没有体现出来的第三个角色，即观察者。动词показаться 表示"开始存在于观察者的视野中"。这一观察者在脱离情景时无法获得任何语义描述，但在具体情景中充当旁观者，占据一定的空间位置，并从该位置感知发生的事件。

观察者是二级指示成分，其具体所指由阐释机制（动词的语言行为）决定。在言语机制中，观察者通常指说话人，因此例（1）不成立：说话人不能同时既充当观察者又充当观察对象。

（1）路上**出现**了我。（言语机制）

但在叙事机制中（例2）或依附位置上例（3）时，观察者常常不是说话人，因而语句中出现"我"完全正常。

（2）当我**出现**在早已等待在那里的上千的学生面前时，人群爆发了雷鸣般的掌声。（叙事机制）

（3）不过只要我一**出现**，准会是壮观的场面。（依附位置）

例（2）中观察者是学生，出现在学生视野中的那个'我'是话语情景中的人物'我₁'，而说话人是言语主体'我₂'。例（3）中的观察者角色也不是由说话人承担的。可见，动词原型观察者语义配价对于该动词的语

① Падучева Е. В. Динамические модели в семантике лексики[M]. М.: ЯСК, 2004: 210.

言行为有如下要求。

第一，在典型交际情景中避免使用第一人称代词填充动词的特定配价，因为第一人称已经隐性地存在于情景中，见例（1）。

第二，对阐释机制比较敏感。比较例（1）（2）（3）可以发现，例（2）中的叙事者或说话人并不是观察者，例（3）条件小句情景'我出现'的观察者蕴含在主导句中。

除动词"出现"外，汉语中表示'显现'意义的动词，例如"闪现、流露"等动词语义中也包含观察者。由于作为感知主体的观察者对阐释机制比较敏感，所以当观察者指向说话人时，上述动词在言语机制中通常不允许第一人称代词充当主语或出现在主语题元里。

（4）a. 我脸上**流露**出惊讶的表情。（言语机制）

b. 司徒聪被我脸上**流露**出的仇恨惊得一句话都说不出来。（依附位置）

汉语表示颜色状态或变化的短语式动词"发白、变红、泛红"等语义中也包含观察者。

（5）a. 我脸色**发白**。（言语机制）

b. 最近很多人说我脸色**发白**，气色不对，我想问一下这是怎么回事儿？（依附位置）

上述动词的语义中包含"观察者看见Y"这一成分，但观察者不能通过短语动词"发白"的主语句法题元"我"体现：我无法看见自己的脸色发白。

此外，汉语表示"分布"意义的"挺立、树立、屹立、挺拔、直立、耸峙、耸立"等动词的语义中也包含观察者。

（6）a. 我呆呆地**矗立**在空无一人的街口。（言语机制）

b. 黑暗中我默默地**矗立**在他的床边。

观察者作为语义结构中的非陈说成分，广泛存在于各种语义类别的动词中。具有'声响'意义的动词"传来、响起、轰鸣"等语义中也包含观察者，因为声音通常都是传入到"观察者"耳中的。

（7）a. 课堂上**响起**了吃吃的笑声。

b. 几声清脆的梆声，从远处**传来**。

c.田野一片葱绿，工厂机器**轰鸣**。

三、作为指示主体的观察者

"指示"（希腊语deixis）指的是"通过词汇手段或者语法手段表达的、作为语言单位的意义或者功能的指向"①。沈家煊将其称为直指，用来指语言中的这样一些特征，它们"直接指示一个话语段说出时的情景在人称、时间或处所方面的特点，其意义因而相对那个情景而言：例如"现在/那时""这儿/那儿""我/你""这/那"都是直指词或外指词"②。也就是说，指示（现象）是语言单位语义中显性地或者隐性地从观察者位置对事件（客体）的人、地点和时间的指向，需要处于言语时刻、言语地点以及具有共时受话人的说话人，需要有典型交际情景。指示同上下文和言语情景之间的联系决定了指示属于语用学的范围。③ 指示包括对言语活动构成成分的指向——指向言语活动的参与者、指向言语的对象、指向被表述事实的时间定位和空间定位，还指向所有的、能够直接作为和言语活动相关的成分而被描述的所有内容。④ 相应的词汇手段被称作指示表达式（дейктические выражения）或者指示成分（дейктический элемент）。指示成分是一种指称方式（способ референции）。指示成分履行指向功能，并可用于任何事物、特征和行为，对所指事物的选择依赖于言语情景。⑤

属于指示范畴的词汇，例如"这里、现在、今天、明天、这、那"等，通常情况下，它们大多数在使用时都伴随有指向手势或者是解释手势，在非典型交际情景中会发生一些改变。观察者相对于被描述的事件（客体）来说，在时间方面和空间方面具有主观性的或远或近的位置。

---

① Виноградов В. А. Дейксис. Лингвистический энциклопедический словарь[Z]. М.: Сов. энциклопедия, 1990: 128.

② 沈家煊译. 克里斯特尔编. 现代语言学词典[Z]. 北京: 商务印书馆, 2000: 101.

③ Арутюнова Н. Д. Типы языковых значений: Оценка. Событие. Факт[M]. М: Наука, 1988: 5-6.

④ Вольф Е. М. Грамматика и семантика местоимений[M]. М.: Наука, 1974: 6.

⑤ Арутюнова Н. Д. Лингвистические проблемы референции[A]. Новое в зарубежной лингвистике[C]. М.: Прогресс, 1982: 18.

（一）作为空间指示主体的观察者

情景"X看见Y"中的必需参与者除去感事X和客事Y外，还包括"处所"，亦即"看见"一定是"在某地"看见或"从某个角度"看见。因此在动词"出现"的语义中，观察者不仅实施观察活动，同时还在情景空间中占据一定的位置。也就是说，动词"出现"的语义中还蕴涵'观察主体与客体之间有一定距离'的语义成分。所谓"空间指示主体"，其着眼点是情景观察者的处所，分析的对象是指示语"远处、这里、那里"等；而"感知主体"的着眼点则是情景观察者自身，分析的对象是动词以及动词语言行为中涉及的说话人、叙事人物等。

形容词"远"表示"空间的距离长"，亦即"距离观察者远"，语义中也包含观察者。但例（1a）指示语"远处"含空间指示主体；例（1b）无指示语，不含指示主体。指示语蕴含的空间指示主体和动词"出现"语义中蕴含的感知主体不同，仅仅是占位者，空间指示主体，试比较：

（1）a.**远处出现**了一个人。

b.马路上**出现**了一个人。

尽管涵空间指示主体的语句同样对阐释机制敏感，要避免第一人称代词填充动词的特定配价。

（2）a.**远处**站着我。（言语机制）

b.家珍看看站在**远处**地里的我，转身进屋了。（依附位置）

Падучева认为，当俄语存在动词быть表示静态处所意义"在"时，允许省略具有指示意义的处所语"在这里"。"在这里"的意思就是"位于观察者所在的地方"。由于表示静态处所意义的"在"实际上已经确定了观察者的位置（观察者处在"否定"场景中），那么例（3）的正误不言自明。

（3）a . Меня нет дома.（我不在我所处的地方。）（言语机制）

b. Его нет дома.（他不在我所处在的地方。）（言语机制）

例句中的观察者并不是感知主体，而是"这里"蕴含的指示主体。当然，作为空间指示主体的观察者和作为感知主体的观察者都是二级指示主体，在言语机制和叙事机制中意义相同，但参照点各异。

但是，空间参照点的选择并不能简单地根据句法投射的规则，单纯地以说话人或受话人为参照。例如，在进行电话交谈时，说话人的地点和听话人的地点并不重合，即双方并没有共同的地点。这种情景可以揭示代副词"那里"的意义：不能说"那里"＝"在做出表述时刻，说话人并不位于的地方"。如果在言语时刻，听话人位于这一地点的话，那么它不能被称为"那里"。例如，如果我在北京和位于上海的朋友交谈，那么我不能用"我马上到那里"来表示"到上海"，应当说"我马上到你那里"。所以，我们看到，"那里"的参照点并不仅仅是说话人，同时也考虑了受话人的地点。这样，由于电话交谈过程中的说话人和受话人并不拥有共同的地点，所以这一交际情景凸显了地点副词的意义。

词汇中存在着常规性的多义性，类似于быть, появиться, исчезнуть 的词汇表达的要么是在现实空间中（不）存在，要么是（不）存在于观察者的视野（意识）之中。

（4）«Честолюбие? Серпуховской? Свет? Двор?» Ни на чем он не мог остановиться. Все это имело смысл прежде, но теперь **ничего этого уже не было**. (Л. Н. Толстой, *Анна Каренина*) （"功名心？谢尔普霍夫斯科伊？社交界？宫廷？"他得不到着落。这一切在以前是有意义的，**可是现在没有什么了**。）

（5）И теперь, после **исчезновенья Людмилы**, он свободен был слушать его. (В. В. Набоков, *Машенька*) // 现在**柳德米拉已经离去**，他可以自自由由地听了。（柳德米拉根本就没有消失，她只是从加宁的意识中脱离；加宁的意识中不再有她。）

句法中的这种多义现象同样出现在包含有否定生格的结构中；主体生格和客体生格表达的要么是不存在，要么是被观察到的（被意识到）的不在场，例如：

（6）a. **Ответа** не пришло, желающих не нашлось (не появилось, не возникло). （答复还没有收到，愿意参加的人还没有被找到。）（主体生格）

b. Он не писал **этого письма**. （他并没有写这封信。）（客体生格）

c. Майор не слышал **этой фразы**. （少校没有听到这句话。）（客体生格）

d. Он не помнил **родной матери**. （他不记得自己的生母。）

（客体生格）

也就是说，语言倾向于将现实世界中和观察者意识中的存在（不存在）等同起来。

上述例句表明，通过带有指示意义的参与者也能被称为观察者，因此，观察者并不一定是感知主体。

作为空间指示主体的观察者和作为感知主体的观察者的共同之处在于，他们都是二级指示主体，是自我中心成分，在两种解释机制中具有相同的意义，发生变化的只是参照点。

（二）作为时间指示主体的观察者

作为时间指示主体的观察者和作为意识主体的观察者一样，在情景中不占据空间位置。时序（таксис）是在整体时段框架内事件之间的相互关系。"这一范畴在语义层面十分接近于纯粹时间范畴，但是和后者的区别在于完全没有指示性成份。"[1] 根据《语言学大百科词典》（*Лингвистический энциклопедический словарь*）的解释，时序是包含有指示的语法范畴。[2] Кравченко认为，将相互之间以时间关系联系在一起的动作和同一该时间一致起来，是时序关系的基础，并且也是时序关系实现的必需条件。时间关系可以用"绝对时间"和"相对时间"等术语来描述。时序情景是不同行为语言意义之间的相互关系，时序情景的确定性和这些行为本身的确定性有直接的依赖关系。确定性程度由动词体范畴的内容所确定，而体范畴自身是一个指示性范畴并且以观察者和说话人之间的相互关系为基础。这意味着，时序情景的确定性也和"观察"这一因素相联系。[3]

英语中的现在完成时在言语机制中是一级自我中心成分，例如：I have played the piano.（我已经弹过钢琴了。）表示过去发生并且已经完成的动作对现在造成影响或后果，所以其语义指向的不是观察者，而是说话人。虽然在很多方面俄语的完成体和英语现在完成时类似，但与其不同的是：

---

[1]　Плунгян В. А. Общая морфология[M]. М: УРСС, 2000: 271.

[2]　Лингвистический энциклопедический словарь[Z]. М.: Большая Рос. энцикл., 2008: 128.

[3]　Кравченко А. В. Язык и восприятие. Когнитивные аспекты языковой категоризации[M]. Иркутск, 1996: 37-38.

俄语的完成体是二级自我中心成分，例如：Когда я **увидела** его в первый раз, он совершенно мне не **понравился**.（当我第一次看见他的时候，我完全不喜欢他。）"喜欢"这一动作发生在"看见"之后，不一定以说话人的言语时刻为参照。体对立的语义首先是观察者的视角（未完成表示同步视角，完成体通常表示回溯视角）。其他的体的具体意义之间的差别是受上下文影响的语义增量。（主要是词汇方面，但是，并不局限于此）

语法意义是潜在的。即使是在亲属语言中表现得也不同。在例（1）中，回溯性为未完成体附加了结果意义，而在例（2）中则附加了往返意义。

（1）Кто **строил** эту дорогу?（谁修了这条路？）

（2）Машина **выезжала** из гаража.（汽车从车库开出来过。）

我们发现，未完成体的前瞻视角（проспективный ракурс）产生的效果并不是回溯，即具有往返意义的动词在前瞻视角时相比回溯时少一个意义，例如：

（3）Машина **выезжала** из гаража.（汽车开出车库。）

它可以表示如下意义。

第一，一次单向运动≈выехала：观察者处于汽车开出后返回前的一个点上。

第二，一次往返运动≈ выехала и вернулась：观察者位于汽车返回后的一个点上。

第三，反复，过去多次驶出并返回。

（4）Машина **будет выезжать** из гаража.（汽车将开出车库。）

它可以表示下列意义。

首先，一次单向运动≈выедет：观察者处于汽车开出前或返回前的一个点。如果动词的词汇意义和上下文是这样的，那我们可以期待返回的行为。试比较：

（5）**Буду выходить** из дома.（我将从家里出来。）

如果是从自己家出来的话则会返回，如果是别人家或者从公共汽车出来的话，则未必会返回。

其次，在有нет时，和一次往返意义类似。观察者不会有类似的两个位置。

最后，反复，将来多次驶出并返回。

可见，这一观察者没有产生和配价填充以及机制转换有关的效果。

将观察者分为同时视角的观察者和回溯视角的观察者，已经足以描写过去时概括事实意义，这需要指出观察者在时间轴上更为确切的位置。

我们来看一个言语机制中对过去时异常解释的例子，其中过去的观察时刻可能是句子恒常特征过去时的基础。

（6）a. (Здесь на этом столе лежала книга. Не знаешь, где она?) Она была с желтой обложкой. (桌子这儿曾经放着一本书。你知道，它现在在哪里吗?)它的书皮是黄色的。（当你看见它时）

b. (Здесь на этом столе лежала книга. Не знаешь, где она?) Она была на шведском языке. （桌子这儿曾经放着一本书。你知道，它现在在哪里吗？）它是一本瑞典语写的书。

c. (Здесь на этом столе лежала книга. Не знаешь, где она?) Она на шведском языке, мне подарил ее знакомый швед. （桌子这儿曾经放着一本书。你知道，它现在在哪里吗？）它是一本瑞典语写的书，它是认识我的一个瑞典朋友送给我的。

上述情景是这样的：在言语时刻"书"并不在视野中，且它的恒常性特征应当是某种能被观察到的特征。同样，恒常性特征动词的将来时可能指向的是未来的某个观察时刻。

（7）Сейчас Иртыш будет впадать в Обь = 'сейчас мы увидим, как впадает'. （额尔齐斯河马上将会流入鄂毕河。）= "我们马上就会看到，它是如何流入鄂毕河的"。

与之前所研究的观察者的区别在于，这一观察者不关注情景空间中的任何新的参与者。这是另外一种观察者，有助于对意思进行推理。他关注的是相对言语时刻的观察时刻，这一观察时刻可以是过去，也可以是未来。

Падучева曾对作为时间指示主体的观察者进行过详细描写。该观察者是时间的所有者（time-holder），也是一个假设的形象。我们来看一个必须区分两种不同类型的时间标记的例子。

1. 封闭时间间隔标记，例如：从两点到三点，20分钟，在第一学年。

这些封闭的时间关注的是观察者的非同步视角。在这种上下文中未完成体不表示具体过程意义，在（5a）中表示'面临'意义，而在（5b）中可能是表示"习惯"意义。例如：

（8）a. Я жду тебя с двух до трех. （从两点到三点，我将等你。）

b. Я гуляю днем два часа. （我白天散步散两个小时。）

2. 非封闭时间间隔标记，例如：五年多来，最近俩小时，从去年起(注意：不是到去年)；给封闭的时间间隔添加副词"已经"可以将其变成一个非封闭的时间间隔。例如：

（9）a. Гуляю два часа (каждый день). （我每天散步两个小时。）

b. Гуляю уже два часа. （我已经散步两个小时了。）

非封闭时间间隔标记关注的是对情景观察的同步视角，在言语机制中需要使用动词现在时，而动词过去时可以在叙事中得以解释：过去时形式=现在时形式（表示和观察者同步的状态）。

（10）Утюг уже 40 минут был включен. （电熨斗已经开了四十分钟了。）

（11）a. Я ждал ее 40 минут. （我等她等了四十分钟。）（封闭时间间隔，可能用于言语机制）

b. Я ждал ее уже 40 минут. （我已经等了她四十分钟了。）（非封闭时间间隔，只能用于叙事机制）

如何通过形式在时间状语的语义中加入观察者的视角？当然，可以指出类型:封闭的时间间隔和非封闭的时间间隔，但是为了描写一致，最好指出观察者的时间（时间视角）。

四、作为意识主体的观察者

蕴含于词汇意义、但无法表现在句法层面上的情景观察者也可能是意识主体。意识主体获取信息的渠道不一定是通过感知。如动词"发现"的意识主体可以通过主语来表示，也可能处于话语之外（如被动结构）。试比较：

（1）a. 猎人在树林旁**发现**了熊的足迹。

b. 在树林旁**发现**了熊的足迹。

例（1b）潜在的观察者发现了熊的足迹。动词"显露"同样包含类似的潜在观察者。不同的是，例（1b）"发现"的潜在观察者是感知主体，而例（2）"显露"的潜在观察者是意识主体，是二级自我中心成分。意识主体观察者与感知主体观察者一样，对阐释机制比较敏感，在典型交际情景，亦即言语机制中不与第一人称主语搭配，试比较：

（2）a. 在这次航海旅行中，我**显露**出了那几乎是与生俱来的间谍天赋。（言语机制）

　　b. 从外表看，他是一个有知识的人，脸上**显露**出才气。（叙事机制）

阐释动词（интерпретационный глагол）中有一些表示行为的动词，其语义也包含意识主体观察者，如"夸大、诽谤、假装、贬低"等。阐释动词本身不称谓任何具体动作或状态，只是对具体动作或状态进行主观阐释（或评价）。[①] 阐释动词是对事件的二级称名，二级称名的意识主体区别于动作施事，不进入表层题元结构中。因此，阐释动词又被称为"间接称名动词"[②]。这些动词的语义中包含一个潜在的说话人，亦即意识主体观察者。以阐释动词"夸大"的用法为例：

（3）伏尔泰**夸大**了国王的德政、智慧和作用。

句中"夸大"的语义为：①X（伏尔泰）说了P（国王的德政、智慧和作用）；②意识主体观察者（说话人）认为，X说的P超出了实际的程度。阐释动词和动词"出现"一样，在言语机制和叙事机制中意思相同，区别只是参照点。例如：

（4）学者认为，伏尔泰**夸大**了国王的德政、智慧和作用。

例（4）阐释"夸大"行为的人不是说话人，而是主句的主体"学者"。再如，语义中的观察者因素会妨碍表示行为意义的阐释动词在言语机制中使用现在时第一人称。"我"不能做很多事情：不能正在撒谎、不能正在睡觉、不能正在诬蔑诽谤，造谣中伤。类似于"我在撒谎、我在诅咒你、我在欺骗你"等，被美国哲学家Z. Vendler称作"言语自杀"。采用观察者概念可以对这一现象进行解释：阐释动词描述的行为包括两个

---

① 王洪明. 阐释动词与叙实动词对比分析[J]. 外语学刊, 2013(03): 8.

② Падучева Е. В. Динамические модели в семантике лексики[M]. М.: ЯСК, 2004: 340.

部分：说话人对行为的称名（预设部分）以及对这一行为的评价（陈说部分），但是，观察者对行为的评价只能发生在对行为的描述之后，对事件的称名和对事件的评价之间存在着时间间隔，而不能同时进行。所以语义中的观察者因素会限制表示行为意义的阐释动词在言语机制中使用现在时第一人称。例如：

（5）我在**中伤**你。/我在**诽谤**你。/我在**姑息**他们。（言语机制）

而在叙事话语中，这种限制不复存在：

（6）当我对她说我来不了，我必须留在家里工作时，她那副神气仿佛认为我**装腔作势**，既**愚蠢又自命不凡**。（叙事机制）

（7）她嘴里开始不干不净，说我在**讹诈**。（叙事机制）

默认的意识主体的自我中心配价存在于许多形容词中，例如"奇异的、不可理喻的、重要的、主要的、不可原谅的"等。动词"引起（同情）、激起（反对）"等包含有内在的意识主体，例如：

（8）她的谨慎便要**引起**我的担忧，担忧井旁的青苔会将她滑倒在地。

（9）我注定要倒霉的父亲其实是自投罗网，他的跑来只能**激起**我母亲满腹的怒气。

意识主体和观察者一样，意识主体在第一人称叙事中可能和说话人可能重合，如（10a），也可能不重合，如（10b）：

（10）a. 冰凉的雪花飘进我们的脖领里，落在**我们**的铁锹把上。一会儿，锹把湿漉漉的，握着它的棉手套也浸透了。

　　　　b. 夏天的晚上，闷热得很，蚊子嗡嗡的。熄灯之后，谁也睡不着，就聊起天来。**大家**轮流谈自己的恋爱生活。

在（10b）中"大家"是意识主体，而说话人并不是意识主体。所以，意识主体完全类似于观察者。

应当强调的是，观察者和意识主体并不同于说话人，观察主体和意识主体只能出现于第一人称叙事中。在其他的上下文中，无论是在典型交际情景或者是在非典型交际情景中，观察者和意识主体都体现为说话人或者是体现于和该上下文相一致的、说话人的替身中。

类似的、需要意识主体充当观察者的情况还包括一些需要认知主体的副词。例如"突然、竟然"等副词。它们可以解释如下：正在发生P；

说话人或者观察者并没有预料到，P会发生或者P正是在当下时刻发生。实际上，这两个副词要求现实说话人，但是它们都是二级自我中心成分，说话人在这两个副词的语义中履行着意识主体的角色（"说话人没有预料到"），而不是感知主体的角色。例如：

（11）那时我的卡车正绕着公路往下滑，在完成了第七个急转弯后，我**突然**发现前面有个孩子，那孩子离我只有三四米远，他骑着自行车也在往下滑。

（12）信发出去后，我总觉着纳闷，他怎么知道我家的地址呢？况且门牌号数不对，而我**竟然**能收到信？

第三节　观察者的其他类别

相对于观察对象，观察者可能处于静止或者移动状态，同时可能位于观察对象之内或之外。观察行为主客体之间的上述关系，能够影响句子的语义结构。

一、移动观察者和固定观察者

Апресян根据观察者相对于观察对象处于运动状态，划分出一种特殊类型的意识主体观察者——移动观察者[①]。试比较：

（1）a. Тучи *скрыли* солнце.（乌云遮住了太阳。）

　　　b. Солнце *скрылось* за тучами.（太阳躲到乌云后面去了。）

（2）a. Деревья *скрыли* дом.（树丛挡住了房子。）

　　　b. Дом *скрылся* за деревьями.（房子躲到树丛后边去了。）

（3）岳阳楼旁侧，躲着一座三醉亭。

例（1）的"乌云"是移动的，"太阳"相对于"乌云"是静止的。观察者在这种情况下既可把'太阳'看作是静止的（例1 a），又可把"乌云"看作是静止的（例1b）。两句近似换位关系，彼此对立。而例（2）

---

① Апресян Ю.Д. Лексическая семантика: Синонимические средства языка[M]. М.: Наука, 1974: 161.

"房子"和"树丛"都处于静止状态；在理解句中完成体动词的语法意义时，需要一个移动着的观察者；由于观察者的移动，房子和大树之间的相对位置在其视野中发生变化。两句的换位关系变为同义关系，对立消失。例（3）中描写的情景与此相似，在此，是观察者发现了位于岳阳楼两侧的、比较隐匿的三醉亭。例（1）中的观察者具有常规性质，是常规观察者。而例（2—3）的移动观察者则是非常规性质的，是非常规观察者，值得关注。

有些动词形式，如汉语的动词完成体形式和结果行为方式动词，不仅可以表示客体的相对静止状态，而且可以表示运动状态的人对于静止状态物体的动态感受,如例（4）中的"遮住了、压顶、倒去"。在后者的情况下，强调的不是以往动作造成的结果状态存在，而是人的感受状态本身出现[①]，例如：

（4）路两旁有时是高耸云天的山峰，**遮住**了月亮星光；有时是壁立的悬崖，仿佛随时都有**压顶**之险。

（5）德强身子趴伏在马脖子上，模模糊糊地看到两边的树木、房子纷纷向后**倒去**。

例（6）的情况恰好相反，隐性观察者处于静止状态，而被观察对象处于运动状态：

（6）静谧的小径上，**浓荫**密布碧草如茵，一辆牛奶车响着**轻脆**的铃声**消失**在小路尽头。

动词"消失"和反义词"出现"一样，词义中也包含感知主体观察者，对阐释机制同样敏感，也要求慎用第一人称代词填充动词的特定配价（例7）：

（7）a．我**消失**在拐弯处。（言语机制）

b．因为我**消失**了几天都没有通知他，我猜他可能给我父母家里打过电话。（依附位置）

---

① Чжан Цзяхуа. Об одной трудности употребления видов русских глаголов[J]. Русский язык за рубежом, 1986(05): 69-72. // Шатуновский И.Б. Проблемы русского вида[M]. М.: Языки славянских культур, 2009: 35.

二、内部观察者和外部观察者

在《新编俄语同义词解析词典》（*Новый объяснительный словорь синонимов русского языка*，即HOCC）中，观察者被分为内部观察者和外部观察者。"除了内部观察者，一些词的意义中也包含外部观察者，即不是以题元身份参与到情景中的，只是隐性的、观察情景的一个身份。"[1]为了说明这一意义分类，Апресян分析了同义词вилять和виться（蜿蜒）：

（1）a. Тропинка **вьётся**.（小路蜿蜒曲折。）（外部观察者）

b. Тропа **виляет**.（小路蜿蜒曲折。）（内部观察者）

Апресян认为，在вилять描写的上下文中存在着沿小路移动的内部观察者，其位于所描述的情景中。而在виться描写的上下文中存在的是外部观察者，是静态的，是以旁观者的身份对情景进行描写。此外，这两个动词的词义中都包含有观察者的评价。вилять的描写具有否定色彩，即观察者认为崎岖的小路不适合行走；而виться则反映了观察者对描写场景的正面评价，观察者认为崎岖的小路是美丽的，风景如画的。

由此可见，内部观察者通常是情景中的一个活动者，承担体验者和评价者等语义角色；而外部观察者是情景空间中占据相对固定地点的幕后体验者，即只承担观察功能的原型观察者。

汉语中对于同一动词，如"盘旋"，由于其语言性状不同，所含观察者语义配价可区分为内部和外部两种[2]。试比较：

（2）a. 我们乘坐的车辆顺着市区道路**盘旋**而上，来到位于城区最高端的一处工厂——娃哈哈涪陵公司。

b. 从他制作的箭头图标上，清楚地能看到70多年前的茶马古道已经逐渐隐没在荒草之中，而旁边一条白色的公路**盘旋**在半山腰。

例（2a）中通过主语题元体现的观察者（车辆和乘客）位于"盘旋"情景之中，是沿路盘旋移动的情景的内部观察者。例（2b）中的观察者则置身"盘旋公路"之外，锁定在情景画面之前，只是个旁观的原型观察者。

---

① Апресян Ю. Д. Отечественная теоретическая семантика в конце XX века[J]. Изв. РАН. Сер. лит. и яз. Т. 58, 1999(04): 50.

② Апресян Ю.Д. Отечественная теоретическая семантика в конце XX века[J]. Изв. РАН. Сер. лит. и яз. 1999(04): 39-53.

第四章　词汇语义中的观察者

　　语言是一个鲜活的、具有生物属性的认知系统，认识它的经验属性和生理属性，意味着可以将人所感知到的语言客体和非语言客体纳入一个本体性的统一体中进行研究。这些事物是观察者感知、感受的对象，即只有存在观察者时，这些事物才会被观察者进行编码，进入到符号关系中。[①]这意味着，语言现象的主要形象（说话人）并没有完全的自足性或者独立性。同时，认知语言学家认为，概念现象和语言学现象（即语义学现象）的根源在于神经元活动的具体模式。正因为如此，作为鲜活的、物质经验载体的感知—认知主体，即观察者，才是第一性的概念化者，难怪，У. Матуран说"所有的表述都是由观察者做出的"[②]。

　　按照定义，词汇或表述的语义成分都是认知成分，语言符号可以将经验知识的结构外化及客观化，成为具有命题特点或感觉运动特点的句法结构。这些结构整体上是以观察者的感知经验为基础。心理语言学的联想实验证实，词汇意义是从不同自然经验（语言经验和感知—认知经验）中发展起来的动态认知结构。[③]Н. О. Швец通过对表达具体事物意义的系列词语，例如"苹果、梨、柠檬、香蕉"等的联想实验研究证实，类似词汇语义中包含直觉和感觉等方面的特征，即触觉、味觉、视觉等特点。由此，Швец认为，属于语言、命题领域的这些知识层面是以观察者的经验为基础的："实验结果证明，该类别名词的定义中（包含语言、命题的信息），

---

① Кравченко А. В. Знак, значение, знание. Очерк когнитивной философии языка[M]. Иркутск: Иркут. обл. типография1, 2001（01）220.

② Матурана У. Биология познания[A]. Язык и интеллект[C]. М.: Прогресс, 1996: 95-124.

③ Залевская А. А. Психолингвистические исследованияслово. Текст. Избранные труды[C]. М.: Гнозис, 2005: 543.

核心特征的理解取决于个体的感觉经验（颜色和味道）。"[①] 也就是说，观察者在与语言外客体进行相互作用的过程中所产生的感觉—直觉形象是相应词汇的核心部分。

第一节 "空间关系"语义中的观察者

空间关系的语义化很大程度上依赖于对距离以及相应空间定位的判断。

在研究该领域词汇语义时，观察者是必不可少的因素。（lyons，1977；Buehler，1982；Klein，1982；Ehlich，1982；Talmy，1983；Апресян，1986等）表示空间关系的词涵盖不同词类（名词、形容词、副词等），基于共同的空间语义，进行统一研究比较方便。而且，这类词普遍涉及空间客体和观察者作为指示主体的远近关系，具有共同的语义特征，值得单独研究。

纯指示词（собственно дейктическое слово）是指在释义的陈说部分指出说话人的词。例如"我、你、这里、现在、那时、左、右"等，其语义和上下文有紧密的关系。在任何一句表述中，"我""这里""现在"提供了一个坐标体系，根据该坐标体系可以确定其他指示词的意义。例如：

（1）我的**左边**是勒苟拉斯，亚拉冈在我**右边**，这个组合将无人能挡！

例（1）中的"左边"指的是在说话人（即"我"）的左边，而"右边"指的是在说话人的右边。

（2）离**这里**三里远有一个人迹罕到的地方，那里有一个很深的山洞……

例（2）中的"离这里三里远"指的是距离说话地点（即"这里"）只有三里地。

在典型交际情景中，观察者和说话人通常是重合的。但在叙事中，说话人不一定就是观察者。叙述中的某个人物角色可以成为观察者，即成为时间和空间坐标体系的中心。例如：

---

① Швец Н. О. Роль языка в структурировании знания[D]. дис. канд. филол. наук. Тверь, 2005: 19.

（3）老刘嘴巴虽硬，白白嫩嫩的皮肤却经不住考验，东看西看，看中了一棵大树，我们把车停在**树旁**，太太们便忙着把吃的搬了出来。

在这个例子中，"车"被理解为是停放在"观察者（我们）"和"大树"之间，这三个客体是位于同一平面。当观察者位于其他位置时，车的同一个位置还可以被描写为：在大树的左边（右边）停放着一辆车。此时，所观察的三个客体构成了一个三角形的顶点。

同样，对同一段路进行描写时，如果观察者是在山脚下看这条路时，可以说：这条路陡然向上。而当观察者位于山顶上看这条路时，则可以说：这条路陡然转了下去。

正如上述例句分析的那样，在描写客体A相对于客体B的空间位置时，作为第三参与者的观察者的位置非常重要。以观察者作为定位的方法通常被称为指示定位（дейктическая локализация）或相对定位（относительная локализация）。[①] 若客体B在解剖学或者物理学上可以被划分为"前、后、左、右、上、下"时，那么对表述的理解就是非指示定位（недейктическая локализация）或绝对定位（абсолютная локализация）。例如：

（4）房**前**屋后绿树常青，鲜花常开。

（5）余静坐在杨健右边。

例（4）中的"前"就可以被理解为非指示性的，因为房子有前、后之分，绿树和鲜花的位置是根据房子的位置确定的。对例（5）中的"右"的理解也是非指示性的，因为人可以在解剖学上被分为"左、右"，所以余静相对于杨健的位置就是绝对定位。在绝对定位中，观察者对话语的理解而言无关紧要。

Е. В. Рахилина 和 В. И. Подлесская 在分析 Он повернулся лицом к стене.（他将脸转向墙。）时指出，对于这种通过带有名词第五格结构定位的表述而言，即使外部定位（стена）没有出现，对表述的理解也可以是指示性的。因此，表述 Он повернулся лицом. 可被理解为"他将相应的身体部

---

① Апресян Ю. Д. Дейксис в лексике и грамматике и наивная модель мира[J]. Семиотика и информатика. 1986(28): 5- 33.

位转向了说话人或观察者"。①

汉语中可借助介词"向"确定定位。例如:

(6)弟弟、哥哥坐着没动,把头扭**向**姐姐门口的方向。

(7)我把脸转**向**一直没发言的小铃铛,我对这位纯洁的姑娘还抱有某种真诚的期待。

外部定位在表述中没有出现时同样可以理解为指示性的。例如:

(8)金枝赌气地**背转去**。=金枝将身体指定部位(背)转向说话人或观察者。

(9)妈妈的**脸转过来**了。=妈妈把脸转向说话人或者观察者。

需要注意的是,俄语中如果被定位客体处于水平位置而非垂直位置时,外部定位不可以省略,因此例(10c)并不正确:

(10)a. Он повернулся **лицом / боком / спиной**. (垂直位置——站着)

　　　b. Он лежал **лицом / боком / спиной / ко мне**. (水平位置——躺着)

　　　c. Он лежал **лицом / боком / спиной**.

也就是说,当被定位的客体处于垂直位置(站、立)时,外部定位的省略不影响话语的理解,这时对话语的理解是指示性的(见例10a)。若被定位的客体处于水平位置(躺)时,外部定位是不可以省略的(见例10b),若省略,话语则是不可理解的。除非上下文明确指出作为定位的观察者和被定位的客体均处于水平位置(见例11b)。试比较:

(11)a. 第二天早晨,我走进他的卧室,期待往日那种微笑。但是,他刚把**脸转向我**,就由于突然的冠状动脉血栓而死去了。(外部定位没有省略)

　　　b. 她睁开眼,睡意尽失……她**侧转过身**,凝视着他眼睑闭合的俊挺脸庞。(外部定位省略)

Рахилина 和Подлесская还指出,观察者的语义角色在定位结构中是必需的,即使是在观察者和外部定位(к стене)并不重合的表述Он повернулся лицом к стене中,观察者也会隐性地出现。没有观察者是无法

---

① Подлесстя В. К. Рахилина Е. В. Лицом к лицу[A]. Логический анализ языка. Языки пространств[С]. М: 2000: 100.

理解类似的定位结构。[①]

　　我们认为，在理解Она села лицом к окну.（她脸朝着窗户坐下来。）这种带有外部定位的表述时，观察者的位置并不重要，原因在于，观察者本身并不是所描写情景的参与者，在言语表述时刻可能位于随便的一个地方，例如走廊、房间或外面等，此时的定位应该是非指示定位。而在Незнакомец повернулся спиной.（陌生人转过身去。）这句表述中，定位是根据上下文中并没有体现出来的观察者提出的，这里就是相对定位。观察者的出现对类似表述的理解而言非常重要。

　　俄语空间副词близко, недалеко, поблизости, неподалеку, невдалеке, вблизи描写的是客体A距离客体B距离较近。在这种情况下，如果上述副词的配价没有被填充，那么作为空间定位的通常就是观察者，试比较两组句子：

　　（12）a. Войска расположились **неподалеку**. // 军队驻扎得不远。（距离观察者的位置，是指示定位）

　　　　b. 我抬起头，看见**不远处**有个穿着西装打着领带、腰上挂着手机的男人，正牵着一个打扮得妖里妖气的女孩的手向我跑来。

　　　　c. 原来医生就住**在附近**，只隔着一幢房子。

　　（13）a. Войска расположились **неподалеку** от города. // 军队驻扎在离城市不远的地方。（距离城市的位置，是非指示定位）

　　　　b. 马里制药厂建在**离市中心**不远处，四幢乳白色的大楼醒目地矗立在大道旁。

　　　　c. 我告诉她我住在**圆明园附近**，她便惊喜地问我是不是画家村的。

　　类似的还有描写客体A距离客体B距离较远的空间副词далеко, вдали, вдалеке。试比较：

　　（14）a. До моря еще **далеко**. // 距离大海还很远。（距离观察者的位置，是指示定位）

---

① Подлесстя В. К. Рахилина Е. В. Лицом к лицу[A]. Логический анализ языка. Языки пространств[C]. M: 2000. Стр. 100.

b. 在山里赶路，看到**远处**炊烟袅袅升起，就可以知道那里有可以歇脚或投宿的人家。

c. 伍韶华入神地站在**远处**，眼也不眨地盯着飞机消失在**远处**。

（15）a. От дома до моря довольно далеко. // 从房子到大海相当**远**。（距离房子的位置，是非指示定位）

b. 乌拉在海西四部中，**离建州最远**。

c. 李云经在最初一段时间里，因为**离家较远**，他每天就吃住在郭埈中学。

Е. С. Яковлева在研究中详细描写了俄语语言世界图景中的空间模式，并引入了一系列概念来解释这些模式，其中包括带有直接感知或观察语义的绝对空间评价。[①] 词汇单位中所强调的观察语义对句子实义切分非常敏感。例如副词вдали，вдалеке, невдалеке, вблизи在句法位中倾向于主位。例如：

（16）Вдали по равнине справа **налево** катился чистенький желто-синий поезд ...（Б. Л. Пастернак, *Доктор Живаго*）（远方，一列干干净净的、黄蓝相间的火车在平原上从左向右驶去。）

该类副词通常不用于非现实模态的上下文，例如，一般不能用于祈使句，试比较：

（17）a. Будьте вдалеке / невдалеке / вблизи / вдали.

Будьте **недалеко / неподалеку / рядом / поблизости.**

b. Вот если бы он оказался вблизи!

Вот если бы он оказался **рядом, неподалеку**!

在使用表示距离的副词描写客体位置时，是否存在观察者会影响谓词的选择。上述副词经常用于描写类型的篇章中，而在日常交谈话语中使用相对较少。这些副词更倾向于和感知谓词，而不是和存在谓词搭配。例如：

（18）**Вдали** виднелся белый дом, вокруг цвели сады, аллеи, и у

---

① Яковлева Е. С. Фрагменты русской языковой картины мира(модели пространства, времени и восприятия)[М]. М.: Изд-во Гнозис, 1994: 35.

открытого окна сидела маленькая Мэри. (текст песни) （远处出现一栋白色房子，花园里鲜花盛开，绿树成荫，小玛丽就坐在空旷的窗边。）

（19）**Невдалеке** шумит горная речка. （不远处，山里的小河哗哗作响。）

* **Невдалеке** располагается курортно-санаторный комплекс.

Яковлева将空间概念化的类型划分为四种。她将这四种类型和带有"远、近"语义的副词的自我中心用法联系在了一起。Яковлева认为，空间概念化的其中一个类型是绝对空间（абсолютное пространство），也被称为"说话人领域空间"（пространство окрестности говорящего），是说话人周围的具体物理空间，该空间由说话人直接观察。[①]绝对空间类型被定义为显性的自我中心解释类型。在描写这种空间类型时，Яковлева引入了自我中心主义思想，更准确的是人类中心主义思想。"说话人领域指的是和人规模相一致的领域，是开发空间并将空间合并的结果……说话人领域也可以被称为空间的原始模式，因为它反映的是古人对空间的感知。"[②]这种原始模式保留至今，一直被应用于现阶段关于语言世界图景的研究中。Яковлева将其称为"原始模式"（архаическая модель），这是第一性模式，因为感知本身在特定的认知过程中（包含语言认知过程）中就是第一性的。

2000—2002年出版的《语言的逻辑分析》（*Логический анализ языка*）论文集中很多文章的分析对象就是空间关系的语义和概念化。例如，О. Ю. Богуславский研究了具有空间意义的形容词的语义场，其中包括близкий, недалекий, ближний, близлежащий, окрестный，与其相对的分别是далекий, дальний, отдаленный, удаленный等。[③]Богуславский指出，在上述形容词的语义对立中，最主要的一个参数是作为空间定位的观察者。例如，形容词близкий, недалекий, ближний, окрестный的参照点既

---

① Яковлева Е. С. О некоторых моделях пространства в русской языковой картине мира[J]. Вопросы языкознания, 1993(04): 48-62.

② Яковлева Е. С. Фрагменты русской языковой картины мира(модели пространства, времени и восприятия)[M]. М.: Изд-во Гнозис, 1994: 64.

③ Богуславская О. Ю. Динамика и статика в семантике пространственных прилагательных[A]. Логический анализ языка. Языки пространств[M]. М.: Языки русской культуры, 2000: 20-29.

可以是观察者，也可以是文中的任何一个物理客体，而对于близлежащий
和окрестный而言，唯一的空间坐标就是观察者所处的位置。[①] 试比较：
самая близкая к деревне школа（距离村庄最近的学校），в ближнем к
выходу кресле（在距离出口最近的椅子上）。但是在близлежащий和
окрестный这两个形容词中，不仅蕴含了事物的暂时性特征，还包含空间
坐标的描写。在使用该空间形容词表示最远的客体时，距离的定位只能是
观察者所在的位置。因此，只能说близлежащий (к нашему дому) район,
окрестные поселения. 相对应地，对于далекий, дальний, удаленный而言，
其定位可以是观察者，也可以是其他物理客体。而对于отдаленный而言，
只能是观察者。试比较：отдаленные (от нас) места, удаленное от моря
поселение, дальний угол комнаты, далекие края.

在研究空间关系和俄语中相应的空间副词时，Кравченко将注意力放
在了一些被研究者所忽视的问题上。他不再简单地验证一些空间副词中是
否存在观察者或者观察的特征，而是解释了这些副词在形态上是否具有能
产性。"在形态结构上对вдалеке和далеко这种类型词进行对比，有助于把
вдалеке, вдали的认知意义和派生类型联系在一起。вдалеке和вдали的派生
模式表现为：具有空间意义的名词（далёк, даль）+方位前缀（в）。和副
词вдалеко、вдали不同，副词далеко是由名词或者形容词派生出来的后缀性
谓词，其意义中并未表现出空间定位。"[②]

Кравченко还充分肯定了观察者所具有的相当于说话人的自我中心性。
在研究Здесь, вдали от родины, он делал важное и нужное дело（在这里，
在远离故乡的地方，他从事着重要而必需的事业。）时，传统认为，здесь
具有指示性，指出存在观察者（说话人），而副词вдали在表述中不具有指
示功能。Кравченко关注了观察者和其个人空间（相对范畴，并不一定和说

---

① Падучева Е. В. Семантические исследования(Семантика времени и вида в русском языке;
Семантика нарратива)[M]. М.: Школа «Языки русской культуры», 1996: 464.

② Кравченко А. В. Язык и восприятие: Когнитивные аспекты языковой категоризации[M].
Иркутск: Изд-во Иркут. ун-та, 1996: 53.

话人的物理空间相对应）。^① 因此，здесь和вдали这两个词，作为类似表述框架中的指示词，可以很自然地、前后一致地共存于同一表述中。

第二节 名词语义中的观察者

在词汇语义研究中，观察者概念作为一种分析工具，并不只局限于研究空间关系意义的词汇。研究表明，观察者可以作为整个词汇系统的分类参照标准。将词汇归并为同一类别中的这些特征，通常是自然的、可感知的，其中包含感知主体（即观察者）。

观察者的位置信息也是一些空间名词意义中非常重要的语义成分。如前所述，在俄、汉语中表示"高度、深度"等的参数名词中包含观察者。^②此外，在解释俄语中一些具有明显民族特征色彩的名词，例如простор、даль、ширь、приволье、раздолье等时，也会涉及观察者概念。простор指的是视觉感知到的广阔的空间，常常用于表示平坦的草原和田野。даль和ширь的语义中包含视觉感知的成分，暗含观察者。其中даль是一维的，而ширь和простор描写的是扩展的平面。^③我们来看МАС词典中的释义：

даль = "眼睛看得见的、遥远的空间"。

例如：（1）Светало. **Даль** моря уже блестела розоватым золотом. (М. Горький, *Мой спутник*)（天变亮了，远方的大海闪烁着有点粉色的金光。）

ширь = "眼睛看得见的、广阔的空间"。

例如：（2）Это была красивая картина: необозримая **ширь** полей волнами уходила на восток и тонула где-то далеко-далеко. (Д. Мамин-Сибиряк, *Все мы хлеб едим…*)（这是一幅美丽的画卷：一望无际的田野如波浪一般向东方延伸，消失在远方。）

---

① Кравченко А. В. Язык и восприятие: Когнитивные аспекты языковой категоризации[M]. Иркутск: Изд-во Иркут. ун-та, 1996: 55.

② 周淑娟. 俄语空间名词数范畴语义中的观察者[J]. 中国俄语教学, 2015(04): 33–38.

③ Левонтина И. Б., Шмелев А. Д. Родные просторы[A]. Логический анализ языка. Языки пространств[C]. М.: Языки русской культуры, 2000: 339.

当然，不可否认的是，相比其他词类，名词语义中出现观察者的可能性最小。因为典型的事物名词表达事物恒常不变的属性，并不需要任何观察时刻、一定的观察角度、感知的远近，也不需要内心情感反应。当说到"香蕉"这个词时，在任何观察时刻、任何观察地点，都不会发生变化，其典型语义特征就是"长形，稍弯，果肉香甜，对人有益的、好吃的水果"。

尽管如此，在俄语名词词类中仍存在一定数量的非事物性名词。它们是用来称谓情景（广义概念），其语义本身包含感知角度和评价意义。与纯粹的事物名词不同，这类名词通常指那些表示具有一定动态意义的、视觉上可感知的情景—事件（ситуативно-событийный）名词。俄语中这类名词包括картина, зрелище, вид, сцена, панорама, представление, пейзаж等。这些词汇语义包括不同的情感—评价成分，其中观察对象具有内部的、形象—阐释层面，该层面在语言学研究中通常被称为评价。

在上述词汇中，除панорама之外，其他名词都是多义词。因此，我们在解释和说明适用这些词的上下文时必须考虑该名词的具体意义，并且仅仅局限于对我们研究而言比较重要的语义层面。

俄语中的картина更经常被用来表示思维的心智形象（ментальные образы）和想象。例如：

（3）Представьте себе картину **пожарища**.（想象一下火灾的画面。）

（4）Они могли представить себе **картину** от начала до конца.（他们能够想象整个画面。）

汉语中与之相对应的是"画面"。例如：

（5）我们或许都在想象不久后的一个**画面**，顾妈一个人拎着行李走出这个门，不知该往哪里走，不知有没有必要往任何地方走，不知是否还走得出生路。

（6）在他们总算走完这段斜坡时，眼前出现了令人无法想象的**画面**。正面已经快要无路可走了，然而那儿却有个跟庭园一样大的台座……

如上例所示，在俄、汉语中，картина和"画面"不仅可以表示内部观察对象（例5），还可以表示外部观察对象（例6），这取决于俄语或者汉语中语言概念化的特殊性。

在俄语中，картина的词典释义为"能够被看见、被察觉的东西"。[①] 汉语中的"画面"指的是"画幅、银幕、荧屏等上面呈现出来的形象"。[②] 从修辞色彩来看，俄、汉语中上述词汇不具有修辞色彩。

俄语中的зрелище一词是指视觉观察到的观察对象，即"即呈现于视野之中的、吸引人的注意力的（现象、事件、风景等）"。"吸引人的注意力"是释义中非常重要的内容。可见，这里的观察对象不仅是一个可被（视觉）感知的外部客体，更重要的是，它是观察者从一系列客观的事物中凸显出来的、映入眼帘的、可被直观感受的客体。客体所具有的这种"引人注目"的特征，只能是作为感知主体的观察者进行认知—阐释（情感）活动的结果。

汉语中表达相应意思的词汇包括"奇观、壮观"等。《现代汉语词典》（第6版）中对"奇观"的释义为"雄伟美丽而又罕见的景象或出奇少见的事情"。例如：钱塘江的潮汐是一个大**奇观**。对"壮观"的释义为"雄伟的景象"。例如：这大自然的**壮观**，是我从来没有见过的。

通过俄、汉语释义对比，我们发现，相比汉语，俄语中的зрелище意义更宽泛，而汉语中的"奇观"等仅包括那些在观察者看来是雄伟美丽的、罕见的、令人震撼的部分视觉内容。例如：

（7）Это **зрелище**, во-первых, экзотическое, во-вторых, красивое, а, в-третьих, познавательное.（首先这是奇异的景象，其次是美丽的，再次，还是具有认知的。）

（8）1982年的九星联珠既是人类首次看到的百年不遇的天象**奇观**，又是科学家研究太阳系的运行及其相互影响的一次极好机会。

俄语中的сцена作为观察对象时，同样包含有动态语义成分，可被解释为"事件、情节"，例如：наблюдать за уличной сценой（观察街景）。再例如：

（9）Мой конвоир-комсомолец очень внимательно наблюдал за **сценой**

---

① Ожегов С. И. Словарь русского языка, стереотип[M]. М.: Русский язык, 1985: 797.

② 中国社会科学院语言研究所词典编辑室. 现代汉语词典(第6版)[M]. 北京: 商务印书馆, 2012: 561.

моего знакомства с жителями станка. (护送我的共青团员仔细地观察我结识营地里人的场面。）

使用наблюдать за这一词组的搭配方式表明，сцена一词中包含观察语义、变化语义和发展语义。汉语中与之相对应的"场面、场景"一词，泛指一定场合下的情景。例如：

（10）第二天凌晨，老杨头正要赶往铸钟厂，女儿提出非要随父亲看看铸钟的**场面**。

（11）从中央电视台《新闻联播》节目中看到的国宴**场景**，是比较简单的。

俄语中的панорама和汉语中对应的名词"全景""全貌"指的都是视觉上引起观察者注意的观察景色。释义中包括观察者和观察对象隔有一段距离，且观察者往往是从高处往下看的语义成分。例如：

（12）В центре города на улице Набережная расположена гостиница «Владивосток», из окон которой открывается **панорама** Амурского залива. (《符拉迪沃斯托克》宾馆坐落在市中心滨海街上，窗外可以看见阿穆尔湾的全景。）

（13）Часа два, может быть три, лезли машины в гору и, наконец, вздохнули. Открылась **панорама** альпийских гор, покрытых лесом. （两个小时，亦或是三个小时，汽车终于爬上了上，大家都松了一口气。被森林覆盖的阿尔卑斯山的**全景**展现在眼前。）

（14）河源市委书记张凯带我们登上百米高的电视塔，**鸟瞰**新城全景，描述河源市建设的远景规划。

（15）从飞机上**鸟瞰**深圳全景，左右两边有两个伸向大海的半岛，酷似展翅南飞的大鹏的两翼，其左翼是蛇口，右翼是大鹏半岛。

汉语中的动词"鸟瞰"还可以作为名词使用，其语义中保留了动词的"从高处往下看"的意义成分，但是常用作对事物的概括性描写，例如：中日青年交流中心鸟瞰、世界大势鸟瞰。

通过对上述名词语义中的观察者分析可见，具有一定动态意义的、视觉上可感知的情景—事件类名词中所包含的观察者首先是视觉感知主体，当然，有时也会体现为心智感知主体，即意识主体。

第三节　形容词/副词语义中的观察者

　　形容词是语言中的主要词类之一，通常表示人、事物的形状、性质或者动作、行为、发展变化的状态。形容词是俄、汉语中相对较大的词汇语义（语法）类别。在现代汉语中，形容词是极富争议的一类实词。学者们对现代汉语中的形容词是否具有独立的词类地位、范围究竟多大，如何确定等说法不一。

　　俄语形容词表示"事物的非过程性特征，并通过词变性的性、数、格范畴把这一意义表现出来的词类"①。汉语中的形容词主要用来修饰名词，表示人或事物的性质、状态和特征。从类型学的角度，传统性上可将俄语形容词划分为性质形容词和关系形容词两大类。汉语中，将形容词分为性质形容词、状态形容词、非谓形容词三大类，这已经得到了大家的公认。②性质形容词表示的是事物固有的或是在事物身上发现的特征，这种特征具有不同的程度，可以被人的感觉器官直接感知。从这个意义上而言，所有的性质形容词，其语义中均包含广义的常规观察者成分。

　　由于语义差异，形容词又可以被划分为差异巨大的词汇语义群（лексико-семантическая группа）和主题场（тематическое поле）。由于形容词主要用来表示某种性质特征，当和其所搭配的名词（是形容词的必需语义配价）的概念—语义类别（концептуально-семантический разряд）不同时，其作用也不同。首先我们感兴趣的是语义中包含观察者的情感形容词（прилагательные, выражающие эмоции）和行为举止形容词（прилагательные, выражающие характеристики действий）。该类形容词在俄语中具有相对应的副词，通常以- о 结尾；而汉语通常通过附加助词"地"（通常修饰动词）来体现。所以，我们认为，把它们和对应的形容词纳入一起研究比较合适。试比较：

　　（1）**веселая**（улыбка）/**весело**（улыбаться）

---

①　信德麟，张会森，华劭. 俄语语法[M]. 北京：外语教学与研究出版社，2009: 299.

②　韩玉国. 现代汉语形容词的句法功能及再分类[J]. 语言教学与研究，2001(02): 47.

（2）a. 隔着重症监护室的玻璃，患儿父亲脸上始终挂着**幸福的**笑容。

b. 母亲紧紧地拥抱着她，无声而**幸福地**笑了。

一、情感形容词/副词语义中的观察者

《现代汉语词典》（第6版）对"情感"的释义为："对外界刺激肯定或否定的心理反应，如喜欢、愤怒、悲伤、恐怖、爱慕、厌恶等。"① 心理学认为："情感是人对客观事物是否满足自己的需要而产生的态度体验。"②

在现代科学研究中，情感一方面被归为文化因素，另一方面又被归为人的个性化核心元素。③ 这样，实际上就承认了情感既具有社会—文化性的外部层面，也具有个性化的内部层面。传统心理学认为，情感和认知是相互对立的："大脑中负责情感的 '边缘系统'从生成年代而言十分古老（2亿年），相对而言，负责理性反应的系统则相对年轻。"④ 现代科学对认知概念的重新审视，对认知现象的扩展性及超越认知纯理性框架的认识，要求改变认知和情感之间相互联系的看法。情感领域已被纳入普遍的直观—认知过程中，所以，情感和认知紧密相关，只有出自理论或分析方面的考虑才会把它独立出来进行研究。

自然环境、社会环境以及人自身都有可能刺激人产生某种情感。情感是通过主观体验来反映客观事物与人的需要之间的关系。因此，作为反映这种状态的情感形容词，首先，描写的是主体的一种情感状态，这种特征被称之为"亲验性"。⑤ 其次，情感是主体内在感官的一种无须证明、也无法证明的心理体验。最后，由于情感体验的动态性比较强，所以，情感

---

① 中国社会科学院语言研究所词典编辑室. 现代汉语词典(第6版)[M]. 北京: 商务印书馆, 2012: 1061.

② 林崇德, 杨治良, 黄希庭. 心理学大词典[Z]. 上海: 上海教育出版社, 2004. .

③ Шаховский В. И. Языковая личность в лингвистике эмоций[J]. Языковая личность и семантика: тез. докл. науч. конференции 28-30 сент. 1994 г. Волгоград: Перемена, 1994: 130-131.

④ Foolen A. The expressive function of language: Towards a cognitive semantic approach[A]. The language of emotions. Conceptualization, expression and theoretical foundation[C]. Amsterdam: John Benjamin's Publishing Co., 1997: 18-19.

⑤ 赵春利. 情感形容词与名词同现的原则[J]. 中国语文, 2007(02): 125.

形容词往往反映的是具有时间变化性特征的心理状态。

综上所述，情感形容词具有五个基本语义特征，即亲验性、自明性、变动性、有因性和倾向性。[①]

情感表达包括两种基本形式：直接（非言语的）表达和间接（言语的）表达。直接表达是一种行为，其中包含交际行为。间接表达是用语言进行的概念化过程，它将情感作为语言世界图景的元素记录下来。[②] 在俄、汉语词汇系统中，情感既可以通过外显的方式（借助情感形容词、名词或情感状态词），也可以通过隐性的方式实现。例如，语义中没有明显指出情感概念的动词"变红（краснеть）、流泪(плакать)、叹息(ануть)"等，它们可以直观表明的人的状态，是经历某种情感（激动、害羞、痛苦、内疚、沮丧）时的行为。

外部观察者无法看到内部的、主观性的状态。情感的表现受观察行为影响。再现情感概念时，观察者可以从不同渠道获得不同的特征，并和这种情感状态的"主人公"进行互动。Вежбицка在研究英语名词horror, terror及形容词terrified，horrified, appalled时，发现了观察者因素在语义中起区分作用。[③] 例如：名词horror表示观察者与情感状态主体（亲验者）具有相同情感状态，能引起观察者的不适；而名词terror描写的是情感主体不适状态，和观察者无关。

俄语表达情感观念的词汇语义体系中典型的形容词有веселый，радостный，унылый，угрюмый，мрачный等。在汉语中也有相应近义的情感形容词。

在确定情感形容词的判断标准过程中，我们以《现代汉语词典》为基础选择情感形容词词表。由于最新出版的《现代汉语词典》（第6版）添加了词性标注，区别了形容词和动词，是我们可资借鉴的标准。典型的情感

---

① 赵春利. 形名组合的静态与动态研究[D]. 广州: 暨南大学, 2006: 97.

② Foolen A. The expressive function of language: Towards a cognitive semantic approach[A]. The language of emotions. Conceptualization, expression and theoretical foundation[C]. Amsterdam: John Benjamin's Publishing Co., 1997: 22.

③ Wierzbicka A. Lingua Mentalis. The Semantics of Natural Language[M]. Sydney etc.: Academic Press, 1980: 487.

形容词可分为两类：①积极情感，例如高兴、激动、快乐、乐观、满意、兴奋、幸福、愉快、自豪等；②消极情感，例如：悲哀、悲伤、悲痛、惭愧、烦躁、愤怒、后悔、焦急、紧张、沮丧、绝望、苦恼、难过、难受、内疚、伤心、生气、失望、痛苦、痛心、忧伤等。

需要说明的是，本书在收入情感形容词时采用单一义项即义位原则，即不管这个词有几个义项，只要其中有一个义项是描写情感状态的义项，我们就将该词的该义项列为情感形容词的行列。例如，形容词"阴郁"包含三个义项，一个义项是（天气）阴晦沉闷：阴郁的天色，一个义项是（气氛）不活跃：笑声冲破了室内阴郁的空气，第三个义项是忧郁、不开朗：心情忧郁。我们只取第三个义项。

根据形容词所限定的对象（即搭配的名词），可以分为两种情形：一种用于修饰人、人的情感或者表情，另外一种用于描写其他自然界的事物。观察者在这两种情形中的功能并不相同。

主观性的内部情感状态并不被外部观察者所知，但是具有某种情感感受或者处于某种情感状态中的主体会通过自身的语言、神情、行为等各种途径向观察者流露自己的情感，借助上述途径，观察者可以感知或者揣摩另一个人的情感。在正常状态下，主体情感的流露是下意识的，是由外部观察者来确定的。例如：

（1）Его **мрачный** смех всех отпугивает. （他阴郁的笑声吓到了大家。）

（2）有一年的除夕夜，匆匆回家的罗中立在公共厕所旁看见一个衣衫破旧、面容**愁苦**的老农抄手蜷缩在粪池边，等待担粪。

（3）感激的眼泪沿着剑云的瘦削的脸颊流下来，在他的谦虚而**忧郁**的脸上掠过了**喜悦**的微光。

（4）亘古没人正眼看过的小村，从来不被谁注意的伏牛山深处的山沟沟，仿佛一夜之间，在人们**惊愕**的目光里，出落得年轻了，漂亮了，富足了，走红了……

在上述所举例子中，情感状态的主体是观察对象，更准确地说，是观察对象的一个参数，因为在这种情景中，观察对象并不是上述形容词所标记的相应特征的人，而只是这个人的情感状态。由于情感的内在属性，从观察者的角度而言，主要通过耳朵和眼睛来获取相关的情感信息，这样，就可以把情感属性的呈现方式按照听觉和视觉分为下列四类。

第一，声调类：调子、口气、口吻、腔调、声调、语调、语气、音调等。

第二，声音类：喊声、哭声、啼声、叫声、呼声、笑声、歌声、掌声、骂声、叹息、呻吟、呼喊、呼叫、吼叫、嚎叫等。

第三，表情类：表情、神情、神色、神气、神态、神采、行色、脸色、脸庞、脸孔、面孔、面容、样子、模样、笑容等。

第四，眼神类：眼神、眼光、目光、眼睛等。

从语言层面而言，情感形容词可以和指称上述情感方式呈现的名词构成"形容词+名词"或者"名词+形容词"组合，例如：高兴的语气——语气高兴，沉痛的语调——语调沉痛，惊愕的目光——目光惊愕等。

当然，也存在另一类的形容词，它们所限定的名词不是情感的载体（人）或者情感的体现者（脸、目光、笑容、表情等），而是其他的、本身不具有感情色彩的自然界的事物（歌曲、旋律、故事、色调、画面、场面、景象、环境、氛围、幻想等），在俄语中亦有之类形容词，例如：веселая расцветка, унылая песня, унылые цвета, угрюмый лес, унылая картина. 此时，形容词表达的是和情感观念有关的观察情景的另外一个角度：观察对象引起了观察者的情感状态。"歌曲、旋律、故事、色调、画面、场面、景象、环境、氛围、幻想"等变成了观察对象，进入到观察者的感知空间，而观察者变成了情感状态的主体。观察者和情感状态主体在理解（或解释）时是不可分割的，情感状态和感知行为合二为一。例如：

（5）珂赛特的歌喉就像一只通灵的黄莺，有时，天黑以后，她在老人养病的那间简陋的小屋里，唱一两首**忧郁的歌曲**，冉阿让听了，心里大为喜悦。

（6）卖唱的人本身已够悲苦，又何必再以这种**凄凉的歌声**来赚人眼泪？

（7）催眠术家坐在妇女的对面，说着话，于是，在这名妇女的眼前就展现出一幅幅**欢乐的画面**：她一会儿在大海中游泳，一会儿在聆听美妙的音乐，她的脸上呈现出一片**兴奋的激情**，眼睛里闪烁着光辉。

在这种情况下，情感形容词和上述名词只能构成"形容词+名词"组合，不能构成"名词+形容词"组合，即指称名词导致观察者从心理上产生情感体验。在汉语中可以通过"一个'使'类动词来标注属性、属性拥有者和属性导致因素的关系，加上后整个结构意义不变"[1]。例如：恐怖的景象——令人恐怖的景象——景象令人恐怖——*景象很恐怖；沮丧的消息——令人沮丧的消息——消息令人沮丧——*消息很沮丧。

但是，这一主题场中，俄语中并不是所有的情感形容词都允许观察者处于情感观念的不同角色中，其中一些描写的只是和这一状态的主体并不一致的外部观察者所感知到的和确认到的情感状态（观察对象），例如 раздражительный（生气的）是来自外部观察者的状态主体。还有一些形容词传达的情感状态是伴随外部展现的。例如，Вежбицкая 的研究表明，俄语中 весёлый（愉快的）和 угрюмый（沮丧的），其词义本身既表示情感，又表示情感的外部流露，但 счастливый（幸福的）和 печальный（悲伤的）并非如此，它们只表达情感的外部流露。试比较：

（8）Он был угрюм /весел, но не показывал этого.

　　　Он был печален /счастлив, но не показывал этого.[2]

从这个意义上而言，汉语中的"幸福"和"高兴"可能是对立的。"幸福"本身指情感，又指出了情感的外部流露，但"高兴"却并不如此。

（9）他像暗中摸索，忽见灯光，心里**高兴**，但不敢露在脸上，只说："这家伙！结婚都不通知一声，也不寄张结婚照来。"

（10）他很**幸福**，但是却不表现出来。

但当这些形容词和表示情感表达外在特征的名词搭配时，它们再现了外化的、观察到的情感，例如：

（11）Он недоумевает, у него чуть насмешливая и **печальная** улыбка.（他不明白，他的脸上居然浮现出嘲讽和忧伤的笑容。）

（12）小土屋里不时传出我们**幸福的**笑声。

---

① 刘丹青. 形名同现及形容词的向[J]. 南京师大学报（社会科学版），1987(03): 56-61.

② Wierzbicka A. Semantics: primes and universals[M]. Oxford: Oxford University Press, 1996: 204.

　　可见，在和"人"相关的上下文中，也就是说当人表达出自己的情感状态时，使用某些典型的用于表达自己感情的词汇，必须要求出现旁观的外部观察者，以外部的视角观察这些情感状态并进行评价。也就是说，这种情景一定需要两个主体：感知主体和评价主体。而这些形容词的隐喻性用法（例如：欢乐的画面）则阐明了情感观念的其他层面，这些层面显然与前一层面不同。在这种情况下，首先，情景中只有一个主体：情感状态主体和观察者是同一个人；其次，情感状态并没有表现出来，是由观察行为所引起的。

二、行为举止形容词/副词语义中的观察者

　　俄语一些表示行为举止的形容词（副词）中包含观察者。其中，比较典型的包括：демонстративный(-о), нарочитый(-о), подчеркнутый(-о), показной(-о), деланный(-о), претенциозный(-о), одобрительный(-о), приветливый(-о), зазывной(-о), нескрываемый(-о)等。这组词客观体现出来的"行为"观念比起"情感"形容词更需要包含有观察行为和观察者。而汉语中并不完全存在对应的此类形容词和副词，有时候需要借助相应动词+助词"的/地"构成，例如"耀武扬威地、装模作样地、抗议地、挑衅地、赞许地"等。

　　首先我们来分析一下俄语中的демонстративный(-о)。该形容词的语义中包含两个观察者。在俄语词组：его демонстративное поведение 和 демонстративное поведение этого человека中，通常使用前置的限定语（его）和后置的限定语（этого человека）来表明行为主体。Ожегов词典中的释义是"对……不满、不赞成、无好感的抗议行为"[1]。其词义描写了主体的行为，在使用该表达式时，行为主体的视野中应当有一个进行这种抗议活动的人。如果在这个人的感知空间中不存在作为观众的观察者，那么就不会有抗议性的行为。因此，俄、汉语中下面这句话都不成立。

　　（1）Он увидел, что остался в комнате один и **демонстративно** хлопнул дверью.

---

[1]　Ожегов С. И. Словарь русского языка, стереотип[M]. М.: Русский язык, 1985: 797.

（2）他发现会议室一个人也没有，**抗议地**嚷嚷，走出会议室。

汉语中的"抗议"和"示威"本身是动词，通过助词"的"或"地"和中心词构成修饰关系，例如：抗议的（地）、示威的（地）。

（3）查伦杰教授**抗议地**扬起了眉毛，他把大手放在我的肩上。

（4）他举起拳头向沙面的凶手**示威地**挥动了几下，然后两手托起她，刚一举步，就不知怎的，一阵天昏地黑，两个人一齐摔倒了。

如果上下文中不存在相应的观察者，此处的"抗议"和"示威"行为没有任何意义。因为表示抗议和示威的行为总是以观察者为对象，如果没有观察者，抗议也就失去了意义。此时，观察者不仅感知抗议行为，而且还对其做出评价。观察者融合了感知主体和评价主体。再如："耀武扬威地、炫耀地"等包含有对行为的负面评价。

демонстративный(-о)是公开地表达厌恶或者抗议，甚至是挑衅性地表达不满和抗议，这种行为在俄、汉文化中通常具有负面的评价。汉语中对动词"抗议"的释义是"对某人、某团体、某国家的言论、行为、措施表示强烈的反对"。俄语中的показной(-о)表示装模作样地、张扬地、假惺惺地表达善行和善意。当这种行为被揭穿时，无法得到人们的正面评价，所以行为者的举止适得其反。因此，这些具有评价意义的形容词未必能够用于描述主体（同时也是言语主体）的行为。汉语中类似的搭配在典型言语情景中未必可以使用。试比较：

（5）?моё **демонстративное** поведение / моя **нарочитая** небрежность / моя **подчеркнутая** холодность

（6）我的**示威**行为、我**故意**地疏忽、我**刻意**地冷漠……

另外，вежливость（礼貌），отстраненность（谦让），веселость（愉悦）以及поведение（行为）等具有中性评价意义的名词，和上述具有否定评价的形容词连用时，也会附加"外部观察者（观众）对观察对象不满"的意义。试比较：

（7）его **демонстративная** / **нарочитая** / **подчеркнутая** вежливость / веселость

（8）ее **демонстративно** отстраненное поведение

（9）假装谦逊、故作欢颜、佯装谦让

　　相反，俄语形容词одобрительный（赞许的）和приветливый（殷勤的）等表示外部观察者（即评价主体）对行为的正面评价。尽管在这种情况下行为主体的目的并不是为了得到别人赞赏或好评，而仅仅在于向同一情景中的作为观众的观察者表现自己发自内心的赞赏和善意，但观察者对此是表示认可的。试比较俄、汉语中的例证。

　　（10）Неожиданно за спиной он услышал **одобрительный** возглас.（他突然听到背后的赞许声。）

　　（11）Он ведь другой был, абсолютно другой. Ласковый, **приветливый**, остроумный.（他曾经是另外一个样子，完全不一样：温柔，殷勤、聪慧。）

　　（12）她那当牧师的父亲，以**赞许**的目光看着女儿所做的这一切。

　　（13）"吃多少再赠多少"的诱人横幅，再加上饭馆**殷勤**的吆喝声，更让大家垂涎欲滴。

　　以观察者为目标的具有招徕性的行为（зазывное поведение）同样针对外部观察者（视觉观察者）。俄语形容词зазывной正常而言，常常能够引起作为评价主体的外部观察者的怀疑。作为行为主体的招徕者，其目的显然并不是为了让人产生怀疑，他只是想要促使作为外部观察者完成他所计划的某一行为。招徕主体和观察者在这一共同的情景中被认为是不同的感知—认知主体，并且他们必须同时存在，缺一不可。汉语中的"招徕的"在语义上与之相近，试比较：

　　（14）И теперь он (новый Арбат) сиял непрерывной, на версту, **зазывной** рекламой игорных домов и борделей.（如今，它（新阿尔巴特大街）闪闪发光，远处一连串赌场和妓院那**招徕**的广告闪耀着。）

　　（15）谁不愿用百年不遇的一壶酒去做招徕的幌子？

　　上述所有形容词的特征同样适用于相应的副词，试比较：

　　（16）a. Они **демонстративно** покинули собрание.（他们离席，以示抗议。）

　　　　b. 儿子瞪着我，仿佛受了严重侮辱，**抗议地**哼了一声。

　　（17）a. Он **деланно** засмеялся.（他不做作地笑了。）

　　　　b. 他这么一想，再也坐不住了，**假装**要上卫生间，来打扫外边，掏出手机，按照名片上的号码挂去……

（18）a. Она отвечала нарочито грубо. （她故意粗鲁地回答。）

b. 在姚月琴睁圆眼睛惊讶地望着他，询问他到底捉了多少俘虏的时候，黄达**故意地**不作回答。

（19）a. Он **одобрительно** закивал головой. （他赞许地点点头。）

b. 他**赞许地**点了点头，连声说好。

（20）a. Она **приветливо** махнула рукой. （他殷勤地挥了一下手。）

b. 老头儿连忙**殷勤地**站起来，打开房门，只听得他向新来的人道辛苦，新来的人也向他道辛苦……

此外，汉语中除了上述借助动词和助词构成的形容词之外，也存在一些典型的行为举止形容词，例如"礼貌、下流、粗鲁、做作、自负"等。和俄语中的上述形容词用法类似，该词汇序列中的每一个词的语义中都包含观察者：作为行为主体的观察者和作为观众的观察者。其中，作为观众的观察者不仅仅是感知主体，同时也是评价主体。

第四节　动词语义中的观察者

在词的整个语义类别中，动词尤其令研究者关注，因为它们对观察者有着强烈的敏感性。一方面，这将会补充我们对观察者概念化和阐释的理解，另一方面，会扩大观察者使用的相关领域。

将观察者纳入句法题元，并体现在句法表层，成为显性表达的元素，显著扩大了使用观察者分析动词的潜能。本节我们将重点分析一些感知动词，在这些动词中，观察者是必需的语义配价，而且可能或必须体现在句法表层。

一、运动动词语义中的观察者

运动事件包括动体、运动、路径、背景、方式、原因等分支事件，其中前四个为内置成分，后两个为外置成分。[①] 作为将运动事件形式化的运动动词，是一种重要的语言符号。但由于语言类型和性质的差异，运动动词在不同语言中呈现出的特点既有相同之处，又有差异。

当言及俄语运动动词词汇意义中的观察者信息时，带前缀的运动动词具有一定的代表性。因为在俄语中，不带前缀的运动动词（例如идти）只能表示无运动方向的基本运动，其路径显现必须借助具有空间意义的前缀，空间意义前缀在俄语运动动词构造中成为必需成分。俄语的前缀是运动动词的内置成分。[②]

прийти等以说话人或观察者为参照，有固定的方向。表示"方向"的俄语空间运动动词中，明确运动方向的包括：прийти, дойти, подойти, выйти, уйти, отойти(包括ехать, бежать等与上述前缀的组合)以及отступить, улизнуть, удрать, стрекнуть, убраться, шмыгать等。上述表示"方向"的运动动词的语义中蕴涵说话者所处空间位置的义素，前缀при-、до-、под-等用于表示趋近说话者（观察者）的运动，而вы-、у-、от-则用于表示远离说话者（观察者）的运动。俄语具有'方向'的运动动词的词汇意义中包含观察者信息，表示方向以观察者为参照点，这里的观察者是占据特定位置的参照点。

汉语中的运动动词包含运动"方式"，但是却并不包含运动"路径"。运动事件中的"路径"借助趋向词表达，例如"来、去、上、下、进、出"等，它们外置于运动动词。根据词典的释义，汉语中的"来"和"去"似乎可以被列为标记运动路径的运动动词，但是由于它们语义的概括性等原因，[③] 它们并不是独立的运动动词。"来"和"去"的语义中同样蕴涵着说话者所处空间位置："来"和"去"分别用于表示'趋近或远离说话者（观察者）的运动'。我们来看一下它们在现代汉语词典中的释义。

来：从别的地方到说话人所在的地方。例如：昨天，我家**来**了一位客人。

---

① 徐英平. 俄汉语框架语言类型归属探析[J]. 外语研究, 2009(01): 31.

② 徐英平. 俄汉语框架语言类型归属探析[J]. 外语研究, 2009(01): 33.

③ 详见张志军. 俄汉语"徒步"空间运动动词语义构式分析[J]. 中国俄语教学, 2010(03): 45–48.

去：从说话人所在的地方到另一个地方。例如：他明天下午乘5点的火车**去**包头。

如果用Апресян的"说话人个人空间"（личная сфера говорящего）概念进行解释的话，"来""去"都是以说话人的个人空间作为参照的，该空间包含与他思想关系较近的内容，并不一定是说话人所处的空间。

对比表明，俄、汉语运动动词的路径构造是不同的：汉语运动动词的路径标志是外置的，且只有一个；而俄语有两个，是内置的。鉴于上述区别，"由于汉语运动动词路径标志是单元外置结构，因此汉语趋向词对于运动动词而言属于强支配关系，从而在表达空间位移关系时两成素缺一不可，而俄语运动动词路径标志是双元内外混合构造，因此虽然构造复杂，但是成素间的制约力却相对变小，运动动词对前置词的在现要约能力相对减弱，前置词的语用灵活性也因此相对增强"①。这就导致在语句中没有运动动词所要求的方位处所时，俄语的"空间前缀+运动动词"的模式可以和汉语中的"运动动词+趋向词"模式在意义和形式上相对应。试比较：

（1）Дети со́шли.（孩子们**走下来**了。）

再例如，俄语中的при бежать="以跑的方式**靠近**观察者所在的地方"，它本身的语义中已经包含了标志'方向'的隐性或显性义素。在汉语中，仅依靠运动动词本身是很难表达相应的语义，必须借助外置成素的运动动词复合结构，即"V+趋向词"或者"介词+V+趋向词"，例如：跑来，向……跑来。

英语中运动动词come和go也包含指示远离观察者和走近观察者的运动。Апресян曾经指出，英语中的go是借助腿的运动，说话人想象自己或者观察者正处于主体离开的那个位置。例如：

（2）Just after she had gone, the telephone rang again.②（她刚走，电话就再次响起。）（表示说话人想象着自己位于"她"离开的地方）

但是俄语中的прийти-уйти, приехать-уехать和上述用法完全不同。例如：

---

① 徐英平. 俄汉语框架语言类型归属探析[J]. 外语研究, 2009(01): 34.

② Апресян Ю. Д. и др. Англо-русский синонимический словарь[M]. М.: Русский язык, 1988: 193.

（3）После долгих лет разлуки с Родиной они наконец-то **приехали** в Москву. （和祖国分别多年后，他们最终又回到了莫斯科。）

这句话并不意味着观察者本人在莫斯科或想象莫斯科那里有一个观察者。[1]

Падучева在研究Он приехал / Он приехал в Москву.和Он уехал / Он уехал из. Воронежа.时指出：如果第二个配价不被填充，那Он приехал /Он уехал最可能被理解为：1. "他来到了这里/他从这里离开"（一级指示）。2. "他来到了/离开了叙述中说谈论的地方"（二级指示）。[2]

俄语运动动词中的一些使动动词的语义表明说话者（观察者）所在位置和运动的起点（或终点）是否吻合。[3] 例如，在унести, увезти, укатить, утащить等动词的语义中，运动终点和说话人所在的位置或者说话人想象自己所在的位置并不吻合。而принести, привезти, прикатить, притащить 等动词的语义中，相反，却暗含着，运动终点就是说话人所在地方或者说话人想象自己所在的地方。试比较[4]：

（4）a. **Принеси (привези / прикати / притащи)** сюда наши чемоданы. （请把我们的箱子拿（运、滚、拖）到这里。）

b. **Принеси (привези / прикати / притащи)** туда наши чемоданы.

（5）a. **Унеси (увези /укати /утащи)** туда наши чемоданы. （请把我们的箱子（运、滚、拖）走。）

b. **Унеси (увези /укати /утащи)** сюда наши чемоданы.

需要补充的是，如果说话人明确知道副词туда的指向，那么принести可以和副词туда搭配。例如，当说话人位于厨房，而客人们打算去客厅

---

① Апресян Ю. Д. Дейксис в лексике и грамматике и наивная модель мира[J]. Семиотика и информатика, 1986(28): 24.

② Падучева Е. В. Динамические модели в семантике лексики[M]. М.: ЯСК, 2004: 377-384.

③ Карловска А. К. Русские каузативы движения и перемещения. Смысловой анализ[D]. Дис. на соискание. канд. филол. наук. М., 1990.

④ Карловска А. К. Русские каузативы движения и перемещения. Смысловой анализ[D]. Дис. на соискание. канд. филол. наук. М., 1990: 146.

时，可以说：**Принеси** туда (в гостиную) воды. 若两个人商议即将要去医院探望病人，则Мама в больнице, **принеси** туда фруктов и соков也是成立的。在上述情景中，终点和说话人所在的位置并不相重合。

俄语中подходить, уходить, отступать, входить, проползать等动词不能和副词куда, откуда连用，Е. В. Рахилина认为这和动词的语义特点相关。[①]因为，在подходить, приходить, вбежать, возвращаться等动词中，说话人的位置和运动终点重合，而在动词уходить, уводить, отойти等中，说话人位置和运动起点重合。因此，第一组动词可以用疑问代词Откуда来提问，但不能用疑问代词куда来提问。用Куда 或 Откуда对上述动词进行提问时，由于起点和终点的非封闭性，任何一个相应的回答都可以作为问题的答案。例如，针对问题Откуда он приехал?的回答可以是：Из Москвы / Нижнего Новгорода / Лос-Анжелеса / соседней деревни / города / провинции等。但是该动词的终点是封闭的，只有一个，即说话人所在的位置。所以Куда она подошла?不成立。但是，Рахилина也指出，只有在考试时，当应考人员事先知道问题答案时才是合理的。在追问时也可以提出类似的问题。[②]例如：

（6）Как ты сказал? Куда она подошла?

或者当说话人用眼睛注视着移动者的移动路线时，例如：

（7）Откуда она вышла и куда подошла?

基于同样的原因，动词уходить, уводить, отойти可以用疑问代词куда来提问，但不能用疑问代词Откуда来提问。例如：

（8）a. Куда она ушла?

　　　b. Откуда она отошла?

对俄、汉语中的表示趋近、远离意义的运动动词的研究表明，这类动词中包含观察者信息，观察者是一个占位者，可以在词典中标注出来。此外，汉语中并不存在真正意义上的方向运动动词。俄、汉语在表示"方向"意义的运动动词数量上差异比较明显，正如前所述，主要是因为在两

---

① Рахилина Е. В. О лексических базах данных[С]. Вопросы языкознания. 1994(4): 107-113.

② Рахилина Е. В. О лексических базах данных[С]. Вопросы языкознания. 1994(4): 107-113.

种语言中的相应动词语义构造成分、方式和性质不同而造成的。俄语中的搭配限制也使我们必须关注所描写动词情景的视角。

二、感知动词语义中的观察者

本部分我们将分析一些感知动词，它们体现了观察者和观察对象（即观察情景）之间的感知—认知关系。这些动词描写的情景中，作为体验者的观察者是情景的必要元素，在主体位置或是某个其他非零句法位上有体验者的角色配位，它与"幕后"观察者的角色配位相对立。

感知动词是人第一信号系统功能的名称，表示有机体五种感觉器官的功能：视觉、听觉、触觉、嗅觉和味觉，指的是人和客观世界之间的最初接触。这种接触可能是有意识、有目的的，在语言中用积极感知动词表示，例如"看、听、闻"等，即感知行为动词（глагол перцептивных действий）；这种接触也可能是无意识的、没有特定目的的，在语言中用消极感知动词来表示，例如"看见、听见、闻见"等，即纯感知动词（собственно перцептивный глагол）。语言中名词、形容词和动词等词类的基本意义都基于感知活动的结果。

感知动词感知义和派生义的共同特征是自我中心性。感知行为的共性模式是以感知主体为先导，由"感知主体—感知过程—感知客体"构成的情景。薛恩奎从时体的角度研究了感知动词时态形式与句法结构之间的关系。"消极感知动词本身不可持续，不能构成进行时态/现实时态"，而вижу，слышу等动词的"这种现在时态是动词语义范畴语义类别发生跨范畴转移的标记：由视觉感知转为智能感知，成为智能动词"①。

仅根据动词语义中是否包含'感知'要素是无法确定其是否属于感知主题类别，因为'感知'要素很容易进入其他类别的动词语义中。该类动词很多，可以进行不同分类，它们表现了人认知过程的近似性（приблизительность, приближенность）和相对性（относительность）。作为认知主体（同时还是言语主体）的人可以获得的仅仅是相对真理，或

---

① 薛恩奎. 感知系统词汇化及其语义—句法关系分析[J]. 外语学刊. 2014(06): 44-48.

者是某种不确定的信息。① 该类动词构成了一个动态的、开放性的系统，具有不稳定性和无序性。该系统和大脑工作时整体的混沌性和不稳定性相一致。② 因此，我们所研究的词汇类别没有严格界限，也无法完全列举。可以说，类别中的每一个词汇都具有"碎片"的特征，它是复杂的、非线性整体的一个近似的反映。③

　　感知动词具有不同的词汇—语义类别，它们通过语义中统一的语义范畴"感知"而结合在一起。该统一范畴指感知元素，即可观察性，它是由观察者概念所产生的。

（一）纯感知动词语义中的观察者

　　纯感知动词也称感官感知动词（глагол чувственного восприятия），是最基本、最核心的一类感知动词，表示借助感官感知世界。根据感知方式的不同，可以简单分为视觉、触觉、听觉、嗅觉和味觉动词。俄语中的此类的动词包括：видеть, слышать, осязать, обонять, ощущать等。④ 感知动词中的核心动词为视觉感知动词"看见"。

　　俄语中表示视觉感知的核心动词是видеть / увидеть。Арутюнова指出："在直接指向世界上的事物、过程和事件的感知动词中，视觉动词видеть占据特殊地位，因为其意义在感觉和认知之间游移不定，而其客体可能是事物、过程和命题。也就是说，它的意义同时属于世界和人。"⑤ 感知（包括视觉感知）是一个多层次的、多阶段的过程。第一阶段是第一性的认知加工阶段，主要是辨认物象的外表和所处的空间（距离），及该物象在外形和空间上的位移。⑥ 纯感知动词正是和第一性阶段有关。生活

---

① Пригожин И. Стенгерс И. Порядок из хаоса: Новый диалог человека с природой[M]. М.: Прогресс, 1986.

② Пригожин И. Стенгерс И. Время, хаос, квант: К решению парадокса времен[M]. М.: Прогресс, 1994.

③ Волошинов А. В. Об эстетике фракталов и фрактальности искусства[A]. Синергетическая парадигма, линейное мышление в науке и искусстве[C].М.: Прогресс-Традиция, 2002: 213-246.

④ Падучева Е. В. Динамические модели в семантике лексики[M]. М.: ЯСК, 2004.

⑤ Арутюнова Н. Д. Пропозиционные предикаты в логическом и лингвистическом аспекте[A]. Логический анализ языка[M]. М.: Наука, 1987: 10.

⑥ http://baike.so.com/doc/7797791-8071886.html.

经验表明，我们不可能将第一性的感知描述为具有明显意向性或者非意向性的过程或行为，因为该阶段认知的典型特点是无意识性和不可控性。所以可通过词汇"突然、猛然、冷不防、意外、蓦然、顿然、猝然"等来标记该初始阶段的感知概念在语言中的客观性。例如：

（1）但正在这时，小梅**突然看见**一只野兔在两蓬金樱子之间一掠而过。小梅心里一动，趋前寻找。

（2）其中4班学生预先在讲台上放了一个生日大蛋糕，韩老师踏进教室，**冷不防看见**这个大蛋糕，真是又惊又喜。

（3）陆平**意外听到**自己的名字。他有些茫然地看着台上，遇上监狱长的目光犹如神箭射向自己，他的身子一抖，觉得自己触电了。

（4）离开教堂前我正跪在神坛下，起身时我**突然闻到**山楂花发出的一阵阵巴旦杏那样的甘苦兼备的气味。

此类感官感知动词还可以和表示'非情愿、纠缠不休、被迫'意义的副词搭配。例如：

（5）女儿低着头默默地走着，其实我早就看见她眼睛里转着的泪水。但我**不想看见**她哭，我们在学校的门口分手。

（6）这几天，她看见他老围着那个树根转悠，心里就有点不安。她**不愿意看见**他在那里这么转，她不想看见他这个样子。

（7）我蒙上耳朵**不愿听到**不想听的呼唤……

俄语中的видеть/ у видеть是个多义词，每一个意义都表示相应"看见"这一宏观语义场中的一个局部的微观语义场。

《俄语大详解词典》（*Большой толковый словарь русского языка*）[1]中видеть包含8个义项，увидеть包含7个义项。видеть和увидеть的基本意义都是指'通过视觉理性地、有情感地感知（看）'。увидеть的一些意义成分是通过видеть来定义的。例如：

видеть₄: воспринимать зрительно и интеллектуально, эмоционально (смотреть): Видел балет в новой постановке.

увидеть₅: воспринять зрительно и интеллектуально, посмотреть: Там

---

① Кузнецов С.А. Большой толковый словарь русского языка[M]. СПб.: «Норинт», 1998: 1536.

увидел этого актера в новой роли.

隐喻性意义并不是我们的研究对象。

俄语中，видеть被解释为某种感知状态，即具有视力，具有"看见"的能力。例如：

видеть：иметь зрение, обладать каким-либо зрением. Совы **видят** ночью. Вижу плохо. （具有视力。猫头鹰晚上也可以看见。我看不清楚。）

汉语的"看见"也表示上述意义，例如：

（8）他们说，主阿，要我们的眼睛能**看见**。

（9）李志军动情地说："虽然我眼睛**看不见**了，但我能感受到这里的温馨和浪漫。在此我代表新时代军人对子弟兵母亲为拥军做出的一切，表示深深谢意！"

该意义表示感知的第一阶段，也就是"纯感知"，是对周围世界的感觉—直觉反应，其中并没有情感—评价成分。这种情况下观察者充当体验者角色，即经历某种内部心理（感知）状态。人的生理属性占据重要位置。

其次，在俄语中，видеть还包含如下意义：

видеть/увидеть：воспринимать / воспринять зрением: Мы видели **(увидели)** горы вдали. （通过视觉感知：我们看见了远处的群山。）

该意义所描写的观察行为的情景，显然超出了观察者纯粹的感知，并且还包含有对观察对象的具体化总结和统计。可以说，这种类型的句子表现了视觉观察行为的原型情景（прототипическая ситуация）：观察者+视觉感知过程/行为+观察对象。在此，观察者显然比体验者的内涵更为广博。[1]试对比汉语：

（10）在浦市镇头上向西望，可以**看见**远山上一个白塔，尖尖的肉透蓝天空矗着。

---

[1] 体验者这一概念是多义的，Падучева将其包含在感知主动中，而Циммерлинг认为，观察（评价）主体可以和状态主体不一致，尤其是在描写这些范畴的不同方面时。明显，存在一些只有状态主体特有的非感知的情感和物理状态。该状态主体不能解释为（感知主体）观察者。例如：Я счастлива. 因此，作为感知—认知主体的观察者不可能感受那些成为物理状态的东西并获得体验者的角色。，例如：Я вижу. 但是当观察对象出现时，可以成为"不完全"的感知主体，例如：Я вижу лес. Я слышу голос——笔者注

（11）我们**看见**餐厅里到处都是五颜六色的气球，舞台上挂着"祝你生日快乐"的横幅。

（12）一个老农**看见**蚂蚁在搬家了，会忙着去田里开沟，他熟悉蚂蚁搬家的意义。

感觉由两个阶段组成。第一阶段是生理阶段，感觉器官发挥相应的功能参与到情景中。在视觉感知的第一个生理阶段会产生相应的事物（或情景）的形象，包括形状、颜色、大小等所有用眼睛可以观察到的特征。但是这里的观察者并不是消极的直观感知者，而是"利用眼睛进行追踪注视的"和"集中注意力"的观察者：观察者在思想上将视线聚焦于客观现实的特定片段。视觉形象通过思维的加工，对形象进行分类识别，可能还要证同事物、揭示特征和进行评价等。感知行为过程的这两个阶段（即消极的反映方面以及有意识地集中注意力）是作为感知—认知形象、语义形象的观察者的主要特征。

在观察的感知—认知行为情景的描写中，尽管必须聚焦于观察对象、并将观察对象强调出来，但是，这一行为或者过程具有非自主性，是无意做出的行为，因此这并不是原型意义上的活动。针对Она видит меня. 这句话，不可能使用Что она делает?这一问句进行提问。这种用法和表示"具有视力"的用法不一样，并不是一个纯粹的"反映"（отражательный）动词，由此可见"看见"的该意义表达了更为广泛的、更为深刻的感知。

纯感知动词也可以有这样的用法：当体验者由于角色配位的变化或者其他语义过程而退居"幕后"的位置。[①] 但是由于纯感知动词的多义性，并不是所有的体验者均可以成为"幕后"观察者。例如：

（13）a. Они не **виделись** целое лето. （他们整整一个夏天没有见面了。）

b. Я **увиделся** с ней только через три дня. （过了三天我才和她会了面。）

（14）Кое-где чуть **видятся** кусты. （有些地方勉勉强强能看到灌木丛。）

---

① 蔡晖译. 词汇语义的动态模式[M]. 北京: 北京大学出版社, 2011: 189.

（15）Не **виделось** кругом никаких знаков человеческой жизни. （周围渺无人烟。）

（16）Мне **виделся** сон. （我做了一个梦。）

（17）Мне **видится** моё селенье. （我眼前浮现了故乡的图画。）

例（13）中并不存在"幕后"观察者，例（14）（15）中转变为"幕后"观察者的体验者并不占据任何句法位置，这样的角色配位是规律性转换的结果，把体验者带到了"幕后"。而在例（16）（17）中，观察者在句法中通过代词第三格体现出来。

在研究纯感知动词语义中的观察者时，我们也不能忽略其中的观察对象。正如上文所言，观察行为情景中的观察对象具有双重性。首先，它是感知客体，该感知客体位于观察者身体之外，直接刺激感觉器官，此时，这与传统的主客体关系相一致。其次，外在的感知客体要想成为观察对象，应当能够被反映，在观察者的认知中形成感觉形象，成为进一步认知加工的材料。否则，客体虽然依然是客体，但是无法成为观察对象。俄语中，主语用第二、三人称的形式来描写感知过程或活动的否定句，其中有感知客体，但是这种感知客体不可能被解释为观察对象，例如：Он не видит книгу.这句话是由站在一旁的观察者说出的，该观察者表述的是没有成功进行、或者没有发生的感知行为。感知客体在这种情况下不能成为感知主体的观察对象。观察对象的这种辩证性决定了存在着潜在的观察对象。

（二）感知行为动词语义中的观察者

行为概念和观察行为有直接关系。典型的行为是人类生活活动中通过感知行为而被描述的现象。此外，典型的行为无法脱离运动，并且具有特定目的。Кравченко在描写动词look时，得出如下结论：该动词的主要意义是表达空间定向行为的完成，或者说是建立这种空间定向关系。[①]

正如前所述，在感知渠道的不同层级中，视觉占据主导位置。上述研究的纯感知动词描写的是静态的状态意义，而感知行为动词中则包含

---

① Кравченко А. В. Индексальные конструкции с глаголами чувственного восприятия в современном английском языке[D]. Дис... канд. филол. наук. Иркутск, 1987: 173.

"行为"意义。表示其他感知模式的动词的语义中，同样包含有感知概念元素以及表示"寻找"意义行为的概念元素。俄、汉语中此类动词包括：смотреть（看），слушать（听），нюхать（闻），пробовать（尝），ощупывать（触）等。我们仍然以俄语原型视觉感知行为动词смотреть为例。

除了原型视觉感知行为动词смотреть外，просматривать，рассматривать，высматривать，заглядывать，разглядывать，выглядывать以及很多和视觉感知相关的动词都属于视觉感知动词语义场。感知行为就其本质而言具有施事性。例如，俄语中смотреть的释义为"为了看到而将视线转向某物或某人"。汉语中的"看"表示"使视线接触人或物"，属于该语义场的还包括动词"盯、瞧、瞅、瞥、望"等。试比较：

（1）**Он смотрит** на меня.（他看着我。）

（2）她以万分艳美的目光**盯着**那些红玫瑰看。

（3）他**瞅瞅**天，又**看看**地，反问老头："你猜呢？"

作为原型视觉感知行为动词，俄语中的смотреть和汉语中的"看"，感知主体是通过表述的主语表达出来的，与此同时，其中还包括隐性的观察者，该观察者由行为是否能够被感知而决定。该类动词构成话语中的体验者是感知主体，融合了作为感知状态主体的体验者以及作为积极行为、有目的行为发出者的活动者的双重功能。而隐性的观察者是表述主体，能够证同或解释被观察到的行为。上述例句表明，观察者和观察对象之间具有施事关系。这里的观察者就是一个行为者，和句法语义学中的术语"施事"（агенс）的概念相一致。观察者和施事是这些动词中必不可少的两个语义角色，因为从本体论上说，感知功能和行为功能密不可分。其他感知行为，例如"嗅、尝、闻、触"等，相对于视觉感知和听觉感知而言，在感官方面具有更为明显的外部刺激因素，需要感知主体和感知客体之间的直接接触。因此，对于旁观的观察者而言，更容易判定这些感知行为，例如某人闻花瓣的香味。难于判断的是视觉行为或者听觉行为本身。此外，视觉行为和听觉行为还和一些重要内容相关，即使这些内容没有显性地表达出来，却也是行为本身所具有的众所周知的、显而易见的特征。因此，可以通过"请看"来促使对方进行观察行为，例如：

（4）**Посмотри**, что он там делает? （看，他在干什么？）

（5）你**看**，那两个女生割稻的姿势不对，不是站着弯腰割，而是蹲着割，她们肯定比别人更费力。

（6）哟，哟，哭啦，怎么哭了。**你瞅**，这儿还有一灯。哎，能亮。别哭。**你瞅**，这儿多好啊。有被子能睡觉，这么大的房子。

当然，敦促的行为内容不仅仅是通过视觉完成。例如：

（7）——**你看**，他在干什么？

　　　　——他在听音乐。

观察对象是观察活动中的必需成分，它涵盖不同客体和现象，其共同特征是具有可观察性。俄语中若无法判断观察者的注意力焦点时，那么在句子中必须表明视线的投向，例如za угол, из окна, через стену等。试比较：

（8）Она сидел, **глядя из окна**.（她坐在那里，看着窗外。）

（9）我低头**透过玻璃看进去**，里面放着几本《燕山夜话》。其中一本翻开的一页是邓拓1958年的照片。

（10）连老太太们也**透过门缝往里瞅**，大家都想知道到底发生了什么事情。

当表述主体"我"和作为感知活动主体的观察者相重合的时候，那么类似的表述在俄、汉语的典型交际情景中未必正确。例如：

（11）a. **Я смотрю** вон туда (через стену, за угол).

　　　　b. 我正直盯盯地朝着门边**看**。

因为观察者本人是言语主体，知道自己看的是什么。只有旁观的观察者（言语主体）处于一个不利于观察的地点时才能用类似的表述。也就是说，作为一个旁观的观察者，并不知道感知行为主体看的究竟是什么。在类似的表述中，观察者同时成为观察对象。

视觉观察对象的形式、属性和特征有很大的差异。它可能是一个客体或者多个客体、界限不明的物质、事件、生物体等。观察对象的每一个特征都激发了感知行为动词中相应的语义成分。试比较俄语动词просматривать和汉语中的"看穿、看透"。无论在俄语中还是在汉语中，都不可能看穿"水、牛奶"等观察对象。俄语动词просматривать和汉语中的"看穿、看透"描写的是贯穿具有一定障碍的观察对象。

类似的行为是在视觉和感知方面识别观察对象，这些行为的主体可以完成两种语义功能：感知状态主体（经验者）和行为主体的功能。

感知行为动词有完整的角色配位，在主体位置或是其他某个非零位句法位上有体验者的角色配位，与"幕后"观察者相对立。带有观察者的角色配位可以用反身动词表示，例如：

（12）a. Клёкотов ехал в автобусе и **смотрел** на сидящего мужика.（柯辽卡托夫坐在汽车上，看着坐着男人。）

b. Мой ноутбук **смотрелся** там очень оригинально! // 我笔记本电脑在那里看上去与众不同。

但是也可以没有任何特殊的标记，例如：

（13）a. Писатель подходит к окну и **выглядывает**.（作家走到窗户边，向外看了看。）

b. Но вскоре увидел, что из скворечника **выглядывает**… рогатая голова.（但是很快看到，一只长角的脑袋从椋鸟窝里露了出来。）

有的时候，观察者角色配位对于该动词而言，可能是唯一可能的配位，例如：

（14）Он **выглядит** хорошо.（他看上去很好。）

（三）展示动词语义中的观察者

展示动词（глагол показа）是指语义中包含感知成分，而且该语义成分在词典的释义中会显性地表达出来的动作动词，包括показать，демонстрировать, указать, рисоваться等，释义中均包含"展示"成分。俄语展示动词中典型的是动词показать，其释义是"使看见，为了检查或展示的目的而出示……"。[①] 例如：

（1）Мне Павлик **показал** такую интересную программу.（巴夫利克给我看了一个如此有趣的节目。）

（2）Этот фильм нам **показал** что, Война—это сложная работа.（这部电影向我们展示了，战争是一个复杂的工程。）

---

① Кузнецов С. А. Большой толковый словарь русского языка[Z]. СПб.: Норинт, 1998.

汉语中典型的展示动词是"展示"，其释义为"拿出来给人看"①。释义中的"人"可以被理解为观察者。例如：

（3）除了牛以外，海泽也没有忘了向家长**展示**学生们做的各种项目。

（4）背部也是**展示**女性魅力的一部分，挺直的背部能尽显女性的自信……

在汉语中，展示类动词还包括"出示、指……看，给……看"等。例如：

（5）说着，她将已填好的个人所得税申报表、税票等**出示**给记者。

（6）他把他的曾祖父在英国所住的房子的照片拿来**给**大家**看**，那房子又大又漂亮，还被花坛和雕塑喷泉环绕，就像电影里看到的……

展示行为和感知行为有显然不同。包含展示动词的表述中，主语必须要用展示行为的主体来表示，感知行为也是如此。但是，展示者已经不再是作为体验者的观察者，在表述空间观察者处于间接补语的位置。包含展示动词的表述，其句法结构和观察情景的认知结构并没有同构性，因为该词汇—语义群中的感知概念并没有显性的表达方式。在展示动词的语义中，观察者的语义角色是接受者（реципиент）或者受话人（адресат）。在某些上下文中（例如在现在时和将来时），展示行为的接受者可能不想或者是不能成为接受者，例如：

（7）她**给**我们**看**了有意思的书，但是我们并没有看。

（8）她**将要给**我们**看**一些有意思的书，但我们未必会看。

所以，显而易见，作为接受者（或受话人）的观察者可能由于省略而不出现在句法表层结构，但是，如果在类似的认知情景中没有观察者，是不可思议的。

在展示动词的语义场中，观察者承担了不同的角色，这可能是观察者对观察对象的日常观察，展示行为的目的是为了让观察者认识日常事物。例如：

（9）Она **показала** нам свою **дочь**.（他把女儿给大家看看。）

（10）借着仍然是语文课代表的方便，我请张老师给我**看看**这些文

---

① 中国社会科学院语言研究所词典编辑室. 现代汉语词典(第6版)[M]. 北京: 商务印书馆, 2012.

章，并请按他的标准，为每篇文章打个分。

展示行为也可能为了获得作为专业人士的观察者的感知和评价，或者是对观察对象具有专业知识的、职业性的观察者。试比较：

（11）Он **показал рабочий проект** главному инженеру.（他把施工设计给总工程师看。）

（12）我**给你们看**图纸，让你们会见建筑师，他今天来这里吃晚饭！

动词показать/показывать表示"用手或身体的某个部分指"的时候，通常不要求观察者占据特定的句法位，包含这些动词的句子和观察行为情景的认知结构之间的差异更为明显。试比较：

（13）Я **показал** на дом, где снимал боковушку.（我指着我租了侧房的房子。）

（14）Но Миша крепко стиснул его руку и головой **показал** на дом.（但是米沙攥紧手，用头指着房子。）

（15）阿光**指着**另一道门说，刘招华一会就从那扇门进来！

（16）王学理用脚**点点**路面并用手**指指**广阔的玉米田说：这下面都是阳陵的从葬坑。

主语是通过指示主体表达的，该主体也可能是观察者本人（在典型的、原型的情景中）。但是在例（13）至（16）中并没有观察者的位置，观察者"退居幕后"。但是在汉语中可能借助方位介词"给"来指出观察者，在句法位置上还原观察者的位置。试比较：

（17）契契比奥固执地说道："活着的鹤多着呢，如果你要看，我随时可以**指给你**看。"

需要强调的是，汉语中在带有"指向"和"指给"这一动词结构的句子中，介词"向"和"给"意思并不一样：在第一种情况下，表示观察对象；在第二种情况下表示观察者。试比较：

（18）樵夫虽然说没有看到，手却**指向狐狸**躲藏的地方。（观察对象）

（19）孔祥熙只好岔开话题，**指给宋蔼龄**看二楼的闺房。（观察者）

观察者在带有展示动词的句法结构表层可以不体现出来，但观察对象却必须存在，观察对象可以是具体的物体，也可以是行为。包含动词

"看"的句子结构中，补语完全可以省略，而带展示动词的句子却不可省略补语。试比较：

（20）a. Она просто **смотрела**. （她只是看着。）

　　　 b. Она просто **показада**.

此外，俄语展示动词демонстрировать相对特殊，因为展示行为的主体在这里还可能是观察对象的一部分，并且观察对象经常具有事件意义。例如：

（21）Бренда хотела **демонстрировать** своё сочувствие на деле. （布伦达想表达自己的同情。）

（22）巴西国家足球队将**展示**技术型进攻性足球。

应当指出，展示动词展示的不仅仅是具体的物体、行为，还可以是更为其他抽象的事物。试比较：

（23）Анализ почвы **показал** степень её **радиоактивность**. （土壤分析表明了它受辐射的程度。）

（24）认真做好每一件小事，用实实在在的结果**展示**你的**才干**，要比长篇大论的表白更有说服力。

例（23）（24）描写的是具有可观察性的情景，观察者在句法层面没有显性地表现出来，成为表述语义中的指示性成分。不过，这一用法并没有导致观察者向感知主体语义的退化，相反，观察者在这里表现出了更为复杂的认知水平，包含在观察活动基础上所进行的视觉再现、推论等脑力认知活动。此时的观察者应当被理解为某种概括性的、能够进行感知活动和分析活动、推理活动的人。

在俄语某些展示动词的情景中，隐性的观察者可以借助前置格的形式（на+чём, перед чем等）显性地表现出来，例如рисоваться：

（25）Она любит **рисоваться** на людях(перед мужчинами). （她喜欢在人前（男人面前）炫耀自己。）

如果在带有рисоваться的表述中，句法表层并没有使用人称代词或表人名的词表明观察对象，这表明，行为主体的意图已经超出了单纯的、想要表现自己的意图。行为主体试图引起观察者对自己产生一种正面的、积极而有利的看法或印象。因此，观察对象将某种评价赋予想象中的、潜在的观察者，并且这种评价究其实际内容而言，并不和"展示者"本身的意图相一致：观察者对主体行为的评价不尽恰当，也可能认为他的行为不值得评论。正是由于这一原因，这种动词并不用于第一人称的交际情景中。例如：

（26）Я просто **рисуюсь**.（我只不过是炫耀一下。）

（四）信号性行为动词语义中的观察者

在感知动词中还包括描写具有信号（符号）性特征的行为（сигнальные/семиотические действия）的动词和动词词组。该行为通过特定的、规约性的符号和他人进行联系（семиотический контракт），从而实现交流。[①]其语义中既包含行为元素，也包括观察元素，典型的俄语动词为сигналить, сигнализировать, махать (рукой), подавать знак等。汉语中典型的信号行为动词是"示意"，其释义为"用表情、动作、含蓄的话语或图形表示意思"[②]。例如：

（1）Когда мы проежаем через город, два полийцейских **подала нам сигнал** остановиться.（当我们经过城市的时候，两名警察示意我们停下来。）

（2）他老人家虽已八旬高龄，却精神矍铄，容光焕发，微笑着**示意**我们坐在他的身旁，神情专注地听我们的工作汇报。

（3）我摇摇头**示意**女儿别太紧张，又胡乱吃了一片药支撑着。

由此可见，该类动词描写的行为是显性的、外在表达出来的。行为主体在句法表层处于主语位置，而观察者通常位于补语位置。

手势、眼神和点头等动作实施的目的是为了吸引别人、即观察者的注意。观察对象通常是行为主体本身，但是也有例外情形，因为这时，重要的并不是说在观察者的感知空间中存在着人的这一事实，而是他们所发出的信号或者符号。

在信号性行为动词描写的情景中，若只存在发出信号或符号的人的名

---

①　Арутюнова Н. Д., Левонтина И. Б. Логический анализ языка(языки прастранства)[M], М.: языки русской культуры, 2000: 9.

②　中国社会科学院语言研究所词典编辑室. 现代汉语词典(第6版)[M]. 北京: 商务印书馆, 2012: 1184.

字、却没有描写纯粹的信号和符号时，观察对象在句法表层可以不体现或者以部分形式体现。例如：

（4）Я увидел ее и **просигналил**.（我看见她，向她示意。）

（5）Она отчаянно **сигналила**, размахивая рукой.（她绝望地挥手示意。）

（6）宋庆龄身披荣誉博士的礼服，坐在轮椅上，**示意**工作人员不要播放事先准备好的她的录音讲话。

（7）马明业正要站出来予以回击，却被何开荫轻轻**按住**，**示意**他沉住气。

发出的信号或符号指的是一种指示性的、引导性的方式，其针对的是观察者，因此，观察者实际上就成了信号或者符号的解读者。作为受话人的观察者也可能是一个潜在的、想象的形象。如上所述，信号发出者的目的是为了让观察者看见，但其并不一定就能成为观察对象。例如：

（8）于是达启频频用目光向她**示意**，可是，那姑娘根本不予理睬。

（9）我向服务员**示意**，让他把账单带过来。

在例（8）（9）中，无法证明信号接受者是否感知到信号或者对信号做出相应回应。但如果话语中明显指出观察者接收到了信号，那观察者自然变成信号的接受者和解释者。试比较：

（10）*Я* **видела**, как она **махала рукой**, чтобы я подошла.（我看见她向我招手，示意我过去。）

（11）孩子们**看见**了他们的母亲的**摇手示意**，便做出一种可笑的鬼鬼祟祟的姿势，蹑足地退了出去。

例（10）（11）中的动词"видела"和"看见"可以证明观察者接收到了信号。

（五）假象动词语义中的观察者

假象（кажимость）是认识论中的一个重要范畴。假象和观察行为、观察者之间有最直接的联系，但是这种联系出现在"不明感知的上下文"(контекст неясного восприятия)中。[①] Т. И. Семёнова在其著作中对这

[①] Арутюнова Н. Д. Язык и мир человека[M]. М.: Языки русской культуры, 1999: 834.

一认知—评价范畴和它相关联的概念以及它在英语中的表达手段进行了详细的描述。[①] 假象在俄、汉语中均有多种词汇化手段，俄语中典型的假象动词为казаться, выглядеть，其释义为：

X выглядит (кажется) P-м = "X的外表或者行为使观察者将X理解为P，或者是认为X是P，但是观察者可能并不完全相信X就是P"[②]。例如：

（1）Он **выглядел** уставшим. （他看上去累了。）

（2）Деревня **казалась** вымершей. （这种树好像是死了一般。）

汉语中表示假象意义比较典型的动词是"看来、看似、看上去"等和副词"似乎、好像、仿佛"等。从构词来看，汉语假象动词中都包含"看"这一最典型的视觉感知动词，但通过对其释义的观察，我们发现，假象动词中包含的观察者不仅仅局限于感知主体，同时还是认知主体和意识主体。例如：

看来（动词）：根据经验或已知情况做出大概的**判断**：老师这么晚还没有到，看来是发生什么事了。

看似（动词）：从表面上**看**着好像：这件事看似容易，做起来难。

看上去：从表面**判断**、**估计**：她已年过五十，但看上去也就四十来岁。

众所周知，假象现象中存在观察者，而且，假象的认知结构和观察情景的认知模式并不相同。观察行为表明了观察者感知和认知观察对象的全部过程，而假象的形成具有主观化的色彩，在该情景中容许对客观现实产生扭曲的、不尽一致的理解。例如：

（3）老马这家伙，**看似**老实，实际上比谁都精！

（4）他们**看起来**似乎和过去一样，但实际上不同了。这是怎么回事呢？

---

① Семенова Т. И. Внутренний мир человека через призму кажимости[J]. Когнитивные аспекты языкового значения, 2003(03). / Семенова Т. И. Лингвистический феномен кажимости[M]. Иркутск: ИГЛУ, 2007.

② Семенова Т. И. Внутренний мир человека через призму кажимости[J]. Когнитивные аспекты языкового значения, 2003(03). / Семенова Т. И. Лингвистический феномен кажимости[M]. Иркутск: ИГЛУ, 2007.

（5）他所画的山水各显其姿，**好像**并非一人所作，但却有共同的特点，即"平远，空灵"。

假象具有双重性。假象同时反映真实的客观世界和相应的虚构世界，这种双重属性使得观察者在假象情景中同时进行感知和评价（认知意义）。"在假象模态中，融合了感知意义和认知意义，与此同时并没有出现感知意义的'淡化'和认知意义的'凸显'的情形，这两个意义是相互渗透的。"[①]所以，假象范畴表明了观察者是假象动词语义中必不可少的成分。

但是，并不是上述所有的动词都允许在句法层面显性地将观察者表达出来。试比较：

（6）a. Но даже после победного поединка чемпион не выглядел слишком радостным.（但即使是在决战胜利之后，冠军看上去也没有高兴至极。）

b. Но даже после победного поединка чемпион не **мне (другим, народу) выглядел** слишком радостным.

（7）短时间里要生吞活剥二十几门课，而且门门都**看似天书**，两位司令从年龄和文化基础看，都没有优势，属于笨鸟，要想不当副班长，只有笨鸟先飞了。

（8）李华**看上去**脸色惨白，就**像**一个多日都没能睡上一个好觉的人。

正如上文所言，观察者在句法表层无法体现，这就使观察者成为一个概括的、视觉的或者是意识中的感知主体和评价主体。这种感知和评价似乎变得客观，推测和假设的意味弱化。

表示假象意义的某些动词(例如казаться)，可以为观察者在句法上提供一个"合法的"的位置。俄语中通常借助间接补语，而汉语则借助介词短语结构，试比较：

（9）Она **показалась** ему жеманной и неестественной. //他觉得她很做作、很不自然。

---

① Семенова Т. И. Внутренний мир человека через призму кажимости[J]. Когнитивные аспекты языкового значения, 2003(03): 121.

（10）草岚子监狱关押的这批人，**在敌人看来，好像**都是共产党。

俄语中的第三格主体在句法上是次要句子成分。"第三格主体和称名主体不一样，暗示着评价主体并不承担推测责任，强调了所描写形象中的内在的、主观性的根源。"①

在表述的结构中，感知客体和评价具有不同的表征方式。主语的主要句法位属于观察和评价的客体观察，即客观的观察对象。而感知对象的纯粹意义（评价、印象、形象、假设）是通过动词来表达的。观察对象的这种句法分裂，是假象范畴具有双重认知属性造成的。具有假象意义的动词并不是一般意义上的行为动词，它们主要表达感知—评价。这一事实决定了无法对这些词汇的指称对象进行感知证同。

（六）混合感知成分动词语义中的观察者

俄语中类似于показаться, появиться, виднеться等混合感知语义的动词广受俄罗斯研究学者们的关注②，作为感知—认知形象的观察者被他们解释为句法上无法表达的指示成分。相关动词的释义可表达为：

показаться：X开始出现在观察者的视野中

виднеться：X出现在观察者的视野中

我们首先来看例句：

（1）На небе **показалась** луна. （天上出现了月亮。）

（2）На небе **появились** облака. （天空出现了云朵。）

（3）За лесом **виднелось** поле. （森林的对面可以看见一片田野。）

这种表示"位移"或者"出现于观察者视野之中"的动词构成了包含有隐性观察者的表述。我们研究的是该类动词的其他语义视角，即该类动词如何描述观察情景。而且这些方式之间具有一些细微的差异值得详细描写。

在有生命主体的空间中，动词показаться, появляться强调的是位移（передвижение）意义，它们表示"到达某处（某人）、出现在某处（某

---

① Семенова Т. И. Лингвистический феномен кажимости[M]. Иркутск: ИГЛУ, 2007.

② Падучева Е. В. Акцентный статус как фактор лексического значения[J]. Изв. АН. Сер. лит. и яз, 2003(01).

人那里）"等语义特征。试比较：

（4）После болезни она впервые **показалась** на вечеринке у нас. （病后她第一次出现在我们的晚会上。）

（5）Поздней ночью советский разведчик Максим Исаев **появился** в Берлине. （深夜，苏联侦察兵马克西姆·伊萨耶夫出现在柏林。）

（6）当他**出现**在老友冯亦代先生面前时，一副狼狈模样，连眼镜的"腿脚"也折了，只好暂且系根绳子挂在耳朵上。

（7）我以为再也见不到她了，没想到第二天她又**出现**在了北海公园。

在句法主体中，发生移动的位移主体和有生命的观察对象融合在一起。被观察的位移主体可能包含有"展示自己"的意图。例如：

（8）Они стали часто **показываться (появляться)** вместе на публике. // 她们开始经常一起在大庭广众之下抛头露面。

在俄语中类似表述中，上述动词并不和第三格主体搭配。观察者可以通过描写地点和观察者的前置格形式在句法表层表现出来，例如на вечеринке, на людях, на публике, у нас等。虽然它们都是在回答где的问题，但其主要的意思并不是表示地点，而是表示观察者。所以，如下表述就显得异常：

（9）Он **показался (появился)** в пустом доме (когда никого не было).

更准确地说，此时，方位意义和感知意义构成了一个不可切分的整体。

观察者和观察对象之间的关系可以被描述为观察到的、积极的感知过程和形成评价的过程。观察对象还要具有可观察性。这一属性通常出现在更为广泛的上下文中：为了看到那个出现的人是健康的、快乐的、一切正常的等。因此，在语义关系方面，有生命的观察对象就成了类似观察行为情景中的核心形象。

俄语прятать，прятаться/спрятаться和таиться/затаиться中观察者和观察对象之间的相互关系具有特殊性。汉语中类似的动词包括"隐藏、潜伏、埋伏、潜藏"等。试比较：

（10）Я **спрятала** разбитую тарелку в ящике. （我把打碎的盘子藏到橱柜里。）

（11）忘了是哪一年了，我将他一双破旧地质登山鞋**藏**起来，跟他开玩笑，告诉他处理了。

（12）秦二世便多了一个心眼，在珍贵宝物**埋藏**后，便立即封闭了墓道中门，随即又将墓道的外门放下来……

观察对象"打碎的盘子""登山鞋"以及"宝物"和此处的观察者一样，都具有假设特征。表示"藏匿"行为的整个情景实际上就具有假设性，因为这时存在着一个真实的"打碎的盘子"以及一个真实的、需要向其隐瞒此事的观察者。上述动词表示的是积极的、目标明确的物理活动，完成这些活动的主体占据主语位，但占据主语位的并不是观察者。在上述例证中，假设的观察者并没有在句法表层表达出来，但从原则上说，该观察者是能够在类似表述的句法表层得以体现的，例如，俄语可以通过前置词от来引出，汉语通过介词小句或其他方式体现。例如：

（13）**Прячьте** спички от детей.（把火柴藏在孩子看不到的地方。）

（14）我通常把他的香烟**藏在他看不到的地方**，这样他就不能抽烟了。

俄语中的动词спрятаться是一个不及物动词，其中的可观察性和动词прятать的可观察性不同。例如，在Она спряталась за дверью.（她藏在门后。）这句话中，行为主体和自动变成中心句法位的假设观察对象成为共指。语义上必需的假设观察者要存在相应的句法位，该句法位可能由于结构方面的省略而没有被填充。

在某些包含动词*прятаться*的表述中，观察情景成为隐喻性描写的基础。例如：

（15）Маленькая калитка **пряталась** в разросшихся кустах сирени.（小门藏在疯长的丁香灌木中。）

在例（15）中，无生命的观察对象（маленькая калитка）占据了句法主体的中心位，从原则上而言，行为概念无法和类似表述中所描述的情景相一致。这种观念和句法的变化决定，要将观察者转移到"幕后"位置。这里的观察者只可能是隐性的、句法上未体现出来的观察者，占据话语表述者的位置，对整个观察情景进行描写。

在一些上下文中，动词прятаться, таиться等的语义还可以表现出观察者与观察对象之间复杂的相互关系以及观察行为情景中存在的两个层次。例如：

（16）Кто-то **затаился (таится, прячется)** в кустах.（有人藏到了灌木丛里。）

在例（16）的观察行为情景中，第一个层次为：藏匿者是观察者，对藏匿者而言，观察对象是其他人——现实的人或者假想的预期会出现的人。观察对象位于这一藏匿起来的观察者的视野之外。在目标明确的上下文中观察情景的这一层次表现得十分明显。例如下列句子：

（17）Воришка **прячет** в кустах, чтобы его не увидели соседи.（小偷藏在灌木丛里，以免被邻居们发现。）

与此同时，例（16）也表明了观察行为的第二个层次，其中出现了假设的观察者，即藏匿者意欲隐藏的人。在这种情况下，观察者是假设的，观察对象同样也是假设的，由藏匿者来充当。如果缺乏观察行为的这一层次，那么包含该动词的表述在否定感知的上下文中就会毫无意义。试比较：

（18）Никто на него не смотрел, и он **затаился** в кустах.（谁也不去看他，于是他自己藏到了灌木丛里。）

（19）Поблизости никого не было, и он **затаился** в кустах.（附近没有任何人，于是他藏到灌木丛里。）

当说话人充当第二个层次的假设观察者时，假说变为现实。类似"有人藏在……了"这样的表述说明观察行为发生了。假说变成了现实中实际发生的行为。

（七）内部可观察性动词语义中的观察者

进行自我观察的内部观察者能够将其内部心理状态作为观察对象，我们将这种观察对象称之为内部观察对象（внутреннее наблюдаемое）。在这种情况下，我们谈论的是内部观察情景，可通过内部可观察性动词（предикаты внутренней наблюдаемости）客观地表现出来。内部可观察性动词将该情景描述为非原型的、虚拟的感知情景。俄语中典型的动词为воображать, представлять等。值得注意的是，由于俄语主要感知动词видеть中的一个词汇语义单位也表示该意义（видеть: представлять,

воображать (мысленно или во время сна))①，因此видеть也进入到这一组
动词。汉语中动词"想象"具有以下意思②：

想象₁：对于不在眼前的事情想出它的具体形象，设想：不难想象

想象₂：心理学上指在知觉材料的基础上，经过新的配合而创造出新形
象的心理过程。

近义词还包括"猜想、假象、设想"等。

这种类型的可观察性根植于人的内心深处，因此，在进行解释时，是
最微妙和最复杂的一种类型，可用来在内部心理学（эндопсихика）领域获
得整个语言"工作"的世界图景，即获得"认知内容和无意识假设过程之
间的系统性联系"。③ 在这种情况下，从我们内心深处提炼出来的形象就
变成了可感知的形象。虽然这些形象抑或是通过想象建立的，抑或是从记
忆中抽取的，抑或是从潜意识中浮现出来的，但是它们是心理状态和过程
的主观组成部分，因此对于人类而言更为重要。

包含内部可观察性动词的表述和包含纯感知动词的表述之间存在着句
法相似性。试比较：

（1）Она **вообразила (представила)** картину южной ночи.（她想象
着南方之夜的画面。）

（2）Когда **я увидела** его в первый раз, он совершенно мне не
понравился.（当我第一次看见他的时候，我完全不喜欢他。）

这种一致性表明，包含上述动词的句子的句法结构和观察情景的认知
结构存在同构性。但是，在带有动词воображать, представлять的句子中，
这种同构性具有特殊的、表面的特征，即观察对象在内部可观察性的情景
中并没有外部表现形式，它不能成为外置的、可感知的客体，不能被外部
观察者所看到。例如：

（3）Он сидел как бы виноватый в том, что приехал,...виноватый

---

① Кузнецов С. А. Большой толковый словарь русского языка[M]. СПб.: Норинт, 1998: 1536.

② 中国社会科学院语言研究所词典编辑室. 现代汉语词典(第6版)[M]. 北京: 商务印书馆, 2012:
1424.

③ Юнг К. Г. Аналитическая психология[M]. СПб.: МЦНК и Т Кентавр, Институт Личности, ИЧП
«Палантир», 1994: 18.

и в том, что стал старым, **вообразил** себе какое-то родное гнездо. (Л. В. Германович, *Гнездо*) (他坐在那里，好像错不该来，好像错不该变老，错不该想象能有一个温馨的家。)

（4）Хранитель острова способен **видеть** будущее, но не может ничего изменить. (岛屿的保卫者能够预见未来，但却什么也改变不了。)

（5）看惯城市小学校的高楼、操场、电化教育，就无法**想象**乡村小学校的简陋。

（6）一阵秋风吹来，浓郁的果香迎面扑来，透过淡淡的月光，我又仿佛**看到**满载着芮城优质苹果的一架架飞机和一艘艘远洋巨轮，正飞向和驶向那遥远的欧洲和大洋彼岸……

在使用动词"看见"的时候，观察对象究竟是外部可感知的还是内部可感知，完全要借助上下文。试比较：

（7）老板娘**看见**我们一脸迷茫地回来了，便向排队的顾客宣布："对不起！今天要打烊了，害大家久等，请各位明天早来。"

（8）天黑了，盖叫天的心飞回到燕南寄庐，似乎**看见**夫人在等待自己的焦灼的目光，看到孙女张明珠伸出小手来拉他……

通过上述分析，可以得出结论，内部可观察性动词中的观察者并不是严格意义上的感知主体，而是认知主体，该认知主体观察的是存在于其意识中的形象。

通过对包含感知概念动词的分析，我们可以得出如下结论。

在俄、汉语类似动词构成的表述中，观察者具有显性的句法表达形式。语义上不同的、具有开放性的每一类动词，强调并凸显的是观察行为情景中的某些参数，也就是说，表达了这一情景更为准确的或者近似的片段，同时将客观性赋予情景中的某一成分或者某一视角。语义上的差别决定了观察情景的认知模式和包含这些动词表述的句法结构之间是否存在同构性。因此，观察者获得了不同的概念化方式：语义差别始于纯粹的感知行为（即与外部刺激世界之间的相互作用），终以纯粹的内部观察（即与虚拟的、主观化的、形象性的世界的相互作用）。

包含显性观察者的表述在描写情景时不可避免地凸显了外在的观察对

象。和观察者一样，观察对象也发生了一定的概念性变化，因为不同类型的动词之间存在着语义差别。

感知动词的每个独立意义都表现了观察情景中最具体的、最缩微的一种必需模式。但即便如此，每个动词创建的信息场仍具有一定的模糊性和不确定性，这与人类感知行为中自然存在的非精确性、不确定性和误差性相一致。

第五节　状态词语义中的观察者

原则而言，任何词类，只要其词汇语义中具有描写成分，那么均包含观察者，其中包括状态词。

俄语中，很多语法著作把述谓副词作为独立的词类从副词中划分出来，称之为状态词。① 状态词是俄语中的独立词类。② 苏联语言学家В. И. Красных认为，俄语中得以考证的状态词共有400多个，而Е. И. Воинов则认为该类词已经达到750~800个。状态词的数量还在不断增加，主要是具有道德伦理和逻辑伦理意义的词。③ 状态词具有独特的词汇语法特征。

我们可以根据词汇意义将俄语中的状态词大致可以分为以下六类④。

1. 表示自然界和周围环境的状态，也可以表示人在完成某种行为时的心理状态和感受。例如：холодно, тепло, жарко, чисто, темно, уютно等。

2. 表示空间和时间关系的特征。例如：близко, далеко, высоко, низко, мелко, рано, тесно, долго, просторно等。

3. 表示应该、必须、可能的情态意义。例如：можно, нужно, надо, необходимо, возможно, желательно, нельзя等。

4. 表示人（生物）的生理或心理状态。例如：весело, больно, грустно, радостно, печально, досадно, смешно, горько等。

---

① 张家骅. 新时代俄语通论（下）[M]. 北京: 商务印书馆, 2006: 62.

② 王超尘等. 现代俄语理论教程（上）[M]. 上海: 上海外语教育出版社, 1986: 491.

③ 黄松柏. 俄语状态词初探[J]. 福建外语, 1982(02): 50-51.

④ 在80年语法中，述谓副词被简单分为2类；张家骅在《现代俄语通论（下）》中，将其分为4类；王超尘等人在《现代俄语理论教程（上）》中将其分为6类——笔者注

5. 表示以道德伦理、社会性以及科学哲学的观点来评价行为。如：
аморально, жестоко, подло, низко, бесчеловечно, логично, бессмысленно,
разумно等。

6. 通过视觉、听觉等感觉器官对周围环境的状态进行评价。例如：
видно, слышно, заметно, приметно等。

对于汉语状态词的界定，国内外学界也存有分歧。一些学者（朱德熙、沈家煊、石毓智、张国宪）认为状态词是形容词的一个次类。近些年来，有些学者（陆俭明、袁毓林、郭锐）提出了不同的观点，认为状态词应该独立为一个词类。在本研究中，我们倾向于将状态词界定为独立词类，因为，一方面为了对比研究的便利，另一方面，状态词不管是语义功能，还是从句法功能而言，都与形容词有明显的差异。①

朱德熙先生在《语法讲义》中讲述了性质形容词和状态形容词的差异。他说："从语法意义上，性质形容词单纯表示属性，状态形容词带有明显的描写性。从语法功能上看这两类形容词也有很大区别，性质形容词作修饰语远不如状态形容词自由，无论定语或状语都是如此。"②

从词的语用功能来看，状态词具有描写性，描写是主观起主导作用的行为方式。描写不是限制事物的范围，而是表现某个体事物的状态，通常是对状态的程度"加细"③。该程度的界定会因人而异，具有很强的主观性。朱德熙先生很早就提出："从意念上看，性质形容词表示的是单纯的属性，状态形容词表示的属性都跟一种量的观念或是说话的人对于这种属性的主观估价作用发生联系。"④ 由此可见，状态词具有量性和主观性的基本语义特征。

《现代汉语词典》（第五版）中有明确词性标注的状态词共 352 个。不管是俄语，还是汉语，都缺乏一个严格的区分词汇意义的界限。在这里，引起我们研究兴趣的是描写自然界和周围环境状态的状态词，例如

---

① 状态形容词和状态词虽然归属不同，但是它们所涵盖的内容是一致的。因此，我们在引用文献时，不会对文献中的"状态形容词"进行更改——笔者注

② 朱德熙. 语法讲义[M]. 北京: 商务印书馆, 1984: 73.

③ 朱德熙. 语法讲义[M]. 北京: 商务印书馆, 1984: 73.

④ 朱德熙. 现代汉语形容词研究[J]. 语言研究, 1956(01): 84, 101.

"冰冷、灼热、暖烘烘、潮乎乎、干冷、冷飕飕、凉丝丝、凉飕飕、亮堂堂"等，还有对周围环境评价的状态词，例如"脏兮兮、乱哄哄、乱糟糟、空荡荡"等。正如上文所述，状态词本身的描写功能和基本语义特征，决定了其语义中的观察者身份，另一方面，它们和元概念"标准（норма）"以及"参数（параметричность）"概念紧密相关。

М. А. Кронгауз特别强调了语用因素对标准选择的影响，他指出："变量（переменная）的填充受各种状况的制约，首先是语境。"[①] 换句话说，"标准"是一个相对的现象，具有多种表现形式。和该概念相关的是"参数"概念。"参数"指的是客观上被确定的客体的特征，即将该类事物和其他类事物进行对比，原则上能够通过仪器、工具等按照某种尺度来测量。[②] 例如：对"冷"和"热"的描写的就是这种自然状态（是外在于观察者的特殊的客体），这一状态可以用温度计客观地测量出来。但是在日常生活中，俄语中的тепло, холодно, жарко, влажно等的使用，其判断标准通常是由观察者来确定的。[③] 汉语中类似"冷飕飕、冰冰凉、热烘烘、暖洋洋"等描写自然状态的状态词也具有主观评价意义。

该类状态词语义中的隐性观察者是对外部世界进行评价的评价主体。例如：

（1）若松的身子抖了一抖，背上**冷飕飕**，汗毛都竖了起来，秋月也笑了，笑得却不像秋夜的明月。

（2）宋蔼龄来到院子里，深深地呼吸了一口清晨里那凉丝丝湿漉漉的空气，清爽、惬意，还有一些说不太清的朦朦胧胧的喜悦在心底萦绕……

俄语中的某些状态词，是不允许将观察者作为现实题元的，例如：

（3）Мне (Ему, Им, Мальчику...) **влажно/ сухо / мокро / пустынно /**

① Кронгауз М. А. Норма: семантический и прагматический аспекты[A]. Сокровенные смыслы: Слово. Текст. Культура: сб. статей в честь Н. Д. Арутюновой[M]. М.: Языки славянской культуры, 2004: 137-141.

② Кустова Г. И. Экспериенциальная сфера и концепт тяжести в русском языке[J]. Семиотика и информатика, 2002(37): 116-146.

③ Циммерлинг А. В. Субъект состояния и субъект оценки(типы предикатов и эпистемическая шкала)[A]. Логический анализ языка. Образ человека в культуре и языке[M]. М.: Индрик, 1999: 221-228.

шумно.

但是有一些状态词却可以带第三格配价，例如：

（4）Мне **жарко / сыро / неуютно.**

例（3）和例（4）都具有观察者对外部参数的评价意义。但是，第三格配价的实现对话语的语义产生了重要的影响。我们可以对此做出这样的解释：Мне жарко.这句表述首先表示的是三格主体的生理状况，这种状况可能完全是自发的、内部的、和外部环境接触没有任何关系的。但由于外部世界的刺激和观察者内部的感觉—感知状态之间的相互作用，当话语中的观察者和体验者同时出现在同一个句法位时，在许多情况下，同时既描写外部环境的状况，也描写观察者内部的状况，例如：

（5）Температура на улице поднялась, и мне стало **жарко**.（街上的温度升上来了，我也开始变热了。）

在这句表述中，жарко既表明观察者对外部环境状况的评价，同时也对自己的内部状况做出了评价。汉语也可作类似理解：

（6）温热的砂子使她浑身**热烘烘**的，昏昏欲睡。

（7）太阳照在我们的屁股上，**热烘烘**的。

由此可见，俄、汉语中状态词中的观察者主要体现为评价主体。这种评价是基于自然环境状态下的一种主观评价，在汉语中主观性表现得尤为明显。

俄语状态词和副词虽然在形式上相似，但是在语义和功能方面却迥然有异。"副词一般修饰动作本身的性质特征，可是приятно却表示"从说话人或旁观者的视角出发，动作给予的感觉"①。例如：В комнате приятно тлеют дрова.（室内木柴阴燃着，给人暖洋洋的感觉。）可见，由于视角的不同，副词和状态词的用法特征、意义有很大的区别。

---

① 李锡胤. 词典中的语用学问题[J]. 外语与外语教学, 1996(01): 44.

第五章　语法语义中的观察者

　　"观察者"概念普遍存在于世界不同语系的语言中，可以以不同的方式在语言中实现语法化。

　　Ф. И. Рожанский对阿尔瓦语（аварский язык）等语言的研究表明，同一个动词的不同形式可将"靠近观察者的运动"和"远离观察者的运动"之间的语义对立语法化并表现出来。[①]例如：

burux	çuruXe	Xuršumo	baRanab bugo
蛇	河（边）	爬行（分词）	离开观察者运动

蛇爬向河边。（远离观察者）

burux	çuruXe	Xuršumo	baLenab bugo
蛇	河（边）	爬行（分词）	朝……运动

蛇爬向河边。（靠近观察者）

　　在德语中，"靠近观察者的运动"和"远离观察者的运动"之间的语义对立同样可以被语法化，它是通过规律性的构词手段表现出来的[②]。例如，构词前缀hin-（那里，朝那个方向）和her-（这里，朝这个方向）在构成运动动词时，它们表示主体靠近或远离观察者的运动。例如：

Der	Vogel	ist	aus	dem	Haus	hingeflogen
冠词	鸟	系词	从	冠词	房子	离开观察者飞（分词）

鸟儿从屋里飞了出来。（远离观察者的方向）

Der	Vogel	ist	aus	dem	Haus	hergeflogen

---

① Рожанский Ф. И. Направление движения(типологическое исследование)[A]. Логический анализ языка. Языки пространств[C]. М.: языки русской культуры, 2000.

② Мельчук И. А. Курс общей морфологии. Том 2[M]. Москва – Вена: "Языки русской культуры", Венский славистический альманах, 1998. Стр. 57.

　冠词　鸟　　系词　从　　冠词　房子　　朝着观察者飞（分词）

鸟儿从屋里飞了出来。（靠近观察者的方向）

我们发现，在阿尔瓦语和德语中，"靠近观察者的运动"和"远离观察者的运动"之间的语义对立，都是通过同一个动词的不同词变形式而表达的。

在一系列北美印第安语的动词中都有词变范畴，德国语言学家Franz Uri Boas将该词变范畴命名为"传信性"（evidentiality）。它是指一类认知情态，表达"说话人根据可供利用的证据（而不是根据可能性或必要性）对一个命题深信不疑。传信情态给句子增添这样的意义，如'我亲眼所见''我亲耳所闻''（虽然我不在场）我有相关证据''我从某人处获知如此'等，从而造成细微的意义差别"①。

不同语言中"传信性"范畴的性状并不相同。例如，土尤卡语（巴西）有一个包含五种传信情态的复杂系统；英语一种也没有，而是依靠各种判断（即各种伴有怀疑的命题，但与质疑和证据无关）。玛卡语（Макаh）中的"传信性"范畴是由下列四个最小语法单位构成的②：

说话人通过视觉感知事件X——动词词干里没有标记出来；

说话人通过听觉感知事件X——借助后缀-□qad˗i；

说话人从某人那里得知事件X——借助后缀-waˑd；

说话人得出结论，事件X是在他获得的证据基础上发生的——借助后缀-piˑd。

我们再来比较词组wiki-□caxak□（不好的天气）相应的聚合体：

wiki-□caxaw=我看见，天气不好

wiki-□caxak˗qad˗i=我听说，天气不好

wiki-□caxakwaˑd=有人告诉我说，天气不好

wiki-□caxak piˑd=根据所有情况判断，天气不好

而在加利福尼亚州温图（又称温顿）部落印第安人说的温图语

---

① 克里斯特尔编, 沈家煊译.现代语言学词典[M]. 北京:商务印书馆. 2000: 132.

② Jacobsen, William H, Jr. The Heterogeneity of Evidentials in Makah[A]. Evidentiality: The Linguistic Coding of Epistemology[C]. Norwood, 1986: 3-28.

（Wintu）中"传信性"范畴更为复杂，据美国语言学家Lee的调查研究，其中表示"传信性"的后缀竟然有5种之多[①]：

说话人通过视觉感知事件X——动词词干里没有标记出来；

说话人通过听觉/触觉感知事件X——借助动词后缀-nthe；

说话人从别人那里得知事件X——借助动词后缀-ke˙；

说话人根据自己从他人那里获得的其他证据得出事件X发生的结论——借助动词后缀-re˙；

说话人根据自己先前的经验得出事件X发生的结论——借助动词后缀-□el。

在上述语言中，"可见对象"和"不可见对象"相对立。"传信性"范畴只适用于说话人和听话人在言语时刻用眼睛观察不到的情景。说话人说出某种事况时，总是会告知所传达信息的来源，他似乎是在邀请谈话者共同验证他所说事况的正确性，仿佛只有亲眼所见的事情才毫无疑问是真实的。

A. Schlichter在温图语中提出了有关"传信性"范畴具有"指示地位"（deictic status）的假说。因为在欧洲语言中，当说出一句话时，说话人会将事件X的时间和地点与言语时刻（"这里"和"现在"）联系在一起。例如，动词的时间范畴将情景X描写为话语时刻之前、同时或之后。在温图语中，动词没有时间范畴，相应地，说话人已不是它所描写事件的指示参照点。在温图语中，说话人将事件本身作为中心，借助"传信性"范畴告知自己获得信息的来源。在该语言中，"传信性"范畴是唯一表明事件和说话人情景之间联系的语法范畴，它指出了所描写事件和话语说出情况之间的联系，也就是意义中包含"指向说话人"。在这个意义上，该范畴就是指示范畴。[②] 类似的语法范畴也存在于达格斯坦诸语言（дагестанские языки）中。所以，"传信性"范畴本质上就是语言中观察者信息语法化的例证。

---

① Schlichter A. The Origin and Deictic Nature of Wintu Evidentials[A]. Evidentiality: The Linguistic Coding of Epistemology[C]. Norwood, 1986: 46-59.

② Schlichter A. The Origin and Deictic Nature of Wintu Evidentials[A]. Evidentiality: The Linguistic Coding of Epistemology[C]. Norwood, 1986: 46-59.

离开观察者概念无法描写一些句法结构的语义。我们前文已经指出，在带有生格（генетив）结构的否定句中，生格可以表达观察时刻观察对象的缺席。后来Падучева又研究了其他一些情况，揭示了这一结构更为复杂的语义成分，即客体生格不仅表达观察对象"不存在"的意思，还可能表示观察对象"没有出现"在观察者的感知域中。①

第一节　俄语空间客体分布动词时—体语义中的观察者

观察者概念可以揭示语法范畴中的许多隐性语义成分，在描写语法范畴的语义时具有非常重要的作用，尤其是对体的描写。

俄语中未完成体（HCB）动词和完成体（CB）动词体基本意义的对立是：未完成体具有现实持续意义（актуально-длительное значение），而完成体表达具体事实意义（конкретно-фактическое значение），即未完成体动词将动词所描写的行为看作是呈现在某一指定观察时刻的行为，而完成体动词则是观察时刻之前的行为。例如：

（1）Она **писала / написала** письмо другу.（他给朋友写信了。/他给朋友写完信了。）

未完成动词从事件的内部视角呈现情景："写信过程开始了，但是还没有结束"。相反，完成体则从事件的外部视角来呈现情景："信在说话的时刻已经写好了"。②

借助参照点或观察者所处的时间，也可以描写未完成体现实持续意义和一般事实意义之间的差别。试比较：

（2）Паша **пел** тоненьким голоском…（巴沙用尖细的嗓音唱着歌……）

如果未完成体被理解为现实持续意义，那么唱歌的行为就是在过去的某个观察时刻被描写的，而一般事实意义描写的则是观察时刻之前某一不

---

① Падучева Е. В. Генитив дополнения в отрицательном предложении[A]. ВЯ(6), 2006b: 21.

② Исаченко А. В. Грамматический строй русского языка в сопоставлении со словацким. Ч. II. Морфология[M]. Братислава.: Изд-во Словацкой Академии наук, 1960: 132 -133.

确定时间发生的行为。^①

　　俄语中一系列动词描述客体在空间中的分布状态，可以被称为俄语空间客体分布动词，它们的非标准体对立(нестандартное видовое противопоставление)可以借助观察者概念进行解释。Апресян首先注意到了这一问题，他研究了如下动词^②：

　　（3）Дорога **поворачивает /повернула** налево.（道路向右拐。/ 道路向右拐了。）

　　（4）Лес **кончается / кончился** у реки.（森林延伸到河边。/ 森林延伸到了河边。）

　　（5）Шоссе **начинается / началось** за городом.（公路从郊外开始延伸。）

　　（6）Поле **доходит / дошло** до оврага.（田野蔓延到峡谷。/ 田野蔓延到了峡谷。）

　　（7）Тропинка **обрывается / оборвалась** около сторожки.（小路消失在警卫室附近。/ 小路在警卫室附近消失了。）

　　上述动词有如下语义特点：完成体形式所描写的场景中出现了一个特殊的、沿着该空间客体移动的内部观察者，而未完成体形式所描写的场景中并不包含这一因素。试比较：

　　（8）a. Около сторожки тропинка **поворачивает** направо.（在警卫室附近，小路向右拐。）

　　　　　b. Около сторожки тропинка **повернула** направо.（在警卫室附近，小路向右拐了。）

　　动词未完成体形式表示小路在空间的某种分布状态，而完成体形式则表示沿小路运动的观察者思想意识中所理解的小路在空间的某种分布。实际上，带有完成体动词形式的句子（8b）的释义包含'观察者沿着空间客体移动'的预设，而带有未完成体动词的句子（8a）的释义则不包含这样

---

① 　Маслов Ю. С. Очерки по аспектологии[M]. Л.: Изд-во ЛГУ, 1984: 17.

② 　Апресян Ю. Д. Принципы семантического описания единиц языка[A]. Семантика и представление знаний[C]. Тарту: ТГУ, 1980: 9.

的预设。

后来这一现象在体学研究中被广泛讨论。М. Я. Гловинская在《俄语动词体对立的语义类型》(*Семантические типы видовых противопоставлений русского глагола*)[1]一书中又研究了其他一些相似类型的动词。本节将以俄语空间客体分布动词为例，尝试尽可能全面地描写俄语空间分布动词的类型，阐释其基本语义特征，研究该类动词不同时—体意义中的观察者因素，并尝试与汉语进行对比研究。

一、俄语空间分布动词的语义特征

本部分研究俄语中描写具有延展性的客体在空间中分布的动词（глаголы, описывающие расположение протяженных пространственных объектов），简称"空间客体分布动词"，只要某一动词的语义或其中一个义项是用来描写具有一定水平向度（长、宽、高）的客体在空间里的位置分布或属性特征的，就被列为该类动词。

这类动词有些可以构成体的对应词偶（парные глаголы），有些则无法构成体的对偶，是非对应词偶（непарные глаголы）。通过对《科学院小词典》(*Малый академический словарь*，以下简称МАС)词典和《科学院大词典》(*Большой академический словарь*，以下简称 БАС)词典的统计，俄语空间客体分布动词数量多达71个。[2] 其中水平向度大多表示长度，其出现的频率远远超过宽度和高度。例如"道路、峡谷、沟壑、渠道、溪流、河海"等。首先我们来看一下下列空间客体分布动词在БАС词典中的释义[3]：

подниматься₂ [СВ подняться]: располагаться в направлении снизу вверх, вести вверх. О дороге, лестнице и т.д .=（路、台阶等）自上而下的分布，向上延伸'。

упираться₂ [СВ упереться]:простираясь в каком-нибудь направлении,

---

① Гловинская М. Я. Семантические типы видовых противопоставлений русского глагола[M]. М.: Наука, 1982: 95-96.
② 见附录1.
③ 下标数字是原词典中的相应义项的编号——笔者注

оказываться ограниченным, прегражденным чем-либо.=沿某方向延展时受到某物的限制和阻隔。

доходить₂ [СВ дойти]: простираясь в длину или ширину, достигать чего, граничить с чем-либо (о каких-либо земельных участках).=（表示地段等）宽度或长度的扩展和延伸到达某一点或和……交界。

需要说明的是，我们选择的是MAC词典和БАС词典中包含"以某种方式在地形上延伸"意义的动词。但是，在文学作品中我们常常还可以遇到一些动词的随机性的、个人性的用法，此时这些动词具有隐喻色彩，用于表达"延伸"意义。例如：

（1）Дороги **расползлись** во все стороны, как пойманные раки. (Н. В. Гоголь, *Мертвые души*)（小路象一些虾从口袋里倒出来以后爬向四方所划出来的道道一样向四方延伸着。）

（2）Просека с размаху **вонзилась** в бок огромной трассе газопровода. (А. В. Иванов, *Географ глобус пропил*)（林间小路猛然拐向粗大的煤气管道一侧的线路上。）

（3）Дорожка вдруг **вынырнула** из леса на полянку. (В. И. Белов, *Привычное дело*)（突然从树林露出一条小路，转向空地。）

上述动词具有作者个体化的语言风格和隐喻色彩，并不是我们的研究对象，只是一些补充材料。

研究表明，空间客体分布动词在使用时，通常占据主语位置的不仅仅包括可以沿其发生移动的空间客体名词和人造客体名词，例如"道路（公路、马路、小路、小径、林荫道、柏油马路）、桥梁、走廊、台阶、梯子"等，还可以是自然客体名词，例如"森林、深谷、稻田、麦田、平原、沟壑、洼地、凹地"等。当然，占据主语位置的还可以是不能沿其移动或其作用不是为了沿其移动的客体名词，例如"铁丝网、篱笆、房子、山岭、围墙、河流、输电线"等。在观察者移动过程中，它们可作为独特的参照点。例如：

（4）**Дорога виляла** между скал и камней и вправо, и влево, и вниз, и вверх. (Ф. В. Гладков, *Цемент*)（小路在石壁和岩石之间曲折蜿蜒，忽左忽右，忽上忽下。）

（5）Чуть по росе приметный **след** / **Ведет** за дальние курганы: / Неторопливо он идет, / Куда зловещий след ведет. (А. С. Пушкин, *Цыганы*) （露水地上通向远处的山冈 / 有个勉强可以辨认的脚印 / 他就沿着这个不祥的踪迹 / 不慌不忙向前走去。）

（6）Я так любил длинную, тенистую **аллею**, которая **вела** к нему (дому). (А. И. Герцен, «*Белое и думы*»)（我非常喜欢那条一直通往房舍的绿荫覆盖着的长长的林荫路。）

（7）公路在山里**延伸**，两旁山色，满目葱茏。

（8）几米高的土墙在田野上和民房之间断断续续地**延伸**。

俄语中的许多空间客体分布动词是运动动词的语义派生词，因此它们保留了理据动词的搭配性能，可以和表示运动轨道中表示'起点、终点'意义或者是和表示"方向"意义的词组连用，例如：

（9）Забор, окружавший дом, **выходил** чуть не на середину переулка. (Ф. М. Достоевский, *Униженные и оскорбленные*)（房子四周的栅栏几乎向外凸出到了胡同中间。）

（10）Дорога **спустилась** к речке, и Жуков, как во сне, громадными скачками перенесся через мост над черной водой и зарослями ивы. (Ю. Б. Казаков, *Кабиасы*)（道路向下通到小河边，而茹科夫如同做梦般飞快地穿过小桥，桥下是黑色的河水和柳树丛。）

我们所研究的空间客体分布动词，其派生意义已削弱了相应理据动词中非常重要的"跑""走""爬"等运动方式意义，因此，同一空间客体的分布状态在俄语中可能有多种描写方式。如"道路蜿蜒而下"在俄语中可以有Дорожа вела / бежала / шла / ползла /летела зигзагами вниз等多种表达方式。所有这些动词都描述了'空间客体存在'这一事实本身，其语义中包含的'扩展、延伸'成分，究其实质而言，这些动词接近于系词。①

动词的派生意义中不再强调运动动词中原来包含的"跑""走"

---

① Апресян Ю. Д. и др. Словарная статья виться2, извиваться2, змеиться1, петлять2, вилять2[C]. Новый объяснительный словарь синонимов русского языка. Первый выпуск[Z]. М.: Школа «Языки славянской культуры», 1997b: 102-106.

"爬"等运动方式的信息，更多强调的是由前缀所表达的运动方向的意义（例如заводить, выходить, расходиться, приводить等）。

此外，有些动词前缀表示移动主体沿该空间客体位移的实际运动速度或潜在运动速度（例如бежать, срываться, взбегать, лететь, ползти等）。显而易见的是，空间客体越平坦，越笔直，意味着越适宜于运动，也更为安全，移动主体沿其移动的速度就可能越快，反之亦然。所以，通过对运动物体在这些空间中移动方式的描写，这些动词从一个侧面描写了空间客体在平坦度、开阔度等方面的特征。试比较：

（11）Выбравшись из леса, **понеслась** дорога лугами, мимо сосновых рощ, ... и **перелетела** мостами в разных местах одну и ту же реку, оставляя ее то вправо, то влево от себя. (Н. В. Гоголь, *Мертвые души*)（道路从树林里延伸出来，穿过牧场，闪过白杨林，……从两座在不同地方的桥上跨过同一条河流，一会儿把河水留在右边，一会儿又把河水留在左边。）

（12）Ровная, накатанная дорога, мягко серея в муравке, **бежала** вдаль. (В. В. Вересаев, *Загадка*)（在嫩草中略微发灰的平直的道路像箭一般通向远方。）

在例（11—12）中，动词понеслась（飞跑、疾驰）、перелетала（飞跃）和бежала（跑）本身描写了高速运动的情景，但是"道路"并不可以移动，所以这里描写的是观察者视角下，这些空间客体相对于观察者的相对位移。虽然移动主体并未出现，但是我们可以根据动词的语义推断出上述例证中所描写的道路很平坦，很适合移动主体的快速移动。

但是在汉语中，如果没有移动主体作为参照，很难推断空间客体是否平坦，在空间客体上的位移速度也就无法体现出来。试比较：

（13）一条广阔的煤渣路**伸向**远方，看不到尽头，尾端和天空连接起来了。

（14）这片苍茫的世界风清气爽，气候酷烈，强硬的大路笔直地**通向**远方。

（15）尽管周围都是大山，这里的楼房却在拔地而起，水泥马路也在向四方**伸展**。

我们单纯根据例（13至15）中所使用动词"伸、通、伸展"的语义无法推断"煤渣路""大路"以及"水泥马路"是否适合快速移动，因为动词语义本身并不体现移动主体的速度。而在下面的例子中，通过对移动主体（"汽车、列车"）行驶特点（"飞驰"）的描写，可以推断出空间客体（"沧石公路""铁路"）是平直且适合移动主体快速移动的：

（16）**汽车**在沧石公路上**飞驰**，青青的麦田一望无际，金黄色的菜花点缀其间，冀中平原像一块硕大的绿色绣花地毯。

（17）在北京东北郊绿油油的农田中，一条**铁路**向远处**延伸**，不时地有列车**飞驰**而过。

俄语中的空间客体分布动词倾向描写客体本身的倾斜度（或坡度），而不是沿空间客体移动的速度。俄语中通过动词前缀即可明确倾斜的方向，在汉语中必须借助方位词"上、下"等表示，试比较：

（18）Тропика стремительно **взбегала** на вершину горы. (Л. М. Телешов, *БАС*)（小路向上通上山顶。）

（19）Извилистые тропы **сползали** вниз к реке. （曲折的小路往下通到河边。）

（20）Лодка скользила по тихим водам лимана. Мимо нас мелькали виноградники, **сбегавшие** к самой воде. (В.Г. Короленко, *Над лиманом*)（小船在静静的利曼河上滑行。我们面前闪过一片葡萄园，向下一直蔓延到水边。）

（21）一片树木茂密的园地，随着不很陡的斜坡**向上延伸**，在最高处形成了密密的一片丛林。

（22）楼梯转了个方向再度**向下延伸**，走下去之后又出现了一扇门。

（23）山道一会儿**向下**，一会儿**向上**，弯弯曲曲伸向前方。

并非所有空间客体分布动词的完成体释义中都包含"移动观察者"的语义成分。对于опоясать, пролечь, протянуться等这类完成体动词而言，其语义中并没有增加"移动观察者"的意义，其完成体形式仅仅表示完成体结果存在意义，表示过去发生行为的状态保留至今。例如：

（24）Река **опоясала** город. （河环绕着城市。）

（25）Оборонительная линия **пролегла** по берегу реки. （防御线沿河岸伸展。）

（26）Дорога **протянулась** на сотни километров.（道路长几百公里。）

与此同时，其近义动词обогнуть, пройти, потянуться等却能够从"移动观察者"的视角来描写空间客体的分布。例如：

（27）Тропинка **обогнула** поле и вывела к реке.（小路环绕着田野，通向河边。）

（28）Тропинка **прошла** под низкой каменной аркой.（小路从低矮的石拱桥下穿过。）

（29）По обе стороны от железной дороги **потянулись** поля.（铁路两边蔓延着田野。）

由此可见，是否能够包含'移动观察者'的意义成分不仅是上述空间客体分布动词完成体形式的区别性特征，而且还可能取决于动词本身的词汇意义，即所描写的现象具有的词汇—语法特征。

空间客体分布动词描写了客体在空间中分布方式的许多不同层面的细节特征，例如空间客体的延展性、广度、深度、高低和远近等，因此很难对其进行严格而全面的语义分类。我们尝试对其做如下分类[①]：

1. 强调空间客体存在这一事实本身及该空间客体分布或者规模的动词，例如：бежать$_3$, вести$_3$, идти$_{10}$, простираться$_1$, тянуться$_1$ 等。这些动词的用法相当于系词，类似汉语中的"是、有"。例如：

（30）Великолепно-мрачная, широкая, вся покрытая толстым слоем рыжей скользкой хвои, она **вела** к старинному дому, стоявшему в самом конце ее коридора.（И. А. Бунин, *Митина любовь*）（这条林荫路很宽、很气派，又显得阴森森的，路上铺着一层涂红色的、光滑的、败落的针叶，路的尽头就是庄园古老的宅邸。）

（31）По сторонам дороженьки / Идут холмы пологие.（Н. А. Некрасов, «*Кому на Руси жить хорошо*»）（小路的两侧是慢坡的山岗。）

（32）穿过枯林，就**是**条很僻静的小路。

（33）小路平坦而蜿蜒，一直伸到遥远的山嘴……那**是**油画般的小路。

---

① 下标数字表示该词在БАС中的义项序号——笔者注

2. 强调空间客体整体面貌分布特点的动词，例如：вилять$_2$、виться$_2$、завиваться$_3$、змеиться$_1$、извиваться$_2$、изгибаться$_1$、петлять$_1$ 等，接近汉语中的动词或形容词"环绕、曲折、蜿蜒、之字形的、田字形的"等。

（34）По склону холма **вьется** узенькая тропка. (Мамин-Сибиряк, «БАС»)（狭窄的小路沿着山岗的慢坡曲折蜿蜒。）

（35）还未走进街子，一眼望去，长街**呈之字形**地依山而筑，街随路转，七拐八弯。

（36）大路纵横交错，大体**呈井字形**，构成二里头都邑中心区的道路网。

3. 焦点集中于客体空间分布起点或终点的动词。如：доходить$_2$、кончаться$_1$、начинаться$_1$、обрываться$_4$、оканчиваться$_1$、повести$_1$、пойти$_{10}$、потянуться$_1$、прерываться$_1$、приводить$_2$、приходить$_1$、упираться$_1$ 等，汉语中常通过"起、始自、尽、穷"等表示。

（37）Дорожка **привела** к огромному темному храму, окна которого светились во мраке так же маняще и загадочно. (З. А. Масленикова, *Жизнь отца Александра Меня*)（小路通向巨大而阴暗的教堂，在一片漆黑中，窗户里的灯光显得格外诱人和神秘。）

（38）Тут аллея лип своротила направо и, превратившись в улицу овальных тополей, **уперлась** в чугунные сквозные ворота генеральского дома. (Н. В. Гоголь, *Мертвые души*)（椴树林荫路向右拐去，接着椴树林荫路变成了白杨林荫路，一直通到将军家那镂空的铁门。）

（39）Лесная дорога **пошла** через поле — стала полевой. **Дошла** до деревни — превратилась в деревенскую улицу. По сторонам стояли высокие и крепкие дома. (Ю. И. Коваль, *Чистый Дор*)（森林小路穿过田野，变成了田野小路，一直通到村子里，变成了村里的一条街道。街道两旁是高大而结实的房子。）

（40）山穷水复疑无路，柳暗花明又一村。

4. 表示空间客体分布方向或分布方向变化的动词。例如：взбираться$_1$、заворачивать$_1$、поворачивать$_2$、подниматься$_1$、сбегать$_4$、сводить$_1$、сворачивать$_1$、спускаться$_5$、срываться$_8$、сходить$_1$ 等。汉语中常用"拐弯、掉头、转、折"

等表示。

（41）Река делала в этом месте излучину, а стена леса **заворачивала** назад. (А. И. Куприн, *Трус*) （小河在这个地方拐了个弯，整个森林都向后转了。）

（42）Аллея круто **повернула** направо, и Тихон Павлович увидел эстраду... (М. Горький, *Тоска*) （林荫小路陡然拐向右，季洪·帕夫洛维奇看见了一个舞台……）

（43）大江歌**罢掉头东**，邃密群科济世穷。

（44）我落寞地向沟底干涸的河床走去，羊肠小道**七拐八弯**把我带到一片"面黄肌瘦"的玉米地。

5. 表示空间客体A相对于空间客体B分布位置的动词。例如 вклиниваться$_1$、входить$_1$、выводить$_2$、выходить$_1$、обходить$_2$、огибать$_1$、отклоняться$_1$、отходить$_4$、пересекать$_3$、переходить$_{11}$、подводить$_1$、прижиматься$_2$、проходить$_6$、уводить$_1$、уходить$_9$、уклоняться$_2$ 等。汉语中常用"交汇、汇合、分开、分叉、岔开"等表示。例如：

（45）Через некоторое время дорога **вышла** из лесу. (В. Г. Короленко, *Государевы ямщики*) （过了一段时间，小路从森林里通了出来。）

（46）Высокий горный хребет **вклинивается** между двумя реками. (В. Белов, *За тремя волоками*) （高大的山岭伸到两河之间。）

（47）兰州是中国重要的铁路交通枢纽，陇海、兰新、包兰、兰青四条铁路在此**交汇**。

6. 表示空间客体分布某一被强调的显性特征的动词。例如：разделяться$_1$、раздваиваться$_1$、расходиться$_6$、расширяться$_1$、сужаться$_1$等。相当于汉语中的"横跨、穿过、变宽、变窄"等。

（48）Тропа вскоре **расширилась**, и мы вышли в тыл чеченскому редуту... (Б. Л. Васильев, *Картежник и бретер, игрок и дуэлянт*) （小路很快变宽了，我们到达了车臣据点的后方……）

（49）Когда дорога **раздвоилась**, дед Фишка остановился в нерешительности. (Г. М. Марков, *Строговы*) （道路分叉了，费什卡爷爷也不知道该怎么走。）

（50）崎岖的山路，越来越**窄**。

二、动词вести/повести等体对偶关系问题

在研究俄语空间客体分布动词完成体形式和未完成形式体在不同时—体意义中的观察者概念之前，我们首先来研究一下вести/повести, идти/пойти, змеиться/зазмеиться 等动词体对偶关系问题。

无论是从语义，还是从形态上来看，动词пойти$_{10}$, потянуться$_1$, повести$_1$, зазмеиться$_1$, запетлять$_1$ 和завилять$_1$都是由动词идти$_{10}$, тянуться$_1$, вести$_3$, змеиться$_1$, петлять$_1$, вилять$_2$派生的。所以，我们需要首先解释идти/пойти, тянуться/потянуться, змеиться/зазмеиться, петлять/запетлять这几对动词体的对偶关系。

研究表明，上述动词词偶中的完成体动词形式，其前缀构成方式和原则上表示纯开始意义的前缀相同，这导致其和表示行为开始方式（начинательный способ действия, СД）的完成体形式（例如：запеть, понести, запрыгать等）很接近，但是，传统上并不认为петь/запеть, нести/понести 和 прыгать/ запрыгать构成体的对应词偶。

Гловинская认为，该前缀构词法是其标准分类下的典型类型。[①]这一类型包括волноваться/взволноваться, чувствовать/почувствовать, ненавидеть/возненавидеть 以及从构词角度来看是完全正常的体的对应词偶，例如увлекаться/увлечься (Он **увлекается/увлекся** музыкой.他对音乐感兴趣)，воображать/вообразить (Он **воображает/вообразил** о картине пожара.他想象着发生火灾时的情景), понимать/понять (Она **понимает/поняла** всю сложность моего положения. 他懂我的处境的复杂性)等。

基于上述这两种情况，动词未完成体形式和完成体形式的对立表现为"处于某种状态"和"开始处于某种状态"。根据按照这一对立关系，是

---

① Гловинская将俄语动词体对立的语义类型分为标准类型（стандартный тип）和非标准（нестандартный тип）类型，其中标准包括: ①начинать(ся)-начать(ся)；②становится-стать；③действовать с целью-цель реализована；④быть в состоянии-начать быть в состоянии и быть в нём；详见Гловинская М. Я. Семантические типы видовых противопоставлений русского глагола[M]. М.: Наука, 1982: 90-108.

可以将它们纳入同一个语义类型的。Гловинская将很多前缀构词法完成体
的对应词偶都归入这一类型，她认为：“解决该问题不能借助个别前缀或
者个别体的对应词偶，而要借助整个类型。但不得不承认，该类型前缀本
身的丰富性会让人产生这样的理解：和前三种类型并不一样，它们代表的
不是纯粹的体的对应关系（чистое видовое соотношение）。”①

完成体动词пойти, потянуться, повести, зазмеиться, запетлять, завилять
是否是表示行为开始方式的完成体形式，或者它们是否能和相应的未完
成体идти, тянуться, вести, змеиться, петлять, вилять构成体的对偶关系
（属于标准体对立的第四种动词体的对偶类型）是一个众说纷纭的问题。
Гловинская的观点比较切中肯綮。②

首先，这一方面涉及表示行为开始方式的完成体动词的词汇意义；
另一方面，涉及Гловинская所谓的第四种类型动词（即表示空间客体分布
方向或分布方向变化的动词）体对偶完成体的词汇意义。它们在词汇意义
方面并不相同：表示行为开始方式的动词通常指具体的、直接被观察到的
行为和过程（例如запеть, забегать, запахнуть 等），而第四种体对偶类型
的动词获得的主要是抽象语义，描述的是抽象的行为和情景 (如подводить
/ подвести, ненавидеть / возненавидеть, пренебрегать / пренебречь, знать /
узнать等)。从这个意义上说，动词пойти, потянуться, повести, зазмеиться,
запетлять, завилять 和表示行为开始方式的动词接近，因为它们描写的就是
观察者直接感知到的线路状态发生的改变。例如：

（1）Дорога **пошла** вверх.（道路开始向上延伸。）

（2）Мы пошли по черной борозде; она **завиляла**, пересекаясь с
такими же черными бороздами.（我们开始沿着黑色的垄沟走。这条垄沟
开始和其他垄沟相互交错，蜿蜒曲折。）

（3）Тропинка дошла до леса и **запетляла** между деревьями. (В.
О. Пелевин, *Generation* "П")（小路一直通到森林，开始在林间绕来绕

---

① Гловинская М. Я. Многозначность и синонимия в видо-временной системе русского
глагола[M]. М.: Русские словари, Азбуковник, 2001: 119.

② Гловинская М. Я. Многозначность и синонимия в видо-временной системе русского
глагола[M]. М.: Русские словари, Азбуковник, 2001: 120-123.

去。）

根据第一个观点，Гловинская推导出另一个结论：对于表示行为开始方式的动词而言，观察时刻和行为开始时刻重合，且早于言语时刻。例如：

（4）Ребенок **запел.**（孩子唱了起来。）

这些动词强调的是被观察到的行为的开始。表示空间客体分布方向或分布方向变化的第四种动词类型中，构成体的对偶动词中的完成体的语义十分抽象，动词所描写的情景本身无法被观察者直接观察到，所以该动作的开始时刻也不会被关注。而表示行为开始方式的动词的观察时刻和言语时刻重合，所描写情景的开始时刻早于观察时刻和言语时刻。例如：

（5）Он **скрыл** от меня правду.（他向我隐瞒了真相。）

在此需要补充的是，通常情况下，在заволноваться / волноваться / взволноваться, забеспокоиться / беспокоиться / обеспокоиться, завосхищаться / восхищаться / восхититься这三组中的第二个动词和第三个动词，被认为是体的对应词偶，因为заволноваться, забеспокоиться, завосхищаться除了表明"某种状态开始发生"之外，还包含"主体行为显性地表现出了该状态"的信息，即从隐性的、内部的状态转为可被观察到的、外部的状态。例如：

（6）Дмитрий Алексеевич, он такой лирик! — **завосхищался** тот…（"德米特里·阿列克谢维奇是多么棒的一名抒情诗人啊！"他开始赞叹起来……）

鉴于此，заволноваться, забеспокоиться, завосхищаться和表示行为开始方式的动词接近。

所以我们所研究的这些动词类似于表示行为开始方式的动词：动词所描述属性的产生时刻总是和观察时刻重合，因为空间客体分布的所有特征，都是沿该客体发生移动的观察者所熟知的。例如：

（7）Дорога **пошла** выбоинами, и управлять машиной стало тяжело.（道路开始变得坑坑洼洼，驾车开始困难起来。）

表示行为开始方式的动词和第四种体对偶类型的完成体动词的第三个区别在于：它们具有不同的释义模式和不同的语义搭配性能。表示行为开始方式的动词的释义模式如下：Ребенок **забегал**="在观察时刻孩子开始在房间里跑"。其概括性释义为"在观察时刻，X开始做事件P"。而第四种体对偶类型动词的释义则为：Он **заинтересовался** этой проблемой ="他开始对问题感兴趣并一直感兴趣"。也就是"X开始处于状态P，并在言语时刻处于状态P"。

由于释义中存在语义成分"X在言说时刻处于状态P"，所以第四种动词体的对偶类型可以和表示结果保存意义的副词，例如навек, надолго, ненадолго, навсегда, на длительное время, насовсем 等副词搭配：

（8）Он полюбил ее **на всю жизнь**.（他爱她一辈子。）

（9）Она **ненадолго** возглавила наш отдел.（她领导我们部门没多长时间。）

相反，表示行为开始方式的动词不可以和上述时间副词搭配。例如：

（10）Он забегал **на два часа.**

动词пойти, потянуться, повести, зазмеиться, запетлять, завилять的释义和表示行为开始方式的动词的释义重合。例如：Дорожка **зазмеилась** по полю. ='路在观察时刻开始在田野里曲曲折折'。即"在观察时刻X开始处于P的状态"。

虽然任何一种状态在时间上都具有延伸性，但我们所研究的动词在语义中并没有强调这一点，只是说不和表示结果保存意义的副词连用。例如：

（11）a. *Тропинка **надолго** зазмеиласъ меж больших валунов.

b. *Дорога **на несколько часов** пошла рядом с Волгой.

c. ?Дорожка **на какое-то время** запетляла между деревьев.

因此，根据Гловинская的观点，我们可得出如下结论：动词пойти$_{10}$, потянуться$_1$, повести$_1$, зазмеиться$_1$, запетлять$_1$, завилять$_1$可以被列入到表示行为开始方式的动词行列中。这就意味着，它们和动词идти$_{10}$, тянуться$_1$, вести$_3$, змеиться$_1$, петлять$_1$, вилять$_2$ 并不构成体的对应词偶。因此，它们是没有对偶形式的完成体动词。

三、俄语空间客体分布动词时—体语义中的观察者

根据观察者和观察对象之间的空间关系，在词汇语义中通常将观察者分为外部观察者和内部观察者。[①]

俄语空间客体分布动词中的外部观察者通常不直接位于所描写的空间客体上（例如道路、林荫道、胡同）。外部观察者只是以一个旁观者的身份对所描写的空间客体进行观察，和所描写的空间保持一定的距离，并且通常可以看到空间客体的整体画面。例如：

（1）А как забилось сердце, когда увидала она усадьбу: сад, высокую крышу дома... Желтое ржаное поле, полное васильков, вплотную **подходило** к задним стенам людских. (И. А. Бунин, *Суходол*)（当她看到庄园，看到花园和高高的屋顶……开满金黄色矢车菊的黑麦地一直蔓延到人家的后墙边，她的心剧烈地跳动起来。）

（2）По горе росли горох и чечевица, далее влево **шел** глубокий овраг с красно-бурыми обрывами. Затем **шел** старый сосновый лес, **уходивший** по горе под самое небо. (Н. С. Лесков, *Некуда*)（漫山遍野长着豌豆和扁豆，更远处，一条带有红褐色悬崖的深谷蜿蜒向左。接着是一片古老的松树林，沿着大山一直通向天边。）

（3）玉带似的莫斯科河，自西向东，**蜿蜒**地经过列宁山下，向北**绕过**克里姆林宫南侧，然后**折向**南方流去。

值得注意的是，有些情况下观察者可能在内部观察的基础上，将所看到的片段汇总、合并起来，构成一个完整的、总和性的场景。这时，呈现出来的场景也类似于外部观察者的描述：

（4）记者日前在祖国万里边防线上采访时看到，一条条宽阔平坦的巡逻路**直通**天边，一道道壮观的铁丝网**蜿蜒**于崇山峻岭之间，一套套机敏的监控设施不停地转动"双眼"……中国陆地边防基础设施已初具规模。

---

① Апресян Ю. Д. и др. Словарная статья виться2, извиваться2, змеиться1, петлять2, вилять2[C]. Новый объяснительный словарь синонимов русского языка. Первый выпуск[Z]. М.: Школа «Языки славянской культуры», 1997b: 34-37.

　　和外部观察者相对立，内部观察者位于所描写的空间客体内部，通过眼睛感知该空间客体，并从自己的角度对其进行描写。内部观察者通常沿着空间客体发生移动，所以看到的不是整个空间客体的概貌，而是在移动过程中某个时刻眼睛所观察到的一个空间片段。例如：

　　（5）Дорога, извиваясь с полверсты по берегу Волги, вдруг круто **повернула** налево. (М. Н. Загоскин, *МАС*)（小路顺着伏尔加河岸蜿蜒曲折了半俄里，陡然拐向右。）

　　（6）**Поднялась** потом дорога на гору и пошла по ровной возвышенности. (Н. В. Гоголь, *Мертвые души*)（路顺着山蜿蜒而上，然后横贯在山岗中。）

　　（7）可我才跑出三十公里，柏油马路就到了**尽头**。而一条千疮百孔的路开始了。

　　（8）行到水**穷处**，坐看云起时。

　　下面我们将依此研究空间客体分布动词完成体过去时形式、完成体动词将来时形式、未完成体动词现在时形式和未完成体动词过去时形式的意义，并揭示这些形式中所包含的观察者因素。

（一）完成体动词过去时

　　俄语空间客体分布动词完成体过去时形式通常是从内部观察者的视角描述空间客体特点。例如：

　　（1）Но вот лес кончился, опять **зазмеилась** пыльная светлая дорога. (Ю. Б. Казаков, *Кабиасы*)（森林到了尽头了，一条尘土飞扬的、洒满阳光的道路曲折蜿蜒。）

　　（2）Кучер, здесь возьмешь дорогу налево…смотрите, вот и лес **кончился.** Начались уже хлеба. (Н. В. Гоголь, *Мертвые души*)（车夫，你从这儿往左拐……大家快看，树林到头啦，庄稼地开始了。）

　　（3）出了机场高速路，汽车继续向北，路越走越窄了，越来越**曲折**。

　　（4）山势不陡，小路在山腰间**盘旋而上**，走着走着，好像路已到了尽头，但转过一个山包，忽然一阵花香扑来，沁人心脾。

　　在这种情况下，移动观察者不一定非要沿着所描写的空间客体发生移动，也可能沿着和空间客体平行的方向移动。例如：

（5）**Дома** внезапно **кончились**, и сразу же с обеих сторон дороги сквозь темноту пробился к ним дружелюбный запах полей. (К. Грэм, *Ветер в ивах*)（房子突然到了尽头，一股芬芳的大自然气息一下子从道路两旁穿过黑暗直接扑向他们。）

（6）Поезд шел медленно, словно нехотя... Через несколько километров **горы отошли** в сторону, и на смену им пришли бесконечные поля.（火车开得很慢，似乎有点不太情愿……几公里之后群山退开了，随之而来的是一望无垠的田野。）

（7）**汽车**出河北省咸宁地区行政公署所在地——温泉镇，向东北方向驶去，市区渐渐抛在身后，山路也越来越迂回曲折，路两旁是连绵不断的**群山**……

完成体形式通常描写的是观察者已经走过的路程，此时的"路"要尽可能理解得宽泛：它不仅指观察者沿其移动的空间客体本身，还指观察者即将到达的空间部分。如何确定这一空间的界限，需要单独研究。例如：

（8）По обе стороны от дороги **начались** поля; еще дальше, справа, **потянулись** колхозные сады.（紧挨着路两旁的是田野，再往远处，右边，是农场的花园。）

俄语空间客体分布动词完成体过去时形式能够用于结果存在意义（перфектное значение）。结果存在意义也叫行为（过程、事件）完成意义，是指"过去的行为（过程、事件）结果或由行为结果造成的状态一直保留在过去或者现在所强调的某个时刻"[①]。

В. В. Виноградов曾经分析过一个非常典型的例子：

（9）Скалы **нависли** над морем.（悬崖低垂在海面上。）[②]

在例（9）中，过去时形式нависли表示"一直保留到现在的结果意义大大超过了过去完成某个行为的意义，产生了接近于结果的意义。"[③]也就是说，由过去的行为结果造成主体空间位置或状态在随后的时间段内依

① 张家骅. 现代俄语体学(修订版)[M]. 北京: 高等教育出版社, 2004: 31.

② Виноградов В. В. Русский язык[M]. М.: Русский язык, 1986: 461.

③ Виноградов В. В. Русский язык[M]. М.: Русский язык, 1986: 460.

然存在。"完成体过去时在表达主体姿态意义时，用在静态的描写语境中，主体空间位置和姿态既可以呈现在具体、确定的时间段里，又可以呈现在几乎无限的时间段中，表现为恒常持续状态。"[①] 例如：

（10）Кругловерхие горы **подошли** к самому морю. (С. С. Ценский, *Валя*)（圆顶的群山一直延伸到海边。）

在例（10）中并不包含'移动观察者'的信息，它包含的只是常规观察者。从这个意义而言，它类似于未完成体现在时意义，即Кругловерхие горы подходят к самому морю. 此时的完成体表示结果存在意义，即该状况由相应的自然过程产生，并一直保持到观察时刻。使用完成体过去时形式是为了说明：客体的这种状况虽然产生于过去，但却以不变的形式一直保持到现在。类似的例子在文学作品中比较常见。例如：

（11）Море спокойно **раскинулось** до туманного горизонта и тихо плещет своими прозрачными волнами на берег, полный движения. (М. Горький, *На дне*)（大海平缓地延伸到雾霭蒙蒙的地平线，不断地将它那晶莹剔透的浪花泼溅在熙熙攘攘的岸上。）

除了подходить/подойти之外，未完成体和完成体形式的这种对立还体现在下列体的对应词偶中：

1. проходить/пройти

（12）Дорога **проходит/прошла** совсем близко от города.（道路从城市很近的地方经过。）

2. отходить/отойти

（13）В этом месте шоссе **отходит/отошло** на несколько верст от горного хребта.（这个地方的公路偏离了山岭几俄里。）

3. вклиниваться/вклиниться

（14）Горный хребет **вклинивается/вклинился** между двумя реками.（山岭伸到两河之间。）

4. пересекать/пересечь

（15）Равнину в нескольких местах **пересекают/пересекли** глубокие

---

① 张家骅. 现代俄语体学(修订版)[M]. 北京: 高等教育出版社, 2004: 225.

овраги. （深谷和平原纵横交错。）

5. прижиматься/прижаться

（16）Железная дорога **прижимается/прижалась** вплотную к горам.
（铁路紧挨着大山。）

6. взбегать/взбежать

（17）Как скоро кончилась лава, тропинка **взбежала** на безлесный
пригорок и...привела к крайнему дому неведомой нам деревни. (В. А.
Солоухин, *Владимирские просёлки*) （很快小桥就到头了，一条小路向上延
伸通到没有森林的小山岗，然后通向不为我们所知的村庄尽头的房子。）

在这些体的词偶中，未完成体动词描写的是空间客体以某种方式延伸
的属性，而完成体形式描写的则是产生在过去，但一直保留到观察时刻的
特征。因此，完成体动词在表示完成体结果存在意义时，可以和表示状态
产生时刻的时间状语搭配，例如：

（18）**Много лет назад** эту равнину пересекли глубокие овраги. （很
多年前,深谷在平原上纵横交错。）

（19）**Когда-то давно**, в результате землетрясения, горные хребты
подошли вплотную к берегу моря. （很久以前，由于地震，这里的山岭直
抵海岸。）

在现代标准语中，大部分空间客体分布动词都不具有完成体形式的结
果存在意义。因此，很难理解下列句子：

（20）Много лет назад тропинка **поднялась** на холм / **дошла** до
оврага / **повернула** около сторожки / **спустилась** в ущелье. （很多年以前，
小路就通向小山/一直通到山谷/在警卫室附近一拐/向下通到峡谷。）

动词完成体形式不仅描写了空间客体的延伸特点，还补充性地指出了
存在用眼睛感知这一特点的移动观察者。

相反，还有一些空间客体分布动词只具有动词完成体结果存在意义，
这类动词包括опоясывать/опоясать, вдаваться/ вдаться等。[①]

[①] Гловинская М. Я. Многозначность и синонимия в видо-временной системе русского
глагола[M]. М.: Русские словари, Азбуковник, 2001: 114.

有意思的是，作为опоясывать/опоясать的同义词，обходить/обойти却属于体对立的非标准类型，例如：

（21）Тропинка сначала **обошла** винтом у подножия широкого кургана, потом вывела меня к краю раскопки. (В. Г. Короленко, *БАС*)（小路最初以螺旋状环绕在辽阔山岗的山麓，然后将我带到了挖掘地的边缘。）

与此类似，вклиниваться/вклиниться也属于这一类型，它和вдаваться/вдаться不同之处在于：当用于完成体形式时，若主语是人造物，可能增加"移动观察者"的意义。例如：

（22）Еще несколько километров пути, и тропа **вклинилась** в лес.（还有几公里的路程，小路在森林里蜿蜒曲折。）

（23）Дорога **вклинилась** в лес, и лошади, почуяв сырость, зафыркали, пойти веселей. (М. А. Шолохов, *Тихий Дон*)（道路蔓延在森林里，马儿们感觉到了湿润，打着响鼻，开始欢快地走着。）

俄语空间客体分布动词完成体过去时用于结果完成意义时，大多数情况下集中在一系列北方方言中[①]，例如：

（23）a. Река **обошла** деревню.=Река **обходит** деревню.

　　　　b. Дорога рядом **подошла**.=Дорога рядом **подходит**.

在文学作品中偶尔也可能出现这种用法，例如：

（24）Свияга еще лучше куролесит: **подошла** к Симбирску, версты полторы до Волги остается, - нет, повернула-таки в сторону и **пошла** с Волгой рядом. Кузьма, та совсем к Оке **подошла**, только бы влиться в нее, так нет, **вильнула** в сторону да верст за сотню оттуда в Волгу **ушла**. (П. И. Мельников, *На горах*)（斯威亚佳河更为曲折，通向辛比尔斯克，距离伏尔加河还有1.5俄里—不，它拐到一边去了，和伏尔加河并行。库兹马河呢，它完全是通向奥卡河的，只是在快要注入奥卡河的时候戛然而止，河水拐到一边，偏离了大约100俄里，然后流向了伏尔加河。）

（25）Не больно у нас хлебная сторона, больше прииски и рудники. Хлеб с других мест привозят, потому как тут железная дорога **подошла.** (П.

---

① Виноградов В. В. Русский язык[М]. М.: Русский язык, 1986: 461.

П. Бажов, *Дальнее-близкое*)（我们在并不担心僵尸方面的问题，我们有更多的矿，粮食是从其他地方运过来的，因为刚好有铁路通往那里。）

由此可见，空间客体分布动词在用于完成体过去时的意义时可划分为以下三种类型：

①动词完成体过去时形式只具有结果存在意义，例如：вдаваться，врезаться，опоясывать，пролегать，нависать等。

②动词完成体过去时形式既具有结果存在意义，也暗含内部的、移动观察者，例如：вильнуть，вклиниваться，обходить，отходить，пересекать，подходить，проходить，уходить等。

③动词完成体过去时形式只暗含内部的、移动观察者，例如：входить，выводить，выходить，кончаться，начинаться，обрываться，подводить，подниматься，приводить，сворачивать，спускаться等。

（二）完成体将来时

完成体将来时表示即将发生的行为。

俄语空间客体分布动词的完成体将来时主要用于以下三种情形。

情形1. 空间客体在未来的某种状态。例如：

（1）Со временем... дороги, верно, / У нас изменятся безмерно: / Шоссе Россию здесь и тут, / Соединив, **пересекут**. (А.С. Пушкин, *Евгений Онегин*)（随着时间的流逝，的确，我们的道路将会发生巨大的变化：整个的俄罗斯将会贯穿横的、竖的、平坦的大道。）

（2）На очереди – строительство скоростной магистрали, которая, как ожидается, **подойдет** вплотную к аэропорту.（当务之急是高速干道的建设，正如所期待的那样，它将会直接通向机场。）

（3）浦东第二国际空港港址已经确定，国际通信港和全天候深水港即将兴建，地铁和高架道路**将贯通**全市，改善生态环境也提到日程上来了。

（4）按照规划，珠江三角洲经济区将拥有发达的高速公路、铁路、港口、机场运输网络和信息高速公路，高速公路**将通达各县**。

例（1至4）描写的是空间客体在未来的某种状态。在俄、汉语中，非常重要的一点是，谈论的客体在言语时刻并不存在。说话人谈论的可以是未来的建设计划，也可以观察者所认为的、某一事件在未来最可能的状态，即对其做出预报。此时，例（1至2）中完成体将来时形式不包含观察者，它们事实上描写的就是空间客体的特点，所表达的意义类似于未完成体现在时，区别在于该意义所描写的事件发生在将来。此时完成体将来时的释义可表示为："说话人或者叙述主体认为，X在将来将会拥有属性P"。

情形2. 完成体将来时还可以表示一切其他的意义，例如对空间客体分布状况的一种预期。我们首先来分析几个例证：

（5）Степан внимательным взглядом щупал все кругом, он чутьем охотника угадывал, куда **вильнет** тропа и что таится вот за тем зубчатым серым мысом. (В. Я. Шишков, *Алые сугробы*)（斯捷潘认真地扫视四周，他以猎人的敏锐猜到，小路将会通向何处，那些犬牙交错的灰色山岬后面会隐藏着什么。）

（6）[Полканов] вошел в сад и пошел узкой дорожкой, зная, что она **приведет** его к реке. (М. Горький, *Варенька Олесова*)（（帕尔卡诺夫）走进花园，走上一条狭窄的小路，他知道，这条路将会通向河边。）

（7）Сейчас дорога **повернет**, и там, за поворотом, покажется мой дом. Вот он. (М. С. Дяченко, *Магам можно все*)（路马上就要拐了，在那里，在拐弯处就会看见我的房子。瞧，那不就是嘛！）

（8）同志们，这条铁路就可以**通向**北京！

在这种情形下，叙事由移动主体展开，完成体将来时形式描写的是即将出现的或者是期待出现的空间客体的分布状态。说话人或者叙事主体鉴于个人的知识或者猜测对其做出预报。因此，此时的完成体将来时描写的通常是未来的事况，即观察时刻之后应当直接发生的事情。该形式也能够描写强调时刻之后更长时间内所发生的事件。例如：

（9）Степан знал, что приблизительно через три дня / неделю / в конце концов дорога **приведет** его к городу.（斯捷潘知道，大约再过三天/一个星期/最终这条路会将他带到城里。）

（10）村上修路，有一段路要**通过**郭秀明姐姐家的窑。

情形3. 若情景中出现一个人向另一个人解释如何到达某一个地方时也使用完成体将来时。这时，说话人似乎是在想象中沿着所描写的路线完成一次旅行，例如：

（11）— Кстати, где тут недостроенная радиолокационная станция? — Это рядом. Пройдешь по полю, там дорога **начнется** через лес. Увидишь проволочный забор – и вдоль него. (В. О. Пелевин, *Generation* 《П》)（"顺便问一下，这附近尚未建成的雷达站在哪里？""就在附近。沿着田野走，有一条路将会通向森林，你将会看到铁丝栅栏，就在它边上。"）

在情形2和情形3中都出现了观察者，其区别在于，情形2描写的是现实，情形3描写的是主体想象的运动。在这两种情形下，完成体将来时形式的释义可表示为：'说话人或叙事主体知道，如果沿着X移动，X将会表现出属性P'。

上述研究和例证表明：完成体将来时形式本身不包含任何有关观察者的信息。

（三）未完成体现在时

俄语空间客体分布动词的未完成体现在时描写的常常是观察情景之外的空间客体，和表述Идёт дождь中包含的观察者一样，是常规观察者。在这种情况下，对空间客体属性的描写反映的是说话人对客观世界的一种认知。例如：

（1）В скале нарублены ступени; / Они от башни угловой / **Ведут** к реке, по ним мелькая, ... /Княжна Тамара молодая /К Арагве ходит за водой (М. Ю. Лермонтов, 《Демон》)（断崖上凿出一级级石阶，从高高的**棱塔直**通小河。年轻美貌的小姐塔玛拉……常到阿拉瓜河边去取水，就在这石阶上走上走下。）

（2）В полуверсте от деревни дорога **упирается** в господские амбары. (А. П. Чехов, *Поцелуй*)（在离村子半俄里的地方，道路的尽头是地主的谷仓。）

（3）Пьяной река за то прозвана, что... пройдя верст пятьсот закрутасами и изворотами, опять **подбегает** к своему истоку. (П. И. Мельников, *На горах*)（这条河被称作"醉河"，是因为它绕来绕去，弯弯曲曲，流过500俄里后又绕回到源头。）

（4）东拉河……**此刻**在夕阳的辉映下，波光闪闪地**流淌着**，和公路并行，在沟道里**蜿蜒盘旋**……

（5）陡峭的石山在两边**延伸**着，腾出一条很宽的沟，就把哨所像火柴盒一样夹在了中间。

（6）高质量的厂房、高档次的酒店拔地而起，宽阔、笔直的马路在**延伸**……

我们感兴趣的是表示"空间客体延展方向改变"的动词заворачивать₁、изменить (направление)、поворачивать₂、сворачивать₁等。例如：

（7）У сторожки тропинка **поворачивает** направо. （在值班室附近，小路向右拐。）

Падучева认为类似例（7）的句子中也包含"移动观察者"①。因为小路最终会拐向哪个方向只能由过去站在路上或者沿着路移动的观察者判断，这一事实应当反映在其释义中。

我们认为，这一问题和所有表示事物属性动词的语义有直接关系。比如当谈论"水在100摄氏度时沸腾"时，说话人说出的是一个众所周知的事实。当然，水在100摄氏度时沸腾的这一事实（正如"岗哨附近的小路向右拐"一样）正是在某一时刻被首次发现的，但对于说话人而言，这一点并不重要。说话人可以通过先验的知识验证这一事实或亲自观察。但在例（7）中，重要是说话人和描述这一属性的"初次发现者"并不一定重合，所以，表述时刻和陈述这一属性的时刻通常在时间上也并不重合。于是就会产生这样的疑问：如果没有观察者，例句中的"向右"是什么意思？此时的参照点是什么？

不过我们发现，类似的表述通常不会单独使用，常常出现在对空间客体的描写中，上下文会提供相应的参照点。再如：

（8）Дорога **от села Никитское до города** идет прямо, только на пятом километре **сворачивает** ненадолго вправо, обходит небольшое озеро и почти сразу возвращается в прежнюю колею. （从尼基兹科村庄到城里的路是笔直的，只在五公里处向右拐了点，绕过一个不太大的湖后马上恢复到了原来的走向。）

---

① Падучева Е. В. Семантические исследования[M]. М.: Школа «Языки русской культуры», 1996: 99-100.

词组от села Никитское до города已经说明了道路的总体方向，因此，вправо和направо表示的就是"道路相对上述方向朝右拐"。在理解例（8）时，观察者同样是无足轻重的，就像理解那些具有正反面的人工物体一样，其语义中不包括"观察框架"（рамка наблюдения）。[①]

动词подниматься₂、сбегать₄、срываться₈、спускаться₅用法与表示空间客体延展方向改变的动词类似，包含这些动词未完成体现在时形式的句子，描写的是空间客体相对于已经选择了的参照点сверху, вниз, снизу, вверх的分布状况，该参照点对于说话人和受话人而言都是已知的。

在显性指出主体位移的例（9）中，未完成体动词的现在时形式也可以描述沿其移动的空间客体，例如在对话中：

（9）a. —Видишь, там дорога **поворачивает** направо. （你瞧，路在那儿向右拐了。）（指的是在当下时刻沿其移动的道路）

b. —Видишь, аллея **упирается** в ворота? （你瞧，林荫道是通向大门吗？）（指的是在当下时刻沿其移动的林荫道）

在指出存在感知主体的上下文中，未完成体现在时也可以用于从外部观察者的视角描写空间客体的特征，例如：

（10）Из окна дома видно, что автомобильная дорога за поселком **поднимается** вверх и теряется в холмах. （从房子的窗户可以看见，村镇后面的汽车路一直向上延伸，直到消失在山岗。）

（11）С вершины холма виден только лес, который **тянется** куда-то очень далеко. （从山岗的顶部只能看见绵延到很远的森林。）

（12）我来到那儿棵树跟前，看见那条路穿过一个小铁门，那儿有一排石阶向下**通往**一块开着白色野花的草地。远处，有一座果园，一条小河和大片树林。

例（10）至（12）中的видно, виден和"看见"指出存在感知主体，空间客体的分布特征是在其视野中呈现的。因此，在脱离上下文时，未完成体现在时本身不包含观察者。

此外，空间客体分布动词未完成体现在时也可以用于历史现在时意

---

① 张家骅. 俄罗斯语义学——理论与研究[M]. 北京: 中国社会科学出版社, 2011: 80.

义。历史现在时是未完成体动词现在时形式的一种修辞用法，描写的行为发生在过去，但是却给人造成一种发生在说话人和受话人面前的感觉。历史现在时会让叙事变得栩栩如生，所以有时也被称之为"生动历史现在时"（живописное настоящее историческое время）。[①] 历史现在时的"这种比喻效果是语法形式的现在时意义与情景、上下文的过去时意义构成反差造成的"[②]。

当谈论的是空间客体（公路、铁路等）的建设问题时，俄语空间客体分布动词的历史现在时意义中可能完全不包含任何观察者信息。说话人强调的类似信息可能只是来自大众传媒中，例如：

（13）И вот, наконец, власти сообщают, что стройка завершена и третье транспортное кольцо **обходит** Москву! И вот уже строящаяся дорога доходит до моря!（瞧，政府终于宣布说，工程结束了，第三条交通环线已经环绕莫斯科！正在修建的道路已通到海边。）

例（13）中"交通环线已经环绕莫斯科"的事实由政府宣布，其中不包含任何观察者信息。

未完成现在时形式用于历史现在时意义时也可能从外部观察者的角度来描写空间客体的特征。例如：

（14）Наконец, коляска останавливается как раз против входа в гранитной стене, за которым широкая лестница из мрамора **поднимается** к пропилеям и Парфенону! (И. А. Бунин, *Море богов*)（最终，四轮马车正好停在花岗石墙的入口对面，入口后宽阔的花岗岩楼梯延伸到朝门处和帕提农神庙。）

因此，未完成现在时的历史现在时意义也会用于明确指出主体运动的上下文。在这种情况下，它们是从内部观察者的角度描写空间客体的特点。例如：

（15）И вот мы уже за пределами Московской области. Дорога

---

① Пешковский А. М. Русский синтаксис в научном освещении[M]. М.: Государственное учебно-педагогическое издательство министерства просвещение РСФСР, 1956: 209.

② 张家骅, 现代俄语体学（修订版）, [M]. 北京: 高等教育出版社, 2004: 202

сужается, виляет из стороны в сторону; ехать становится все труднее. （我们已经离开莫斯科州了。道路在变窄，曲折蜿蜒。前行变得更加困难了。）

（16）Робко вступает Дуня на палубу. Шумит, бежит пароход, то и дело меняются виды... Река **извивается**, и с каждым изгибом ее горы то подходят к реке, то удаляются от воды. (П. И. Мельников, *На горах*) （冬妮娅胆怯地踏上甲板。轮船在喧哗、飞驰，景色时不时变换着。河水蜿蜒曲折，随着河水的每一次转弯，山一会儿靠近河水，一会儿又远离河水。）

例（14）至（16）中的观察者是通过上下文体现出来的。例（14）中楼梯的分布状态是从坐在（或站在）停住的四轮马车上（旁）的静止观察者视野中展开的。与例（14）不同的是，例（15）中充当观察者的мы是移动主体，例（16）中以河水为参照物的话，Дуня是相对运动的，所以也可以理解为移动主体，空间客体的分布状态是从内部观察者的视野中展开的。

对于体的词偶而言，如果历史现在时通常已经指出了观察者已经走过了其路程的某一部分时，就具有了结果意义，例如：

дорога **сворачивает** в лес ＝“主体沿道路运动，拐向了森林”。

дорога **проходит** мимо лагеря ＝“主体沿小路运动，经过了营地”。

тропинка к тому же месту **выводит** ＝“主体沿小路运动，离开去了那个地方”

事实上，在包含移动主体的上下文中，这些动词的历史现在时和完成体过去时的意义很接近。需要指出的是，在带有вдруг, внезапно, неожиданно, вскоре, постепенно以及其他包含来临事件时间评价副词的上下文中历史现在时常常表示结果意义。

对于体的非对应词偶вести, идти, извиваться, петлять而言，其历史现在时只是指出了移动主体沿其移动的空间客体的现实性特征，本身并不包含结果意义。例如：

（17）Мы выезжаем за пределы города. Дорога **идёт** в глухом лесу, **петляет** по склонам. （我们出了城。道路在密林中穿行，沿着斜坡绕来绕去。）

（18）Лесная тропинка **вьется** среди деревьев. （森林中的小路在林

间曲折蜿蜒。）

由此可见，脱离上下文的历史现在时本身也并不包含观察者信息。

（四）未完成体过去时

俄语空间客体分布动词未完成体过去时形式和未完成体现在时形式一样，可以用来描述与观察情景无关的（观察情景之外的）空间客体的属性。在这种情况下，句子中出现的只是常规观察者，例如：

（1）Полинька Калистратова жила в одной комнате, выходившей окнами в сад, за которым **начинался** Сокольнийкий лес. (Н. С. Лесков, *Некуда*) （波林卡·卡里斯特拉托娃住在窗户朝向花园的房间，花园外绵延分布着索科里宁森林。）

（2）Он ушел в самую дальнюю часть сада, туда, где через него **проходила** лощина, и, остановись и оглянувшись, разорвал конверт. (И. А. Бунин, *Митина любовь*) （他走到花园最深处，那里有一条沟壑穿过。他停了下来，环顾了一下四周，打开了信封。）

和用于历史现在时意义的未完成动词的现在时形式一样，未完成体过去时形式也可用于描写展现在外部观察者视野中的景象，例如：

（3）Андрей уже издали видел дом. Наружная широкая лестница из крашеных кирпичей **выходила** на самую площадь. (Н. В. Гоголь, *Тарас Бульба*) （安德烈在老远处就看到房子了。外面那油漆过的砖头砌成的宽阔的楼梯下来就是广场。）

（4）Извозчик остановился возле освещенного подъезда, за раскрытыми дверями которого круто **поднималась** старая деревянная лестница. (И. А. Бунин, *Солнечный удар*) （车夫停在了有灯光的门口，敞开的门后一条旧的木梯陡然向上。）

未完成体过去时在显性地指出主体的运动时，也能够从内部观察者的角度来描写空间客体的特点。在这样的上下文中，出现的通常是运动动词，例如：

（5）Мы поднялись на гору и вышли наконец на дорогу; круто обогнув крестьянские овсы, она мимо березовой рощи **спускалась** вниз к большому лугу. (В. Вересаев, *Без дороги*) （我们登上山，又终于从山上下

来到一条路上。这条路突然绕过农民的燕麦地，靠近桦树林，向下延伸到一片大草地。）

（6）Мы свернули на широкую дорогу, пересекавшую лес. Прямая как стрела, она **бежала** в зеленой, залитой солнцем просеке. (В. Вересаев, *Без дороги*)（我们拐到一条横穿森林的广阔大道上，这条路笔直的如同一支箭，一直通向洒满阳光的绿色村庄。）

（7）Они вошли в лес. Тропа **петляла** вокруг озер и топей. // 他们走进森林。一条小路在湖和泥潭周围蜿蜒曲折。

例（5）—（7）中显性地指出了移动主体。

需要指出的是，如果动词未完成体形式的基本意义指的是'结果的积累'，那么该意义仍会保留在所研究的派生意义中，而且会指出，通过上下文显性表达出来的属性是逐渐积累的，例如：

（8）Тропинка шла вдоль ручья, но **постепенно поднималась** в гору. （小路沿着小河蜿蜒，渐渐通向山。）

（9）Мне хотелось бешено разогнать лодку. Река **медленно поворачивала** вправо. Мы обогнули мыс. （我们想疯狂地追上小船。小河慢慢向右拐了。我们绕过河岬。）

我们所研究的空间客体分布动词未完成体过去时形式还可以表示多次重复意义（итеративное значение），即过去不止一次、重复出现在情景中。例如：

（10）Тропа **шла** то у самого берега, то **уклонялась** в чащу из тальника, шиповника, барбариса. (В. А. Обручев, *Золотоискатель в пустыне*)（小路一会儿沿着岸边伸展，一会儿又转向河柳林、蔷薇丛和伏牛子丛。）

（11）Дорога то **поднималась** на плоские лессовые высоты,... то шла по равнине вдоль подножия плато. (В. А. Обручев, *От Кяхты до Кульджи*)（道路一会儿向上延伸到平坦的树林高处，一会又沿着高原脚下的平原伸展。）

例（10）至（11）描写的都是和运动有关的连续不断的场景的交替，类似于舞台上的布景的变化。用于描写外部的、消极观察者感知的瞬时性在这里并不存在。由此可见，例（10至11）都是从移动的、内部观察者的角度来描写空间客体的分布特征的。

但是在一些特殊的上下文中，表示多次意义的未完成体形式也可以从外部观察者的视角来描写空间客体的属性。这时，感知主体的视线通常是扫过所描写空间客体表面。例如：

（12）С холма было видно, что тропинка то **шла** вдоль реки, то отходила в сторону и причудливо **петляла** вокруг больших валунов. （在小山岗上可以看见，一条小路一会儿沿着河岸延伸，一会又跑到一边，奇怪地绕着大石蜿蜒。）

（13）Улицы то **сбегали** с пригорков, утопали в сиреневых ложбинках, то гордо **поднимались** вверх, широкие и прямые. （街道一会儿从山上蜿蜒而下，淹没在丁香花谷里，一会儿又突然向上延伸，宽阔而笔直。）

在例（12）中，词组было видно表明了外部观察者的存在，而在例（13）中，客体（улица）的复数意义指出了存在外部观察者，因为人不可能同时沿着几条街道运动。

此外，未完成体过去时还具有习惯意义（узуальное значение）。未完成体习惯意义包含两个变体：1. 有时/经常（纯习惯意义）；2. 具有某种属性。[1] 显然，我们所研究的动词未完成体过去时形式的习惯意义显然不是意义$_1$，而是意义$_2$。在意义$_2$中，经常表达的是静止事物的恒常空间意义。空间客体分布动词的过去时形式描写的是空间客体的属性。例如：

（14）Раньше прямо от двери вниз **вела** лестница, теперь ее заложили кирпичом. （以前有一个楼梯从门口直通下去，现在它被砖头堵上了。）

（15）Когда-то давно сразу за дачей Поляковых **начинались** сады дяди Кеши. Во время войны их вырубили. （以前勃利科夫家别墅后面紧挨着盖沙叔叔家的果园。但是在战争时期，这些果园都被砍没了。）

在例（14）至（15）中并不包含观察者，它们描写的是空间客体以某种形式在地表上蔓延的特征，而这一特征发生在过去的某个时刻。

---

① Гловинская М. Я. Многозначность и синонимия в видо-временной системе русского глагола[M]. М.: Русские словари, Азбуковник, 2001: 201.

在存在移动观察者的上下文中，未完成体过去时形式描写的是每一次，只要沿该空间客体完成运动就会被发现的属性。例如：

（16）Они долго тряслись в трамвае... Дорога, не оставляя места для сомнений, **приводила** их к кирпичной ограде, **проводила** под аркой и оставляла на опрятной грустной тропинке... За поворотом тропинка **сужалась** и **приводила** их прямо к сыну. (Л. Е. Улицкая, *Счастливые*)（他们在电车上颠簸了很久。还没来得及怀疑，路就把他们带到了砖砌的围墙跟前，带到了一扇拱门下，停在了一条整齐而凄凉的小路上⋯⋯在小路的拐弯处，路越来越窄，直接就把他们带到了儿子跟前。）

（17）Вывески совсем не было. Прямо с тротуара входили в узкую, всегда открытую дверь. От нее **вела** вниз такая же узкая лестница в двадцать каменных ступеней. (А. И. Куприн, *Гамбринус*)（压根没有什么招牌。只不过是从人行道进到一个狭窄的、一直开着的门里。一个二十层石头台阶的狭窄楼梯从门口直通向下。）

在例（16）至（17）中，道路的特征是从上下文中显性表达出来的内部观察者视角进行描写的。

对上述例证的分析表明，未完成体过去时形式意义中是否包含观察者完全由上下文决定。

（五）其他时—体意义

我们已经研究了空间客体分布动词完成体形式和未完成体形式的一些个别时—体意义。虽然还有部分时—体意义在现实的上下文中并未体现出来，但我们可以预测它们在我们所研究动词中存在的可能性。

1. 未完成体动词的一般事实结果意义

如果移动主体沿所描写的空间客体发生移动时，未完成体动词通常具有一般事实结果意义。例如：

（1）После Михайловки дорога **проходила** через поле; я мог там потерять платок.（过了米哈尔洛夫卡之后，道路贯穿田野，我可能是在那里丢的头巾。）

2. 完成体将来时表示过去突然开始某一行为

当表示过去突然开始某一行为时，可以使用动词完成体将来时的形式。同时该意义还指出了存在移动观察者，该观察者的视线集中在沿着空间客体移动时空间客体突然发生改变的轨迹。例如：

（2）Тропинка вдруг как **повернет** на 180 градусов, и мы не знали, куда идти дальше.（小路突然来了个180度大转弯，我们也不知道接下来该走向哪里。）

在表达过去突然发生事件的意义时，未完成体动词的一般事实结果意义、完成体的将来时以及上述所研究的历史现在时都属于"发生在过去、达到结果的行为的语法表达方式"[①]。通常，对于描写属性特征的动词而言，上述所列举的部分体的意义是不存在的。因为，描写属性特征的动词表示情景在存在时间内不发生任何变化，原则上不能产生任何结果。

由此可能产生疑问：如果上述指出的部分体的意义对于"静态"而言并不典型，那它们为什么会出现在空间客体分布动词中呢？究其原因，是因为很多描写空间客体分布特征的动词，其直接意义描写的都是运动，即动态意义，其派生意义和形象性意义保留了这种动态意义。所以，上述动词中，一部分体的意义得以扩展。在任何一个具体的上下文中，我们谈论的都是运动主体沿空间客体移动的某一段路程。在描写空间客体分布特征时，这些动词实际上指出观察者走过了一段路程，即本身包含结果意义。

上述研究表明，完成体的结果意义类似于未完成体的现在时意义。而未完成体过去时的多次意义、历史现在时意义和未完成体的习惯意义常常出现在有移动观察者的上下文中，它们接近于完成体过去时意义。

（六）体的竞争

由于空间客体分布动词完成体形式在意义上与未完成体形式相近，在叙事话语中和包含显性的移动主体的上下文中，它们可以相互替换，我们将这种情形称为体的竞争（конкуренция видов）。完成体过去时和未完成体过去时形式的替换并不改变句子的意思，因为其意义之间的差别可以通过上下文来弥补。例如：

（1）«Нет, я хочу в горы! Поедем прямо, как летают птицы» —

---

① Гловинская М. Я. Многозначность и синонимия в видо-временной системе русского глагола[M]. М.: Русские словари, Азбуковник, 2001: 175-200.

и заставила свою лошадь перескочить канаву. Санин тоже перескочил. За канавой **начинался (начался)** луг; вода просачивалась везде, стояла лужицами. Марья Николаевна пускала лошадь нарочно по этим лужицам. (И. С. Тургенев, *Вешние воды*) （"不，我想去山里！我们现在就出发，就像鸟儿一样飞翔。"玛利亚·尼古拉耶夫娜让自己的马儿从水沟上跳过去，萨宁也跳了过去。水沟对面是一片草地。水流得到处都是，满是水坑。玛利亚·尼古拉耶夫娜故意让马儿走在这些水坑上。）

（2）Он дошел до самой реки. Тропа здесь **обрывалась (оборвалась).** Никита огляделся по сторонам, но никакого мостика так и не увидел. (Д. В. Григорович, *Переселенцы*)（他到达河边。小路在这里断了。尼基塔环视了一下四周，一座小桥也没有发现。）

例（1至2）虽然使用的是动词的未完成体形式，但这并不意味着，在任何情况下它们都可以用完成体形式替换。在这种情况下，通过上下文推导出来的'观察者沿空间客体移动'的语义成分在完成体本身的释义中还会再次出现。

和完成体过去时不同，未完成体能够自由地用于地形特征描写。例（3）中的观察者是以旁观者的身份、以由上而下的观察角度进行观察的。在描写空间客体分布特征时，未完成体形式是一个显然普遍适用的形式。例如：

（3）Из этих комнат вид был прекрасный... С левой стороны, в шагах десяти от двора, **начинался** большой плодовый сад, он примыкал к одной из дубовых рощ. (М. Н. Загоскин, *Искуситель*)（从这些房间看到的景色非常美丽……左边，离院子十步之遥，是一个大果园，它和一个橡树林挨着。）

这种情况同样可以通过统计数据证实（见表一）。通过对вести (привести)、бежать (прибежать)、поворачивать (повернуть)、кончаться (кончиться)、начинаться (начаться)、виться这六个动词完成体和未完成体的使用频率统计，我们可以得出如下结果。（表5-1）

表5-1　部分动词完成体和未完成体的使用频率

动词	名词+动词过去时（括号中的数字代表完成体动词情况）	名词，который从句+动词过去时
вести (привести)	216(31)	75(9)
бежать (прибежать)	21(0)	2(0)
поворачивать (повернуть)	51 (34)	0(0)
кончаться (кончиться)	66 (35)	3(2)
начинаться (начаться)	48(7)	1(0)
виться	75	10
总计	477 (107)	91 (11)

我们对表5-1简单说明如下：

①上述语料来源于俄语国家语料库；

②因为我们所研究的动词主要用于叙事篇章，所以我们只检索了上述动词的过去时形式。可以认为，过去时形式是上述动词更为常用的形式。

③我们对未完成体动词вести，бежать，поворачивать，начинаться，кончаться和相应的完成体привести[①]，прибежать，повернуть，начаться，кончиться分别进行了检索，并对数据进行了统计。表中唯一的单体动词是виться。

④我们选择了五个典型的空间客体名词在语料库中进行检索，即дорога, тропинка, дорожка, коридор, улица。

⑤由于俄语定语从句可以和名词任意格形式连用，因此在检索过程中，我们对上述五个空间名词的各个格的组合形式都进行了检索，例如：дорожка (一格), которая (что) V; дорожки (二格), которая (что) V; дорожке (三格), которая (что) V等。

⑥上述表格中的某些栏目是空的，例如поворачивать/повернуть，因为它们不用于定语从句。

---

① 需要说明的是动词вести, бежать是单体动词，但是，在统计中我们需要清楚的是，所研究动词的未完成体形式和完成体形式，哪一个更常用。因此作为вести的对应体，我们选择了привести，相应的, бежать对应прибежать——笔者注

表一证实，在描写空间客体分布特征时，比起相应的完成体动词而言，未完成体形式更常用。从句法角度而言，未完成体动词更具有多样化特点。我们在91个包含дорог(а)/ тропинк(а) / дорожк(а) / улиц(а) / коридор, котор(ая) /что V结构的例句中，只检索到11个包含所研究动词的完成体形式的句子，而剩余的80个句子使用的都是未完成体形式。这一结论和俄语未完成体形式具有普遍性特征的理解完全相符。

空间客体分布动词完成体过去时形式和未完成体过去时形式之间的差别，似乎，首先在于篇章功能。众所周知，完成体形式可以使叙事富有动态性。[1][2]我们所研究动词的完成体形式本身包含结果意义，该结果表现为移动观察者走过了一段路程。事实上，俄语中Дорожка оборвалась возле обрыва. 的意思是"观察者沿着小路走，一直走到悬崖边上"；Аллея вывела нас к городским воротам. 的意思是"观察者沿着林荫路走，一直走到了城市的大门"；Тропинка повернула около сторожки. 的意思是"观察者沿着小路走时，他在看守所附近拐了弯"。

因此，完成体动词表示的是事实的出现和事件链中新事物的出现，并且可以推动叙事发展。动词完成体形式的这一功能在存在一连串用于描写不断更新的、具有连续性的事件的空间客体分布动词时表现得尤为明显。例如：

（4）Дорога опять **пошла** в гору, а когда подъем **кончился**, перед глазами путешественников открылась картина, которой никому из них раньше не приходилось видеть. (Н. Носов, *Незнайка в Солнечном городе*)（路又开始向山上通去，而当坡道到头时，旅行者们面前展现的是一副以前从未见过的景象。）

与之相反，动词未完成体过去时形式，通常不能表示事件链中新事物的出现。它们不包含任何有关观察者位置和运动的信息，在篇章中的作用只是描写地形特点，而所描写的事件就发生在该背景下。当存在一连串未

---

① Маслов Ю. С. Очерки по аспектологии[M]. Л.: Изд-во ЛГУ, 1984: 193.

② Бондарко А. В. Принципы функциональной грамматики и вопросы аспектологии. Изд. 2-е[M]. М.: Эдиториал УРСС, 2001: 127-128.

完成体动词时，每一个动词描写的都是风景的单独片段，此时，被描写的所有单独片段可以构成一个统一的画面。例如：

（5）Слева перед белым домом—две высокие серебристые силосные башни, дорога **сворачивала** к ним и, не приближаясь к особняку, огибала перед конюшнями белый дом, **спускалась** немного под уклон мимо красного дома и каретного сарая. Потом резко **поворачивала** влево и ныряла в тенистую аллею из дубов... Откуда и появилась наша телега. (Б. П. Миронов, *Скобаренок*)（左边，两座高大的银色青贮塔伫立在一座白房子前。道路拐向青贮塔，但却并不接近房体，在马厩前绕过白色的房子，顺着下坡经过红色的房子和马车棚，然后突然拐向左，淹没在橡树林的林荫道里……我们的马车也出现了。）

在这种情况下，通常，运动动词的完成体过去时形式也在推动叙事向前发展，它们也反映了观察者的运动过程，特别是沿着所描写的空间客体进行移动的观察者的运动过程。例如：

（6）Узкая дорога **уводила** в сторону от шоссе. Я пошёл по ней, с интересом оглядываясь по сторонам. (С. Д. Довлатов, *Заповедник*)（狭窄的道路岔到公路的一旁。我走上这条路，兴致勃勃地东张西望。）

（7）Я направился в Сосново. Дорога **тянулась** к вершине холма, **огибая** унылое поле. Спускаясь под гору, я увидел несколько изб, окружённых берёзами. (С. Д. Довлатов, *Заповедник*)（我出发去萨斯挪沃。道路通向山岗的顶部，环绕着荒凉的田野。下到山脚时，我看见了桦树环绕下的几座农舍。）

俄语空间客体分布动词完成体形式和未完成体形式之间的这种细微语义对立是非常典型的，在翻译成其他语言时比较困难。正如Ю. С. Маслов所言："其意义的差别，难道在被翻译成其他语言时能表达出来吗？"[①]

所以，我们的对比研究并非全面。我们尝试进行汉语方面的对比研究，其目的是为了证实了观察者概念在世界语言中的普遍性，当然，可以做更深入的语言对比研究，以深化对语言现象的认识。

---

① Маслов Ю. С. Очерки по аспектологии[M]. Л.: Изд-во ЛГУ, 1984: 79, 81.

第二节　俄语显现类动词时—体语义中的观察者

俄语显现（проявление）类动词的词汇意义中同样包含借助某一感觉器官来感知所描写情景的观察者。

一、俄语显现类动词语义特征描述和分类

Апресян在《谓词的基础分类》（*Фундаментальная классификация предикатов*）一书中将该类动词划为单独一类。[①] 根据感知渠道的不同，可以进一步将该类谓词分为五小类。[②] 本书在上述分类基础上将汉语动词与相关俄语动词进行尝试性的对比研究。

（一）视觉感知动词

视觉感知是由视觉器官参与而形成于视觉中枢的，是视觉对象的再造性映象，是第一层次的认知方式。视觉感知动词指观察者通过眼睛这一视觉感知器官来感知情景的动词，表示视觉可见的颜色变化、事物的隐现、光线特征等，例如блестеть, поблескивать, сиять, сверкать, светиться, искриться, переливаться, проступать, мелькать, виднеться, торчать, показываться, появляться, исчезать, открываться等。在汉语中同样存在大量的语义中包含有"出现（消失）在观察者视野中"意义的动词，例如"闪现、流露、呈现、发光、闪光、显出、现出、溢出、消失、展现"等。例如：

（1）Сквозь позолоту **проступает** старая краска.（透过镀金层隐约可见旧漆。）

（2）Из воды **торчит** коряга.（树干从水里冒出来。）

（3）С берега **открывается** прекрасный вид.（岸边呈现出一幅美丽的景色。）

---

① Апресян Ю. Д. Фундаментальная классификация предикатов[С]. Языковая картина мира и системная лексикография[M]. М.: Языки славянских культур, 2006: 45, 88.

② Падучева Е. В. Динамические модели в семантике лексики[M]. М.: ЯСК, 2004: 197.

（4）一个个小型的石峰**耸出**水面，高的有一人多高，矮的刚刚**露出**水面一点儿。

俄、汉语中很多描写客体颜色变化的动词都属于这一类别，例如белеть, чернеть, синеть, зеленеть, краснеть, светлеть, темнеть, серебриться 等，只不过汉语中相应表示"颜色变化"的词汇通常借助"变""泛""转""发"等表示变化的动词和相应的颜色形容词构成。例如"变黑、变白、变蓝、泛红"等。试比较：

（5）疯子抬腿走了进去，咧着嘴古怪地笑着，走到那块掉在地上的铁块旁蹲了下去。刚才还是通红的铁块已经迅速地**黑了下来**，几丝白烟在袅袅升起。

（6）他想索性把黑暗全部驱除，瞧它听不听命令。咦！果然一会儿东方**从灰转白**，白里**透红**，出了太阳。

（7）东方**泛红**了，远处，部队的起床号响了。

（8）我并未十分注意，依旧等着欣赏那日出的美景。东方渐渐**发了灰红色**。

汉语中的一些颜色名词可以发生词类转换，被用作动词，表示相应颜色的产生。例如：

（9）审讯室里，天已经亮了，第一道光线射进室内，灯仍开着，审讯的和被审讯的脸都**绿了**，一脸不耐烦。

（10）他们的白眼珠变成红的，脸上**忽红忽绿**。

（11）晚上九点多钟，我听到敲门声，开门一看，只见张艺谋脸色**灰黄**，神态沮丧倦怠地站在门口。

该类动词仅可以描写具体的、现实的情景，在该情境中存在着观察者（或者是观察者将自己置于该情景中），表明这种状态的变化是发生在观察者视野之中的，观察者共现于被描述的情景中。这些动词是揭示词汇语义中存在观察者的例证。

正如前文所述，作为感知主体的观察者对解释机制比较敏感，在典型交际情景中，当说话人充当观察者时，这些动词不能使用第一人称现在时形式。显而易见，说话人不能出现在自己的视野中。例如：

（12）a. 谈起和曹天钦在一起的日子，老人的脸上依旧**闪**着一层动人的红光。

b. 我的脸上依旧**闪**着一层动人的红光。

c. 跟着我左边有人爬起来，是一个男人一身泥土，脸**黑**得像印度人，只**闪露**着两只惊怖的眼睛。

（二）听觉感知动词

听觉是指听觉器官在声波的作用下产生的对声音特性的感觉，其适宜的刺激物是声波。听觉的生理过程为：声波从外耳传入，引起鼓膜振动，通过中耳听小骨的振动引起耳蜗内感觉细胞兴奋，经听神经传入大脑皮层的听觉中枢，引起听觉。

听觉感知动词指观察者通过听觉器官感知情景的动词，包括звучать，звенеть，доноситься，(быть) слышным，раздаваться，нестись (по воздуху)，разноситься (по воздуху)，издавать звук(и)，слышаться，скрипеть，шаркать，стучать，свистеть，звенеть，громыхать，шуршать，шелестеть等。汉语中相对应的典型动词是"响起、飘来、传送、传来、听到"等，其语义中包含"存在、出现（消失）在观察者听觉中"的成分。例如：

（1）Она проверила четыре тетради, когда снова раздался звонок. （铃声再次响起的时候，她批改完了四本作业。）

（2）Песня слышится и не слышится.

　　　В эти тихие вечера (текст песни).

　　　　（依稀听得到有人轻声唱

　　　　在这宁静的晚上）

（3）忽然背后**传来**一声热情的招呼，她回头一望，是一位朝鲜妇女……

（4）直到海关的钟声**响起**，他们一家人才驱车驶回温暖的家中。

在上述例句中，观察者在句法表层没有合法的位置，但却是动词释义不可或缺的语义配价，因此是隐性句法题元，处于Падучева所言的"幕后"。例如："码头传来汽笛声"＝"观察者听到了码头传来汽笛声；汽笛声传到了观察者耳旁"。在某些动词的语义中，观察者的存在虽然不能在句子表层得以体现，但是在篇章中的上下文中可以被揭示。例如：

（5）尽管头晕眼花，尽管累得气喘吁吁，可**他们**仍兴致勃勃地互相挤压着，仍兴致勃勃地大喊大叫。**他们**的声音比那音乐更杂乱更声嘶力竭。而此刻一个喇叭突然**响起**了沉重的哀乐，于是它立刻战胜了同伴。

（6）大约过了半小时，**我们**看到村子外面的田野上有许多人扛着铁锹往回走，前排房子也**响起**了人声。

和视觉感知动词的用法相似，如果听觉感知主体用主语表示的话，那么通常不能将第一人称替换为第二人称或第三人称，否则语义显得异常①。试比较：

（7）a. 我**听到**了一个声音。

b. 某人**听到**了一个声音。

（8）a. 我**听到**了一个柔和的声音。

b. 他**听到**了一个柔和的声音。

（三）嗅觉感知动词

嗅觉是挥发性物质的气味作用于嗅觉器官而产生的感觉。嗅觉的适宜刺激是有气味的物质，绝大部分属于有机物质。

嗅觉感知动词指观察者通过嗅觉来感知情景的动词，包括пахнуть, пахну́ть, тянуть (свежестью), благоухать, вонять, доноситься, смердеть, издавать (иметь) приятный / неприятный / сильный / слабый запах (аромат) 等。这些动词包含"某种气味存在、出现（或消失）在观察者嗅觉中"的语义成分，汉语中典型的动词是"散发、飘来、冒出"等。试比较：

（1）**Донесся** запах дыма. （烟味飘了过来。）

（2）Цветок **издает** слабый запах. （小花朵散发出淡淡的香味。）

（3）昔日清澈的塘水逐渐变黑**发臭**，鱼虾绝迹。

（4）从邻家的厨房传来了女人的说话声，并不时地**飘来**阵阵烤鱼的香味儿。

在表示视觉感知、听觉感知、嗅觉感知句子中都可以发现方向性的句法素，它表达视觉形象、声音或者气味等的来源。例如：

（5）奇怪的是每当我们从西安回来，还没进村它就会不声不响地出现

---

① 在叙事文本中，如果叙事采用上帝般的全知视角，那么叙事者可以深入到人物的内心世界之中，这是一种特殊的情形——笔者注

在我们眼前。

（6）他们一起从简易棚里钻出来，撑开雨伞以后站在了雨中，棚外的清新气息**扑鼻**而来。

（7）可是，**迎面**忽然扑来一股奇怪气味，似乎让人们在沉重的死寂中受了刺激。

（8）Из подвального этажа, где была кухня, в открытое окно слышно было, как там спешили, как **стучали** ножами, как **хлопали** дверью на блоке; **пахло** жареной индейкой и маринованными вишнями. И почему-то казалось, что так теперь будет всю жизнь, без перемены, без конца! (А. П. Чехов, *Невеста*) （从地下室敞开的窗子里，可以听到里面在忙碌着，菜刀当当作响，安着滑轮的门砰砰有声。那里是厨房，从那儿**飘来烤火鸡和醋渍樱桃的气味**。不知为什么**她**觉得生活将永远这样过下去，没有变化，没有尽头！）

（四）味觉感知动词

味觉是味觉器官对可溶性物质的化学特性的感觉。其适宜刺激物是可以溶解于水或唾液的物质。味觉感知动词指观察者通过味觉感知情景的动词，例如горчить, кислить, вязать, быть сладким (горьким / приторным / острым / терпким и пр) на вкус 等。俄语中的这类动词经常用于无人称结构。汉语中则借助动词"发"+味觉形容词构成相对应的动词序列，例如"发苦、发甜、发涩、发酸"等，动词语义包括'某味道被观察者的味觉器官所感知'的意义成分。试比较：

（1）Во рту **горчит / жжет / вяжет / кислит.** （嘴里发酸。）

（2）Вижу и китайские (яблоки), вспоминаю их горечь-сладость, их сочный треск, и чувствую, как **кислит** во рту. (И. С. Шмелев, *Лето Господне*)（看到中国的苹果，我就会想起它们的甜涩，嚼起来它们咔嚓咔嚓的汁水，感觉嘴里发酸。）

（3）王德眼前一黑，喉中一阵**发甜**，一口鲜血喷在被子上，两眼紧闭，脸象黄蜡一般。

（4）他的黄瓜长得差不多一样长、一样大，没有刺，两端不**发苦**，每个黄瓜可以卖到 1 美元。

（五）触觉感知动词

触觉是皮肤的感觉之一。"狭义触觉指皮肤表面受到轻微刺激而引起的感觉，广义触觉则包括压觉、触摸觉和振动觉。当刺激强度增加到使皮肤表面变形，但未达到疼痛时产生的是压觉。当皮肤感觉与肌肉运动觉主要是手的运动觉结合时便产生触摸觉。以一定频率的振动接触皮肤所引起的是振动觉。"[①]

触觉感知动词指观察者通过皮肤的接触而对情景进行感知的动词，例如колоться, холодить, щипать, саднить等。其语义中包含"某种感觉出现在碰触后"这一成分。汉语与之不同，通常借助于一些形容词，例如"扎、痒、痛"等表示碰触后的感觉，而表示'碰触'意义的动词通常为"摸、抚摸、点、碰、触、碰触"等。

（1）Булавка **колется**.（别针扎人。）

（2）Крем после бритья приятно **холодит** кожу.（剃须后抹点胡须膏通常会让皮肤变凉。）

（3）Щеки и подбородок **щиплет** от мороза.（脸颊和下巴由于寒冷而感到阵阵刺痛。）

（4）Рана **саднит**.（伤口发痒痛。）

（5）**Саднит** в горле.（嗓子发痒。）

（6）他的嘴唇轻轻刷过我的嘴唇，胡子**扎得我痒痒**的。

（7）她的头发挠的他脸痒。

（8）我感到母亲的手在恨恨地抓着我的肩膀，**抓得我疼痛**难忍。

通过上述例句的比较，我们发现，俄语中表示触觉感知动词中的观察者通常不体现在句法表层，而汉语中的观察者均在句法表层可找到合法的位置。

（六）动词чувствоваться和ощущаться

和上述5类动词不同，俄语动词чувствоваться, ощущаться和汉语中的动词"感觉"相对独立，因为它们具有最普遍的感知意义，可以描写任何一种感知，这种感知可根据上下文推断出来。例如：

---

① 车文博主编.当代西方心理学新词典[Z].长春:吉林人民出版社,2001: 43-44.

（1）В воздухе **чувствуется / ощущается** медовый запах цветов / предрассветная влажность. （空气中能够感觉到甜甜的花香/黎明前的湿气。）（嗅觉）

（2）В его голосе **чувствовалась / ощущалась** плохо скрываемая тревога.（从他的声音里能感觉到无法隐藏的不安。）（听觉+认知）

（3）В вине **чувствуется / ощущается** неприятная кислинка.（红酒有点发酸。）（味觉）

（4）В его поведении **чувствовалась / ощущалась** подростковая неуверенность.（从少年的举止中可以察觉到他的不自信。）（视觉+认知）

（5）跳跳想了想，同意了，他丝毫没有**感觉**到阿珍的声音和表情有些异样……（听觉+视觉）

（6）我站在福建省看守所那扇大铁门处，**感觉**夜雨的湿气更厚了一层……（嗅觉+触觉）

（7）顿时我就**感觉**腿上好像被一块很大的石头砸到了，仿佛是打到大腿的什么地方。（触觉）

（8）我喝了一口，**感觉**很难喝，差点把它吐了出来。（味觉）

通过分析例句可发现，借助动词"感觉"描写的感知可以是某一种感知，也可以是几种感知的叠加。

和上一节所研究的空间客体分布动词一样，显现类动词中的观察者通常是句法中的隐性题元。

二、俄语显现类动词时—体语义中的观察者

上述列举的很多显现类动词和我们研究的主题并无直接关系。在揭示俄语显现类动词时—体语义中的观察者信息时，相应动词未完成体形式和完成体形式的对立体现为：未完成体形式描写的是观察者现实感知到的客体，而完成体形式则指出了被描写客体是在观察者的运动过程中开始被其感知的，其语义中包含"移动观察者"的元素。鉴于研究范围，并非所有的显现类动词的未完成体和完成体形式均包含上述体对立特征，因此，我们主要以包含该对立的对应词偶为研究对象，其中主要是视觉感知动词。

　　俄语动词词偶открываться/открыться, подниматься/подняться 的完成体形式中包含"移动观察者"的语义成分，例如：

　　（1）С берега **открывается / открылся** потрясающий вид.（岸边展现出一副让人震撼的景象。）

　　（2）Впереди **поднимаются / поднялись** зубчатые стены замка.（前方出现/冒出了城堡参差不齐的城墙。）

　　Возвышаться/возвыситься, вставать/встать, глядеть/глянуть, проступать/ проступить, разворачиваться/развернуться等动词完成体形式中也包含"移动观察者"的意义。这些动词的未完成体形式仅表示客体位于观察者视野中，而完成体形式则会补充性地指出，客体是在观察者的运动过程中开始出现在其视野中的。例如：

　　（3）Впереди **возвышаются / возвысились** синеватые холмы.（前方高耸着一座有点发蓝的山岗。）

　　（4）Впереди **встают / встали** стены величественного старинного замка.（前方矗立着一些雄伟而古老的城堡的城墙。）

　　（5）Из-за деревьев **глядит / глянула** в глаза пустынная дорога.（树林后一条幽静的小路映入眼帘。）

　　（6）Впереди **проступают / проступили** опоры моста.（前方桥墩隐约可见。）

　　（7）С холма **разворачивается / развернулся** вид на барский двор.（从山岗上可以看见老爷家的院子。）

　　完成体形式中附加的"移动观察者"语义成分比较难于翻译成汉语。

　　俄语中很多成对的通过视觉感知情景的显现类动词在体的关系上都具有上述对立特征。其中很多动词的完成体形式就是借助前缀за-构成的，例如：виднеться/завиднеться, блестеть/заблестеть, мерцать/замерцать, сиять/засиять, сверкать/засверкать, белеть/забелеть, зеленеть/зазеленеть, чернеть/зачернеть, синеть/засинеть, темнеть/затемнеть, пестреть/запестреть等。这些动词和例（1）至（7）中所研究的动词一样，未完成体形式描写的是现实中被感知到的客体属性，而完成体形式则强调了观察者的运动过程，即移动观察者感知到的观察对象的属性。

这种非标准体对立类型的俄语动词词位总计36个，详见附录2.

对于借助助前缀за-构成的完成体动词забрезжить, заискриться, замелькать, засверкать, засветиться 等而言，MAC词典中标注的只是"开始"意义：начать брезжить / искриться / мелькать / сверкать / светиться。

（8）На его устах **замелькала** тревожная улыбка.（他的嘴角开始闪现出不安的微笑。）

我们感兴趣的附加语义'移动观察者'在词典中并未标注出来，但在文学作品中却这一语义成分，其中观察对象之所以被感知，是观察者的移动造成的结果。例如：

（9）Впереди **засверкала** вода, и а над водой с одного берега на другой перекинулся мост. (Н. Носов, *Незнайка в Солнечном городе*)（前方，水面开始闪闪发光，水面上，架起了一座桥。）

（10）Справа **забрезжило** неподвижное тело Енисея. (М. А. Тарковский, *Жизнь и книга*)（右边，叶尼塞河波澜不惊的河体开始发亮。）

词典中即使标注了我们上述提及的附加意义，其释义也并不完整。例如，我们在MAC词典中发现，动词засинеть, зазеленеть, закраснеть 的释义中系统地标注了我们提及的两个意义："开始"意义和"感知"意义，但是并没有指出感知主体的运动，所以其释义并不完整。例如：

Выделиться своим желтым цветом, показаться (о чем-либо желтом). В синем сумраке зажелтели огни города.（呈现出黄色。例如：蓝色的夜幕中闪现城市黄色的灯火。）

Начать желтеть, стать желтым. Листья на деревьях зажелтели.（开始变黄，成为黄色的。例如：树叶开始变黄。）

Апресян在《词汇语义学》（*Лексическая семантика*）中指出："视觉感知动词的词汇意义本身包含客体和观察者，其完成体形式增加的'移动'意义既可以属于客体，也可以属于观察者（即其组成部分中的任何一个）。"[①] 的确，和上节研究的空间客体分布动词完成体过去时形式不

---

① Апресян Ю. Д. Лексическая семантика. Синонимические средства языка[M]. М.: Наука, 1974: 160-161.

同，空间客体分布动词中的观察对象本身不会移动。显现类动词的观察对象则不然，可以是移动或者无法移动（静止）的。所以空间客体分布动词的完成体过去时形式总会指出"移动"的意义，而只有当句子谈论的是无法运动的物体（例如：建筑物、自然客体等）时，显现类动词完成体过去时形式才会增加"移动"的意义。例如：

（11）На горизонте **заблестели** вражеские кольчуги / заснеженные вершины Альп. （地平线上敌人的盔甲/被雪覆盖的阿尔卑斯山顶闪闪发光。）

（12）Впереди **завиднелись** отряды всадников / знакомые деревеньки. （前方可以看见骑士部队/熟悉的小村庄。）

（13）Перед нами **засверкали** пожарные мигалки / купола старинной церкви. （火警信号灯/古老教堂的圆屋顶在我们面前闪烁起来。）

（14）**Забелели** накидки гусаров / стены монастыря. （骑兵的斗篷/寺院的墙开始发白。）

对于上述例句中的第一个句子而言，'移动'意义既可以属于观察对象本身，也可以属于观察者。而对于第二个句子而言，'移动'意义只能属于观察者，因为观察对象是固定的，本身无法移动。在文学作品中包含'移动观察者'的例子比较常见，例如：

（15）Скоро... **заблестела** река, и открылся вид на широкий плес с мельницей и белою купальней. (А. П. Чехов, *Крыжовник*) （很快，波光粼粼的河流，带有风车和水滨浴场的宽阔水域展现在眼前。）

（16）Впереди **засверкали** желтыми лампочками огромные стрелки, указывающие на резкое сужение автобана. (В. В. Кунин, *Кыся*) （前方巨大箭头上面的黄色小灯闪闪发光，表明高速公路干线急剧变窄。）

需要注意的是，对于动词мелькать而言，其未完成体形式意义中也包含'移动观察者'的意义，当完成体形式用于描写不能移动的观察对象时，也可以附加'移动观察者'的意义。下面的例子描写的就是当下短暂出现在移动主体视野中的固定不动的观察对象。

（17）За окном **мелькают** / **замелькали** полустанки. （窗外的火车小站时隐时现。）

（18）За деревьями **мелькают / замелькали** ветхие постройки. （破旧的建筑在树丛后时隐时现。）

（19）Шелавин...даже не почувствовал радости, когда вдали **замелькал** спасительный костер...(Г. Б. Адамов, *Тайна двух океанов*) （当远处闪现篝火时，舍拉温甚至没感到快乐。）

例（17）至（19）中的观察者本身是移动的，相对观察者而言的观察对象"小站""建筑""篝火"是无法移动的。不管是用未完成体形式还是完成体形式，其语义中都增加了"移动"意义。

诸如появляться/появиться, показываться/показаться, исчезать/исчезнуть(из вида), вырастать/вырасти 等这些表示视觉感知的显现类动词，其体的对偶关系也属于我们所描写的非标准类型。

Падучева 指出："动词 появиться 和 показаться中所包含的'移动'意义既可以指观察对象的移动，也可以是观察者的移动。"[1][2] 例如：

（20）Между двух мраморных львов **показалась / появилась** сперва голова в капюшоне... （两只大理石狮子中间首先出现的是一个带着风帽的脑袋。）（观察对象移动）

（21）**Показавшаяся** в двух местах нива с вызревавшим житом давала знать, что скоро должна **появиться** какая-нибудь деревня.（出现在这两个地方的一块成熟的庄稼地说明，很快就会出现一个村庄。）（观察者移动）

同样，如果句中的观察对象是不动的，появляться/появиться, показываться/показаться, исчезать/исчезнуть(из вида), вырастать/вырасти 等动词的完成体释义就应该是："X开始/不再出现在移动观察者的视野中"。例如：

（22）Поля **исчезли** (из вида), уступив место лесам и болотам. （田野消失了，随之而来的是森林和沼泽。）

---

① Падучева Е. В. Глаголы движения и их стативные дериваты[A]. Логический анализ языка. Языки динамического мира[C]. Дубна.: Международный ун-т природы, общества и человека, 1999: 24-25.

② Падучева Е. В. Динамические модели в семантике лексики[M]. М.: ЯСК, 2004: 238.

（23）На горизонте **появились** заснеженные пики гор. （地平线上出现了白雪皑皑的山顶。）

（24）Через шесть суток утром **показались** скалистые берега Испании.（六天后的早上，西班牙陡峭的岸出现了。）

如果句子中的观察对象是移动的，那么完成体形式的释义就是"X开始/不再出现在观察者的视野中"。在这种情况下，观察者可以是静止的，也可以是移动的。如果上下文没有特别指出的话，观察者通常是静止的。例如：

（25）На горизонте **появились (показались)** всадники.（地平线出现了一帮骑马的人。）

（26）Не успела линейка исчезнуть из вида — как **показалась** легкая пролетка. (А. П. Чехов, *Тайный советник*)（敞篷马车还没从视野中消失，马上就出现了四轮轻便马车。）

对于动词появляться/появиться, показываться/ показаться而言，完成体形式中增加的"移动"意义也可以属于情景参与者'障碍物'（преграда）[①]。Падучева认为，对于动词показаться而言，所描写的观察对象之所以能够进入到观察者的视野，是因为障碍物的消除。[②] 我们来看一下她的例子：

（27）Распахнули окно. **Показался** желтоватый рассвет, мокрое небо в грязных, землисто-гороховых тучах.（窗户打开了，淡黄色的霞光，被脏兮兮的、土黄色云层覆盖的潮湿的天空出现了。）

例（27）中"淡黄色的霞光"的出现是因为障碍物"云层"的消失，和观察者是否移动并无太大关系。

同样，我们发现动词проступить在带有指示副词的上下文中，当描写固定不动的观察对象时，也能描写静止观察者视野中展开的景象。此时，观察对象的出现是因为影响观察者通过感知来描写观察对象的障碍物完全

---

① 有关参与者"障碍物"见Апресян Ю. Д. Лексическая семантика. Синонимические средства языка[M]. М.: Наука, 1974: 160-161.

② Падучева Е. В. Динамические модели в семантике лексики[M]. М.: ЯСК, 2004: 238.

或者部分地消失了。例如：

（28）С берега было видно, как туман медленно уплывал вверх по реке. Вдалеке **проступили** опоры моста. (В. В. Быков, *Волчья яма*) // 从岸边可以看到，雾是如何沿着河面飘向上空。远处的桥墩子露出来了。

与此同时，包含动词проступить的上下文中也常常存在移动观察者。此时，观察对象能够被感知，不是因为障碍物自身的部分或完全消失，而是因为观察者距离所说的障碍物越来越近，使其不再是影响感知的障碍物。例如：

（29）Сквозь туман **проступила**, наконец, красная черепичная крыша. Мы остановились у крыльца гастхауза. (М. П. Шишкин, *Всех ожидает одна ночь*)（透过雾，最终，红色的瓦房屋顶隐约现出。我们停在了《Guest house》饭店的门口。）

（30）Она встала, стряхнула с подола прилипший песок и побрела никуда по темному берегу... Вблизи сгустком тьмы **проступил** старый пирс. (А. В. Дмитриев, *Штиль*)（她站起身，抖了抖衣服下摆上粘的沙子，慢慢地沿着黑暗的岸边走着……黑暗中，旧码头时隐时现。）

（31）На следующий день пути внезапно послышался лай собаки. Из дымки испарений, скрывавшей даль, **проступили** длинные колючие изгороди, за которыми прятались низкие шалаши кочевников. (И. А. Ефремов, *На краю Ойкумены*)（在上路的第二天突然传来了狗吠。透过隐藏在远处的蒸汽的雾气里，长满刺的篱笆时隐时现，在篱笆的后隐藏着低矮的游牧民族的窝棚。）

动词открываться/открыться 在大部分情况下也被认为包含观察者，但是它增加的"移动"意义常常属于参与者"障碍物"。例如：

（32）Когда после оркестрового вступления **открылся** вид на Красную площадь с широким помостом, устланным сукном малинового цвета... в зрительном зале пронеслась буря аплодисментов. (Ю. Елагин, *Укрощение искусств*)（管弦乐演出之后，红场和被深红色幕布盖着的宽大木板台出现在眼前……观众爆发出暴风雨般的掌声。）

（33）Археологи более двух лет вели раскопки на территории бывшей императорской виллы... Совершенно неожиданно их взорам **открылись** руины величественного здания полукруглой формы. （考古学家在以前沙皇别墅的遗址上已经发掘了两年多了……他们眼前意外地出现了一个半圆形的宏伟建筑。）

例（32至33）的分析表明，例（32）中的障碍物是"幕布"，当管弦乐序曲结束后，它被升了起来，所以观察对象得以被感知；而例（33）中的障碍物是"泥土"，观察对象"建筑物"的出现是因为障碍物"泥土"的消失。

但是并不是显现类动词中所有视觉感知动词的完成体过去时形式都可以包含"移动观察者"。动词 проглянуть, зардеться, выглянуть等并不包含该意义。在这三个动词所描写的情景中，观察者总被认为是固定不动的。因此，和空间客体分布动词一样，其完成体过去时形式中增加的'移动观察者'的意义具有词汇—语法特点。

通过研究发现，俄语中，只有视觉感知动词的完成体形式才可能增加"移动观察者"的意义。借助前置词за-构成的味觉感知动词和触觉感知动词中只有少量完成体形式主要用于无人称结构，且只具有"开始"意义，即"主体开始通过味觉和触觉感知观察对象"，例如：

（34）После второго стакана пива во рту **загорчило**. （第二杯酒下肚后，嘴里的啤酒开始发苦。）

（35）Щеки **защипало** от мороз а . （脸颊被寒风刺得生痛。）

借助前置词за-构成的完成体形式的听觉感知动词和嗅觉感知动词，也只具有"开始"意义，即"主体开始通过听觉和嗅觉感知观察对象"。例如：

（36）На улице зазвучал торжественный марш, Земля **запахла** сыростью и слежавшейся листвой. （街上响起了庄严的进行曲，土地散发出潮湿味以及腐朽树枝的味。）

和通过视觉所感知的形象有所不同，声音和气味本身自己是会移动的，它们可以借助空气进行传播，因此观察者不用为了感知声音和气味而移动。在显性指出移动主体的上下文中，完成体形式能够参与描写借助移动观察者嗅觉所感知的客体，但其本身并不暗示着观察者正在移动。例如：

（37）Она схватила ошалевшего котенка и, прижав его к груди, побежала на речку. На холме резко **запахло землей и цветами.** （她抓住疯狂的小猫，把它搂在胸前，朝河边跑去。山岗上散发着浓烈的泥土芬芳和花香。）

（38）Мы довольно долго пробирались через чащу леса, как вдруг где-то совсем близко **зазвучали человеческие голоса.** （我们花费了很长时间穿过了丛林，突然在一个很近的地方响起了人的声音。）

因此，即使脱离上下文、甚至上下文中存在移动观察者，在例（37至38）中"泥土芬芳和花香"和"人的声音"都可以理解为是借助空气传播过来的。或许此时移动观察者的出现只是暗示着，声音和气味的传播发生在一个可以感知的范围内。

三、动词белеть/забелеть等体对偶关系问题

белеть/забелеть[①]，блестеть/заблестеть，виднеться/завиднеться 等动词是体的对应词偶，还是未完成动词белеть, блестеть 和 виднеться借助前缀за-构成的表示'行为开始方式'的动词呢？

一方面，前缀构词法使забелеть这一类型的动词和经典的表示行为开始方式的动词（закричать, забегать等）接近。在传统语法中，动词белеть, блестеть和виднеться被列为单体未完成体动词。МАС中的解释同样如此，即белеть, блестеть和виднеться 是没有对应体的未完成体动词，而забелеть, заблестеть, завиднеться 则是没有对应体的完成体动词。[②③] Падучева认为，体对偶动词的语义是借助相应构词模式来描写的。[④]

在МАС词典中，动词забелеть, зазеленеть, заблестеть, засиять 等标注了两个意义。

---

① 这里动词 белеть的意义是 '呈现出白色, 白色被看见'，例如: Белеет парус одинокий. 动词белеть的过程意义表示'开始变白'，例如: Его лицо постепенно белеет, 它和动词побелеть构成了对应词偶，例如: Его лицо побелело——笔者注

② Русская грамматика. Том I. Фонетика. Словообразование. Морфология.-М.: Наука, 1980: 595-597.

③ Земская Е. А. Типы одновидовых приставочных глаголов в современном русском языке[A]. Исследования по грамматике русского литературного языка[C]. М.: Изд-во АНСССР, 1955: 10-11.

④ Падучева Е. В. Динамические модели в семантике лексики[M]. М.: ЯСК, 2004: 198

①Начать зеленеть; стать зеленым. Зазеленели поля. (开始变绿，成为绿色的。例如：田野开始变绿了。)

②Выделиться своим зеленым цветом, показаться (о чем-л. зеленом). Вдали зазеленела крыша. (呈现绿色。例如：远处出现了绿色的屋顶。)

释义①强调的是狭义的开始意义。在Зазеленели поля. (田野开始变绿了。) 这句表述中，我们可以肯定的是，在过去的某个时刻之前，田野还不是绿色的，这个时刻之后它才开始变绿。在释义①中，зазеленеть属于单体的完成体动词，表示"行为开始的方式"。

在Вдали зазеленела крыша. (远处出现了绿色的屋顶。) 这句表述中，肯定的事实并不是在某个时刻房顶开始变绿，而是在过去某个被强调的时刻绿色的房顶出现在了移动观察者的视野中。那是否可以认为：完成体动词зазеленеть在выделиться своим зеленым цветом, показаться (о чем-л. зеленом) (呈现绿色) 意义上和未完成体动词зеленеть在выделиться своей зеленью, своим зеленым цветом, виднеться (о чем-л. зеленом) (呈现绿色) 意义上构成了体的对应词偶呢？

我们来比较一下Вдали зеленеет крыша.和Вдали зазеленела крыша.这两句话。Вдали зеленеет крыша.描写的是绿色房顶出现在观察者视野时某个被强调时刻的当前情景。Вдали зазеленела крыша.则是在某个时刻绿色的房顶开始出现在观察者的视野中，而且这一状况在言语时刻还在持续。因此，Вдали зазеленела крыша.描写的也是当前情景。由此可见，зеленеть和зазеленеть的区别实际上在于"绿色的X处于观察者视野"和"绿色的X开始处于观察者视野，并在言语时刻仍处于其视野"之间的对立。

类似зеленеть/зазеленеть的这类动词属于Гловинская动词体的第四种类型或与其接近。如上所述，该类动词的未完成体形式表示"处于某种状态"，而完成体形式表示"开始处于某种状态并在观察时刻仍处于该状态"（例如сердиться/рассердиться, верить/поверить, возглавлять/возглавить等）。[①] Гловинская指出，属于动词体第四种类型的这一类

① Гловинская М. Я. Многозначность и синонимия в видо-временной системе русского глагола[M]. М.: Русские словари, Азбуковник, 2001: 111.

动词的一个典型特征在于，其前缀具有丰富的能产性。[①] 例如любить/
полюбить, ненавидеть/возненавидеть, видеть/увидеть, слышать/услышать
等。此外，动词открываться/открыться, возноситься/вознестись,
подниматься/подняться, разворачиваться/развернуться 等也具有 "处于观
察者视野" 和 "开始处于观察者视野并在言语时刻处于该状态" 的对立关
系。

和зеленеть/зазеленеть类似的还有下列动词：заблестеть表示 "开始闪
烁、闪烁起来"，和未完成体блестеть的 "闪烁" 意义构成了体的对应词
偶；засиять表示 "闪耀起来"，和未完成体сиять的 "闪耀" 意义构成了体
的对应词偶；завиднеться表示 "开始看见"，和未完成体виднеться的 "看
见" 意义构成了体的对应词偶。

但是，我们需要指出的是，动词белеть/забелеть, зеленеть/зазеленеть,
блестеть/заблестеть, брезжить/забрезжить等未完成体形式表示'某种属
性'，而完成体形式表示 "向这种属性转变" 的很多其他此类动词，也都
不符合Маслов所理解的体的对偶标准。[②]

原因在于，根据Маслов体的对偶标准，在历史现在时的上下文中，动
词未完成体形式能够替换相对应的完成体形式。例如：

（1）Он **приехал** в Москву и почти сразу женился → Он **приезжает** в
Москву и почти сразу женится.（他搬到莫斯科之后就结婚了。）

对于我们所研究的动词，类似的替换对我们所研究的动词而言并一定
正确。例如：

（2）a. Вскоре на горизонте **зазеленел** лес.（很快绿色的森林就出现
在了地平线上。）

b. Вскоре на горизонте **зеленеет** лес.

例（2a）中的动词完成体形式不能用未完成体形式替换，若想表达类
似的意思最好说：Вскоре на горизонте начинает зеленеть лес. 因此，按照

---

① Гловинская М. Я. Многозначность и синонимия в видо-временной системе русского
глагола[M]. М.: Русские словари, Азбуковник, 2001: 118-119.

② Маслов Ю. С. Вид и лексическое значение глагола в современном русском языке[J]. Известия
Академии наук СССР. Отделение литературы и языка. Т. VII, 1948(4): 303 - 316.

Маслов的标准，зеленеть和зазеленеть不构成完成体和未完成体的对应词偶。这一结论也适用于下列动词，例如：

（3）a. Еще один дневной переход, и перед нами **заблестела** поверхность горного озера.（还有一天的路，我们眼前出现了白茫茫的山顶湖泊。）

b. *Еще один дневной переход——и перед нами **блестит** поверхность горного озера.

（4）a. И вот на горизонте **забрезжил** аэропорт столицы дружественной Индии.（地平线上闪现出了友好印度发白的首都机场。）

b. *И вот на горизонте **брезжит** аэропорт столицы дружественной Индии.

但是，открываться/открыться, вставать/встать, разворачиваться/развернуться等借助后缀构成体对应词偶的这些成对动词符合上述标准。例如：

（5）Но вот подъем закончен, и перед нами **встают** громадные, как пирамиды Хеопса, серебристые купола астробашен.（坡过去了，我们眼前矗立着几座巨大的、有点像胡夫金字塔的银色圆顶的天文塔。）

（6）Еще одна гряда холмов——и **открывается** вид на Сторожинец. Решаем устроить перекус.（还有一列山丘——眼前展现的是斯托罗日涅茨。我们决定先吃点东西。）

（7）Еще один поворот, и перед нами **разворачивается** дорога такой ширины, что и краев ее не видно.（还得拐个弯，我们眼前出现了一条极其宽阔的道路，根本看不到它的边儿。）

通过分析，我们发现，Маслов的分类标准主要适用于描写动态行为（或过程）的有界限的成对动词，却并不总是适用于未完成体表示某种状态或属性，而完成体表示向这种状态或属性转变的动词体的对应词偶。因此，Маслов认为，видеть/увидеть, слышать/услышать, чувствовать/почувствовать, ощущать/ощутить以及其他感知动词都是体的对应词偶。①

---

① Маслов Ю. С. Вид и лексическое значение глагола в современном русском языке[J]. Известия Академии наук СССР. Отделение литературы и языка. Т. VII, 1948(04): 314.

而且，当从叙事层面转向言语层面时，这些动词的未完成体形式的确能够替代完成体形式，例如：

（8）Он **приехал** домой и **увидел** родных / **услышал** неприятные сплетни / **почувствовал,** что былое не вернуть→Он **приезжает** домой и **видит** родных / **слышит** неприятные сплетни / **чувствует,** что былое не вернуть.（他回到家里看到亲人/听到不好的传闻，他觉得，昔日已不复往返。）

同时，Маслов却没有将волноваться/взволноваться, любить/полюбить, ненавидеть/возненавидеть, знать/узнать等动词列为体的对应词偶。他认为волноваться, любить, ненавидеть, знать是未完成体单体动词，взволноваться, полюбить, возненавидеть, узнать是完成体单体动词。因为这些表示心智和情感状态的完成体动词与感官感知类动词不同，它们不能用历史现在时替换。例如：

（9）Он сразу **полюбил** / **возненавидел** ее.→ Он сразу любит / ненавидит ее.（他一下子爱/恨上了她。）

由此可见，按照Маслов的分类标准，具有类似语义关系动词的完成体形式和未完成体形式应该分属不同类别，即体的对应词偶和体的不对应词偶。正是因为这个原因，Гловинская才将上述列举的所有动词以及未完成体表示"属性"而完成体表示"向这种属性转变"的其他很多动词（例如возглавлять/возглавить, понимать/понять, воображать/вообразить 等）都列到了体对立的第四种类型中，也被称边缘类型。[①]

为了区分体对应词偶中的完成体动词和表示'行为开始方式'的完成体动词，Гловинская提出了几个区分标准。[②]

第一个区别基于动词的词汇意义特点。对于表示'行为方式开始'的动词而言，其关注点是行为开始的时刻，和观察时刻重合且早于言语时刻，例如：Ребенок **забегал.**（孩子跑了起来。）而对于动词体的第四种类

---

① Гловинская М. Я. Многозначность и синонимия в видо-временной системе русского глагола[M]. М.: Русские словари, Азбуковник, 2001: 108-118.

② Гловинская М. Я. Многозначность и синонимия в видо-временной системе русского глагола[M]. М.: Русские словари, Азбуковник, 2001: 120-123.

型而言，关注点是观察时刻，它和言语时刻重合。开始的时刻就是所描写状态产生的时刻，相反，早于观察时刻和言语时刻。例如：Он возглавил завод.（他开始领导工厂。）从该意义而言，动词забелеть, зазеленеть, засверкать, завиднеться等和动词体的第四种类型很类似。因为，正如前所述，在На горизонте зазеленела крыша这句表述中本身暗含"绿色的屋顶在观察时刻处于感知主体视野中"，而且开始感知的时刻（也就是在观察者视野中出现绿色房顶的时刻）早于观察时刻，观察时刻和言语时刻重合。

第二个区别是动词中'持续情景（длящаяся ситуация）'语义成分的地位以及和表示结果保存意义的时间副词（на мгновение, на какое-то время, надолго, ненадолго等）的搭配性。对于表示"行为开始方式"的动词而言，释义的重点在于行为开始的时刻。我们并不知道产生的这一情景是否会持续，所以它们不能和表示结果保存意义的时间副词连用，例如：Он ненадолго запел. 而对于动词体的第四种类型而言，由于语义成分"持续情景"是其释义的陈说部分，所以它们可以和表示结果保存意义的时间副词自由搭配，例如：Он на какое-то время заинтересовался данной проблемой.（他对这个问题感兴趣了一段时间。）对于该意义来说，我们所研究的动词和动词体的第四种类型接近，它们描写的是视觉感知到的持续情景，能够和表示结果保存意义的时间副词搭配，例如：Впереди на какое-то время заблестела река, а потом снова исчезла из виду.（前方，河水波光闪闪一阵子，然后很快就从视野消失了。）

第三个区别是从前两个区别中推导出来的。第三个区别的实质在于，比起表示'行为开始方式'动词和其相应的原始动词来说，第四种动词体类型中的完成体动词和其相应的未完成体动词在意义上更接近，因为，未完成体动词的释义完全包含在完成体释义中而且非常重要。Маслов提到了动词видеть/увидеть, слышать/услышать, чувствовать/почувствовать等动词体的对偶之间的"实质等同"（вещественная тождественность）。① 从语义上而言，Маслов的观点非常适用于我们所研究的动词。试比较：Вот уже

---

① Маслов Ю. С. Вид и лексическое значение глагола в современном русском языке[J]. Известия Академии наук СССР. Отделение литературы и языка. Т. VII, 1948(04): 314.

на горизонте зазеленел лес和Вот уже на горизонте зеленеет лес.

鉴于上述三组区别，我们认为，动词белеть/забелеть，блестеть/заблестеть，виднеться/завиднеться和Гловинская提出的动词体的第四种类型类似，能够被看作是相关动词完成体和未完成体的对应词偶。

第三节 "空间边界"意义名词数范畴中的观察者①

在描写一些俄语名词单复数的语义时，观察者也是一个非常重要和有用的工具。俄语中有一些表示"空间边界"意义的名词，例如граница，край，берег，контур等，按照Д. И. Арбатский的观点，其单复数形式意义相同。② 实际上，它们的单复数形式并非完全可以相互替换。试比较：

（1）a. На **границе** с Польшей их машина застряла в очереди. （他们的车滞留在与波兰交界处的车队中了。）

b. На **границах** с Польшей их машина застряла в очереди.

（2）a. Когда же он был близко, я шел по **краю** поля, между соснами, по влажной хвое и блаженствовал. (В. В. Шульгин, *Послудний очевидец*) （当他走近的时候，我正沿着在松树林之间的田边上走呢，走在潮湿的针叶林中，幸福无比。）

b. Когда же он был близко, я шел по **краям** поля, между соснами, по влажной хвое и блаженствовал.

c. По **краям** поля были расставлены флажки. （田边上插满旗子。）

对比表明，上述名词单复数形式的意义并非完全相同，其复数形式的意义并非"多于一个"的意义。很多客体的边界既可以用单数表示，也可以用复数表示，但是并不是所有的情况都可以用单复数替换，其具体语义差别可通过观察者概念来描述。本节将以俄语中表示"空间边界"意义

---

① 本书内容为吉林省社科基金项目（2019B183）阶段性研究成果.

② Арбатский Д. И. Значения форм множественного числа имен существительных в современном русском литературном языке[D]. Дис. канд. филол. наук. М., 1954: 255.

名词граница-границы, край-края, берег-берега等为例，借助观察者的观察视角以及观察者距离观察对象距离的远近等来解释其单复数形式的语义区别，揭示观察者在其语义分析中的重要作用。

一、名词**граница-границы**的语义异同

граница（边界、界线）是空间的一个基本概念，正是由于边界的存在，空间客体之间才可以相互区分，并以一定的形状存在。在地理学中，边界最主要的初始意义表示两类空间客体，具体如下。

（1）将两个空间客体分开的一条线段。（如图5-1所示）

（2）将某一空间客体和其他空间客体隔离开来的环线（即一个空间客体和其他空间客体分界的线段集合）。（如图5-2所示）

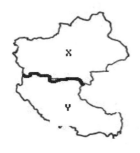
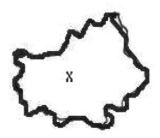

图5-1　　　　　　　　　　　　　　　图5-2

名词граница在表示意义$_1$时，是一个二价名词，具有X和Y两个配价，其中X=空间$_1$，Y=空间$_2$。例如：Китайско-российская **граница**（中俄边界）．在表示意义$_2$时，名词граница是一个一价名词，只具有配价X，X=被隔绝的空间。例如：**граница** Китая（中国的边界）。

若名词граница的复数形式被理解为"大量的、许多的"，其复数语义实际上表示"空间X和若干相邻空间之间所有的界线之和"。换句话说，环线既可以被看作是一个整体（如图5-3所示），也可以被理解为若干相邻线段之和（如图5-4所示）。

图5-3   图5-4

因此，当名词граница体现为一价名词、而所表示空间客体类型如图5-2所示时，其单复数意义相同。国家、城市、学校和小区等客体的空间边界只可能是一个环线，所以表示这些空间客体的边界时，名词граница的单、复数意义相同。例如：

（1）С точки зрения историка, какой станет **граница** России эдак лет через 50?(从历史学家的角度而言，再过50年俄罗斯的边界会是什么样的？)

当名词граница表示的是一个空间客体的边界时，我们实际上是将广义的复数意义理解为带有数学集合意义的一般复数意义。例如：

（2）Англия не намерена полностью открывать свою **границу** = Англия не намерена полностью открывать свои **границы.** （英国不打算完全开放自己的边界。）（一个空间客体的边界）

（3）**Границы** между странами ЕС стали прозрачными. （欧洲国家之间的边界线变得透明。）(若干空间客体的边界)

意义₁和意义₂中 '线段' 和 '环线' 的对立，可以用来解释话语中只显性体现一个配价时名词граница单复数形式的意义差异。试比较：

（4）a.Он не успел удрать. **Российская граница** близко — тридцать километров. =Он не успел удрать. Российские границы близко — тридцать километров. （他来不及逃了。距离俄罗斯边境很近了，只有30公里。）

b. Китайская **граница** проходит по Амуру. (Китайские границы проходят по Амуру.) （中国的边界线沿黑龙江延伸。）

在例（4a）中，名词граница表示的是意义₂中的"环线"，通过配价X来体现，其单复数意义相同。而在例（4b）尽管只体现了一个配价X（китайская граница），但是通过分析，我们会发现，这里的名词граница

实际上表示的是意义₁中的"一条线段"。句中只有一个参照点显性地表达出来，而观察者所处的观察位置（即另一个配价Y=俄罗斯）并没有体现在句法表层，所以其单复数形式不可替换。再如：

（5）В общем, я очень рад, что наконец добрался до **границы** с Монголией.（整体而言，我很高兴，终于到达和蒙古交界的边界线了。）

当名词граница和表示方向的"东、南、西、北"以及和表示"海洋、陆地"等的形容词连用时，单复数形式可相互替换。在这种情况下，名词граница既可以表示意义₂中"环线"的一部分，同时也保留了该部分是"由若干线段构成"的这种类似复数的意义，这时名词单复数形式同义。例如：

（6）Западные **границы** России—это **граница** с Норвегией, Финляндией, прибалтийскими республиками, Белоруссией и Украиной.（俄罗斯西部的界线是和指和挪威、芬兰、波罗的海共和国、白俄罗斯和乌克兰的界线。）

（7）Германские войска скапливались у западных **границ** СССР = Германские войска скапливались у западной **границы** СССР.（德国部队集结在苏联西部边界。）

当名词граница用于转义，表示"某一限度或范围"时，必须使用复数形式，如выйти из границ（超出范围），而在за границей, за границу, из-за границы时只能用单数形式。但是在Но и за **границами** Германии живут тысячи немецких семей.（但是在德国境外住着成千上万的德国家庭。）这个句子中，固定搭配被破坏了，因为此时观察者采用的是鸟瞰式的全局视角，似乎是站在德国领土中央上空进行俯瞰，并且观察者和所观察空间具有一定的距离。

上述例子体现的都是外部观察者的视角。外部观察者作为旁观者，通常采用一种鸟瞰视角，看到的是一个巨大的空间，在描述这一场景的时候，名词граница单复数同义。历史学家或者地理学家经常会这样描述空间客体，因为对他们而言，名词граница所表示的空间首先指的是地图上那些抽象的线段。文学作品中对风景描写时也会采用类似的视角，所以поля, леса, реки, пространства在这种情况下通常使用复数形式。

但是，当观察者位于空间领域之内的某个具体位置时，其观察视角则是内部的，这时单数形式往往不能被复数形式替换。因为当观察者成为情景的参与者时，就会定位于一点，这个点可以位于空间的内部，也可以无限接近空间的界线，但不可能同时看见界线的几个组成部分，也不可能同时位于该空间的数个区域，因此在这种情况下，名词граница不能使用复数形式。例如：

（8）Теперь я поведу тебя посмотреть, – продолжал он, обращаясь к Чичикову, – **границу**, где оканчивается моя земля... прошедши порядочное расстояние, увидели, точно, **границу**, состоявшую из деревянного столбика и узенького рва. (Н. В. Гоголь, *Мертвые души*)（"现在我带你去看看我的地界。" 他转身对乞乞科夫说，"它非常大，我们看到的地界是由木头柱子和狭窄的水沟构成的。"）

在例（8）中，名词граница所表示的空间范围远远超出了人物的视野。站在这一空间中，人不可能完全感知整个空间，他看到的只是空间范围的一部分。因此，如果观察者固定在一个具体位置进行观察，当该位置处于边界线上、或者是处于小于空间的其他客体，表明该定点相对于界线所表示的空间而言微不足道，完全无法相提并论，因此不能用复数。例如：

（9）Через пятнадцать минут мы уже на **границе**(* **границах**).（15分钟之后我们就到边界线了。）

（10）Как говорят, родился он на **границе** (***границах**) Польши и Украины.（据说，他出生在乌克兰和波兰的交界处。）

（11）В конце концов, он добрался до китайской **границы** (***китайских границ**).（最终，他达到了中国的边界。）

例（8至11）反映的是另外一种感知情景方式——观察者"从里向外"进行观察。通过对观察者感知方式的对比，我们发现了数和体在使用的上下文中存在着相似之处，因为"从里向外"和"从外向里"的视角是建立在动词体的语义对立基础上的。

由此可见，名词граница的单复数用法取决于词汇意义中的观察者因素，取决于观察者相对于观察对象的相对位置和视角特征。

二、名词край-края的语义异同

描写名词граница语义中的对立的方法同样适用于描写名词край。我们首先来分析一下名词край的语义。

第一，表示线段（复数形式表示若干线段）。例如：

（1）a. Обычно ревёт, когда она приходит, а тут лезет к её сапогам и цепляется за **край** халата.（通常它就不停吼叫，当她来的时候，它马上就爬向她的脚，抓住大褂的边儿。）

b. Мальчик стоит на красненьких, кривоватых ножках, держась руками за **края** ванны.（小男孩两手扶着浴缸的边儿站着，小腿是粉嘟嘟的，有点弯曲。）

（2）a. Стоя на **краю** ржи, он задумчиво стегал по траве коротеньким пастушьим кнутом.（站在麦田边上，他若有所思地用短短的牧鞭抽打着草地。）

b. На **краях** бассейна сидели четыре голых бородача, с ними разговаривал пятый, плававший, протяжно фыркая и отдуваясь...（在游泳池边儿上坐着四个赤裸的大胡子男人，和他们交谈的另一个人，一边游泳，一边拖长声音呼哧呼哧地大声喘气。）

第二，表示封闭的环线（复数和单数均表示同一个客体）。例如：

（3）a. -Слушаю-с, -отвечал растерявшийся Семен, налил себе через **край** стакана и выпил.（"听着呢。"西蒙茫然失措地答道，顺着玻璃杯边儿给自己倒了一杯，喝了。）

b. Дамы с визгом и воплем: – Коньяк! – кинулись от **краев** бассейна за колонны.（"鸡尾酒！"女士们尖叫着从泳池的四周跑到了柱子后面。）

可见，名词граница和名词край的单复数用法并非完全一样，这种差异的原因在于它们所限制的客体的本体论地位的不同。

如上所述，名词граница指的是两个空间客体之间的线段或者将一个空间客体和其他空间客体隔离的环线，而名词край始终指的都是环线。需要强调的是，名词край是一价名词，因此，即使是用于表示意义$_1$时，也和意

义₂类似。此外，不仅仅是自然界的空间客体具有边缘（край поля），一些人造物（край кастрюли）以及面部器官（края глаз, края губ）也都具有边缘。

由于客体类型的不同或者对客体的理解方式的不同，客体所具有的边缘数量是不同的，可以是一个、两个或者更多。例如：

（4）a. **край** причала（码头边）（一个）

　　　b. **края** дороги（路边）（两个）

　　　c. **края** салфетки（餐布边）（两个以上）

在不同的情景中，由于观察视角的不同，对同一个客体的理解也可以是不同的。当我们说Туча скрылась за **краем** леса.（乌云隐藏在森林边缘的后面）时，森林可以被看作是垂直分布的一个客体，这里的край指的是森林的上边缘部分。而通常，森林被理解为水平分布形式，那它就具有很多边缘，例如：По **краям** лес уже горел.（森林的边缘部分已经着火了。）．对于方桌和餐巾这样的客体而言，край不仅可以表示一个边（5 a），也可以表示一个角（5b）。例如：

（5）a. Она ещё не понимала, как и чем опасен этот узелок—старик торопливо отдёрнул **край** платка... (Ю. О. Домбровский, *Факультет ненужных вещей*)（她还不明白这个结的危险——老人急忙拉开头巾一边。）

　　　b. Голова ее повязана была белым вязаным платком. Лицо все ушло в **края** платка. (П. Д. Боборыкин, *Китай-город*)（她头上戴着一个白色的针织头巾，整个脸都被头巾的边儿遮住了。）

名词край单复数的用法反映了它所表示的空间客体的特征。

首先，名词граница的复数形式通常表示一个空间客体和若干空间客体相邻的、不同的线段之和，而名词край的复数形式通常表示一个客体若干边缘的线段总和。

其次，词组края салфетки / проруби / стола中的复数可能表示有两个或者两个以上元素构成的复数。例如在края дороги中，复数形式可被理解为"由两个元素构成"，而在край причала / обрыва / очереди中的复数形式不能按照这种方式理解。

再次，对表示意义₁的край的复数还可以这样解释：它可以是连续的（相互连接的连续线段之和，例如：края платка，也可以是离散的两条独立的线段，例如края дороги。试比较：

（6）a. Я поворачиваю голову, мальчик проезжает на велосипеде, кусты по **краям** дороги. (С. А. Шаргунов, *Ура*)（我转过头，小男孩骑自行车经过，路两边都是灌木丛。）

　　　b. По **краям** фонтана стояли статуи = По краю фонтана стояли статуи.（喷泉边上矗立着雕塑。）

Рахилина在解释下面例（7）这两个句子时指出了它们之间的细微差别。（7b）中存在一个观察者。观察者看到的是相邻表面的单独片段，且每一次其视角都在发生变化，因此这里的复数表示的是观察者目光每次所及地方的一个集合。① 而当用单数形式替换复数形式时发生变化的只是观察者的位置，观察者移动到了客体的边缘处，其目光沿着该客体不断移动。试比较：

（7）a. Сперва он бежал по **краю** (*краям) поля, потом резко свернул на середину.（最初他沿着田野边儿跑，后来猛然转到中间。）

　　　b. В лучшем случае кое-где по **краям** поля клали обычные доски, чтобы шайба отскакивала. (А. С. Козлов, *Козел на саксе*)（最好在场子的运动场边儿上放一些板子，能让冰球弹回来。）

如图5-5所示，例（7a）和（7b）中的край指的都是某一场地表面上接壤的边缘，但在例（7a）中，观察是沿着一个方向进行的，由于场地的边缘只有一个，所以不能使用复数。而在例（7b）中，由于观察者是从内部向外观察，每一次目光都投向了不同的方向，所以复数表示的是每一个单独片段的总和。

---

① Рахилина Е. В. Когнитивный анализ предметных имен: семантика и сочетаемость[M]. М.: Русские словари, 2000: 248.

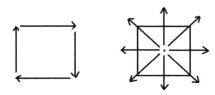

图5-5 край的单复数形式与观察者位置

虽然名词край的单复数用法有如上规律，但是并不排除有特殊的变体形式，例如索尔仁尼琴的小说名字*На краях*。[①]

需要指出的是，名词край中的环线不总是表示不同方向线段的总和。在很多人造物中，край可以解释为单复数同义的一个类似圆形的、连续的空间客体，如：край/края стакана, тарелки, клумбы, арены цирка, платья, шубы或者是这个圆形线段上的一个点，但并不是一条线段，如：положить ложку на край тарелки, сидеть на краю арены.

三、名词берег-берега的语义异同

名词берег和名词край语义类似，但对于不同客体（例如海岸、河岸、湖岸等）而言，其表示形式也不同。

当名词берег表示海岸时，其单复数形式可以相互替换，虽然海岸是由无数个连续的线段组成，但能够被视为是一个统一的客体，即单数的берег，所以其复数形式可以被单数形式替换。在俄语中，如果大海中有岛屿的话，也可以这样理解。例如：

（1）a. В ходе переговоров выяснилось, что ещё до прибытия к этим **берегам** лорда Гленарвана, остров открыли уже дважды. (М. А. Булгаков, *Багровый остров*)（在谈判过程中搞清楚了，格列那尔王公爵到达岸之前，这个岛屿就已经被发现两次了。）

b. – Да, острову капут, – говорили между собой матросы, разглядывая в подзорные трубы коварные зеленые **берега** этого... (М. А.

Булгаков, *Багровый остров*）（"岛完蛋了！"海员们通过潜望镜看着这些邪恶的绿色岛屿，彼此之间说到……）

例（1至2）中的单数可以用复数替换，其单复数意义相同。

但用于河流或者溪流时，其复数形式只表示由两部分组成的区域（两岸），不可用单数替换复数。例如：

（2）В дни юбилея на **берегах** Невы подспудно разгоралась аппаратная битва между властными кланами за будущее государственное устройство России.（纪念日的时候，各政权党派之间会在涅瓦岸边心照不宣地上演未来俄罗斯国家机构的部门争夺战。）

湖是河流和海的过渡形式，所以它的岸可以用单数或者复数形式表示。在论及空间客体单复数形式之间的相互关系时，Арбатский指出："复数形式的意义中包含空间'宽广'和'跨度大'的细微差别。"[①] 然而，这种数之间的细微差别常常不是指量的差别，而是质的差别。在对比词组берег моря和 берег реки时，这种差别尤为明显。和河岸不同的是，在海边看到的岸比起在河边看到的岸距离观察者要远得多，因此，当强调客体对观察者而言遥远、不确定以及轮廓模糊时，使用复数形式的可能性更大。例如：

（3）a. Из Ливерпульской гавани, всегда по четвергам, суда уходят в плаванье к далёким **берегам.**（每逢周四，船舶就会从利物浦港出发，前往遥远的海岸。）

　　b. В утреннем тумане едва виднелись **берега**.（岸在晨雾中隐约可见。）

名词берег和名词граница, край一样，不允许在表示定位点的谓词的上下文中使用复数形式。例如：

（4）a. Мы сидим с ним на **берегу** (*берегах) Каспия и жарим свежепойманную рыбу.（我们和他坐在里海边上，烤着刚钓上来的鱼。）

　　b. –По-моему, нас уже ищут, – сказала девушка и поплыла в

---

① Арбатский Д. И. Значения форм множественного числа имен существительных в современном русском литературном языке[D]. Дисс... канд. филол. наук. М., 1954: 238.

сторону **берега**(***берегов**). （ "我觉得，已经在找我们了。" 女孩说完，就朝着岸边方向游去。）

在海员的话语中，берег是和 "大海" "陆地" 相对立的一个概念。在这个意义上，它与суша类似，被用作一个集合名词，只有单数形式。例如：

（5）На пристани Назимово толпа пассажиров, стосковавшихся по берегу, заранее накопилась, стиснулась у квадратной дыры и выжидательно молчала, будто у входа в божий храм перед молебствием. (В. Астафьев, *Последний покон*) （非常想念岸边的乘客们，早早聚集在纳济莫沃码头，挤在一个方形的洞边上，就像是在神殿门口祈祷前那样，满怀期盼地沉默着。）

由此可见，名词берег的复数形式经常取决于观察者的位置。如果强调河岸距离观察者遥远，或者河岸模糊不清，名词берег通常使用复数形式。

人类中心原则确定了交际情景：与言语时刻和说话人本人相关的不仅仅是词汇单位，还包括语法范畴。通过对俄语中表示 '空间边界' 意义名词граница, край和берег的语义分析，我们发现上述名词单复数的用法和观察者的位置和视角有着紧密的关系。

除了表示 "空间边界" 意义的名词，俄语中还有一些名词在使用时会出现所指和能指的不对应。例如，类似绳子这样柔软的物品并不具有固定的形式。若在使用过程中，其两端是在一起来履行某种特殊功能的话，那它就能够被看作是一个合成的客体，如：цепи（指镣铐）、прыгалки（指攥在手里的跳绳）、поводья（指握在手中的马的缰绳）和шнурки（指鞋上的鞋带）等。此时关注焦点不是整个事物，而是事物的两端，所以可以认为它是由两个部分构成的[①]。

俄语中的一些物质名词的复数形式表示 "大量的"，如воды, льды, массы, пески, снега, толпы等，但名词толпы的复数形式不仅仅表示数量庞大，一个非常重要的因素是 "位于一定距离之外的观察者的视角"，例如：

---

① Ляшевская О. Н. Нестандартное числовое поведение русских существительных[М]. АКД. М., 1999: 10.

（6）Я увидел приближающиеся **толпы** народа.（我看到了越走越近的人群。）

（7）Вокруг меня были **толпы**.（我周围都是人。）

但是不能说：

（8）*В **толпах** я увидел Машу.

综上所述，观察者的语言认知对于选择单复数形式来说具有一定的制约意义，观察者的视角和观察者的位置是选择граница, край和берег等名词单复数形式的重要影响因素。

结束语

本书研究了语言学中的一个重要概念——观察者。"观察者"和语言的自我中心有紧密关系。本书主要涉及了如下问题:"观察者"在国内外的研究现状、"观察者"的概念化实质、"观察者"的类型及阐释、"观察者"在词汇语义和时—体语义中的作用。

序言部分介绍了本书的选题背景、现实性、理论价值和实践意义以及本书的结构、新意及研究方法。随着人类中心范式在语言学中的重要地位,观察者的研究不仅可以合理解释一些语言现象,还可以推动语言哲学、认知语言学、语义学、语用学、叙事学的联姻和发展。将"观察者"应用于词汇、语法语义研究中,是"观察者"在语言中普遍存在的最好例证。

第一章叙述了"观察者"在国内外的研究概况。在欧美语言学界观察者概念广泛应用于认知语言学研究,尤其是时空范畴的研究中。俄罗斯学者对"观察者"的研究内容丰富,该概念广泛运用于词汇语义学、词典学、语法语义学、语言类型学和功能与法学等相关学科中。而国内的研究相对落后,对"观察者"的研究领域并未真正打开。

本书第二章重点阐释了"观察者"的概念化过程。使科学世界图景和日常世界图景变得很接近的一个因素是存在元概念。"观察者"概念由于其概念语义基础的宽泛和无所不包性,所以并没有统一的包罗万象的定义,并对科学学科、具体概念和助其进行分析的材料具有很自然的依赖性。"观察者"的概念变体指出了存在概念化的不同方式,也指出了概念结构的动态发展。

第三章通过对语言学中的"观察者"进行分类阐释,目的是将"观察者"纳入系统研究中。虽然"观察者"已经稳固进入到语言学研究中,但是其概念的内涵和外延都在不断扩大。Падучева将"观察者"的解释和自我中心成分的言语机制和叙事机制相关,认为"观察者"是二级指示的标志。本章借助Падучева的分类思想，系统展示了语言学中的观察者分类，并对其分类进行了阐释。

第四章和第五章主要通过实证研究，揭示了词汇语义和语法语义中观察者的普遍存在性。并试图通过俄、汉语的对比，将"观察者"概念的解释潜能扩大到汉语研究中。

本书通过对元范畴观察者的研究，可以得出以下主要结论。

元概念是通过词汇表达的一个具有包罗万象特征的一个范畴。它们能够实现不同科学学科和理论的对接。它们能够成为研究的对象物，但却经常用于科学概念中作为概念方法分析的工具。由于其概念语义基础的宽泛和无所不包性，这些范畴没有统一的包罗万象的定义，并对科学学科、具体概念和助其进行分析的材料具有很自然的依赖性。元范畴的概念变体指出了存在概念化的不同方式，也指出了概念结构的动态发展。

"观察者"概念就属于这一类的元范畴。早在20世纪初就被广泛积极运用于普通科学中。在现代认知概念中，感知是被看作是观察者和观察对象之间的感知—认知的相互作用，该相互作用促使知识结构的创建，导致观察者和观察对象在认知过程中的不断变化。

对于经典科学而言传统范畴感知主体对于现代非经典的科学世界图景以及具有生命力的人类中心主义而言是不大适用的。人类中心主义是以人——即观察者为定向的。人具有所有心理标志(特征)及对经验世界的各种反应。正是这种观察者，在很多时候，取代了干巴的，没有生命的，从逻辑中推导出来的感知主体。观察者生活于观察情景中，该情景不仅仅存在于科学的理解中，还在日常世界科学中存在许多变体。原形观察（即视觉观察）的日常概念化是观察者概念化的语义基础。

观察者和观察对象之间特殊的，牢不可破的相互关系和相互制约是由观察对象的特点所决定的。观察对象本身在观察情景的结构中，观察对象对于观察者的存在而言是内外部辩证统一的实质。很多不同类型的观察者和观察对象证实了用观察者作为分析工具的必要性和可能性。其中观察者承担不同角色。对观察者概念以及亲属概念深入、科学的理解使得能够将这些进入到语言学中的分析工具的术语标准化，同时也补充了一系列现代认知、概念和语用分析的手段。

　　传统语言学认为观察者是隐性的，句法上无法体现的语义题元。现代研究则指出，扩展这一范畴的分析、概念方法将其包含在一系列全价语义题元中是很有可能和必要的。观察者表现在句法表层以及相关解释，一方面，在很大程度上补充了对作为感知角色的观察者的认知，另一方面，将观察者作为现实语义题元也能将概念语义系统中的感知（观察）角色的理解标准化。

　　本书的不足如下。

　　首先，"观察者"概念是一个相对比较新的概念。国内外语言学界对观察者概念并未形成一个统一的认识，相关研究还在继续。再加上"观察者"概念属于元语言范畴，意欲对"观察者"概念及其解释能力作一全面阐释，存在很大的困难。虽然本人尽力梳理，毋庸置疑，本书结构中的缺陷仍在所难免。

　　"观察者"表现范围十分广泛，其承担的语义角色表现形式复杂多样，因此无法详尽列举所有的观察者类型、在某种程度上，观察者普遍存在于语言中，因为大多数的语言单位都可以发现人的因素，本书的研究只是一个尝试，称不上全面，更不觊觎详尽无遗。

　　此外，由于俄、汉语分属完全不同的两个语系，俄、汉语世界图景和语言表达手段的不同，加大了本书的研究难度。虽然在本书中尽力对这两种语言进行对比，但是这方面的结果差强人意。

　　"观察者"概念存在于从语素到篇章的各个层面，"观察者"研究完全可以被应用于篇章分析，包括叙事文本分析，这是本书研究中的一个不足，但是可以作为今后尝试的一个研究方向。

　　人与客观世界的接触始于观察，观察是人认识世界的主要方式，也是听觉、触觉和嗅觉等感性认识中的主要组成部分，在此基础上才有理性认识。因此，深入地研究视觉认知与其他认知形式之间的关系，研究这一关系的语言表现形式，是语言学研究的重要课题和方向之一。

　　本书研究表明，"观察者"概念属于认知研究中的核心概念，具有很大的分析潜能，该潜能允许在分析不同具体语言现象和整个世界图景中使用该概念。这一潜能意味着，在认知的方法研究语言属性的基础上所进行的语言学分析中，对"观察者"概念进行了全新的、扩展性的阐释具有广阔而深远的前景。

参考文献

[1] Barcelona A. On the ubiquity and multiple level operation of metonymy[A]. Cognitive linguistics today[C]. Frankfurt-Main: Peter Lang, 2002.

[2] Buehler K. The Deictic Field of Language and Deictic Words[A]. Speech, Place and Action[C]. N.Y., 1982.

[3] Dreyfus H. L. Human Temporality[A]. The Study of Time IL Proceedings of the Second Conference of the International Society for the Study of Time[C], Berlin. Heidelberg. New York: Springer-Verlag, 1975.

[4] Ehlich K. Anaphora and Deixis: Same, Similar or Different [A]. Speech, Place and Action[C]. N.Y., 1982.

[5] Foolen A. The expressive function of language: Towards a cognitive semantic approach[A]. The language of emotions. Conceptualization, expression and theoretical foundation[C]. Amsterdam: John Benjamin's Publishing Co., 1997.

[6] Gardner H. The mind's new science[M]. N. Y., 1985.

[7] http://baike.so.com/doc/7797791-8071886.html

[8] http://www.dic.academic.rul

[9] Jacobsen, William H, Jr. The Heterogeneity of Evidentials in Makah[A]. Evidentiality: The Linguistic Coding of Epistemology[C]. Norwood, 1986.

[10] Klein W. Local Deixis in Route Directions[A]. Speech, Place and Action[C]. N.Y., 1982.

[11] Lakoff G. & M Johnson. Philosophy in the Flesh [M]. New York: Basic Books, A Member of the Perseus Books Group. 1999.

[12] Langacker R. W. Concept, image, and symbol: The cognitive basis of

gram¬mar [M]. Berlin; New York: Mouton de Gruyter, 1991.

[13] Langacker R. W. Grammar and conceptualization[M]. Berlin, New York: Mouton de Gruyter, 1999b.

[14] Langacker R. W. The contextual basis of cognitive semantics[A]. Language and conceptualization [C]. GB: Cambridge University Press (Lan guage, culture and cognition; 1), 1999a.

[15] Levinson S. C. From outer to inner space: linguistic categories and non-linguistic thinking [A]. Language and conceptualization[C]. Great Britain: Cambridge University Press, 1999.

[16] Lyons J. Semantics (Vol. 2) [M]. Cambridge: Cambridge University Press. 1977.

[17] Schlichter A. The Origin and Deictic Nature of Wintu Evidentials [A]. Evidentiality: The Linguistic Coding of Epistemology[C]. Norwood, 1986.

[18] Talmy L. How Language Structures Space[A]. Spatial Orientation: Theory, Research and Application[C]. N. Y., 1983.

[19] Taylor J. R. Linguistic Categorization. Prototypes in linguistic theory[M]. Oxford: Clarendon Press, 1989.

[20] Wierzbicka A. Lingua Mentalis. The Semantics of Natural Language[M]. Sydney etc.: Academic Press, 1980.

[21] Wierzbicka A. Semantics: primes and universals[M]. Oxford: Oxford University Press, 1996.

[22] Алексеев А. П. Краткий философский словарь. Изд. 2-е, перераб. и доп. [M]М.: ПБОЮЛ М. А. Захаров, 2001.

[23] Апресян Ю. Д. «Русский синтаксис в научном освещении» в контексте современной лингвистики[A]. Русский синтаксис в научном освещении[M]. М.: Языки славянской культуры, 2001.

[24] Апресян Ю. Д. Дейксис в лексике и грамматике и наивная модель мира[J]. Семиотика и информатика. 1986(28).

[25] Апресян Ю. Д. и др. Англо-русский синонимический словарь[Z]. М.: Русский язык, 1988.

[26] Апресян Ю. Д. и др. Новый объяснительный словарь синонимов русского языка[Z]. М.: Школа «Языки славянской культуры», 2003.

[27] Апресян Ю. Д. и др. Словарная статья виться2, извиваться2, змеиться1, петлять2, вилять2[A]. Новый объяснительный словарь синонимов русского языка. Первый выпуск[Z]. М.: Школа «Языки славянской культуры», 1997b.

[28] Апресян Ю. Д. Избранные труды. Т. 2. Интегральное описание языка и системная лексикография[M]. М.: Школа «Языки русской культуры», 1995b.

[29] Апресян Ю. Д. Лексикографическая трактовка вида: нетривиальные случаи[A]. Труды аспектологического семинара МГУ им. М. В. Ломоносова. Т. 2[C]. М.: Издательство Московского университета, 1997a.

[30] Апресян Ю. Д. Лексическая семантика. Синонимические средства языка[M]. М.: Наука, 1974.

[31] Апресян Ю. Д. Лингвистическая терминология Словаря[C]. Новый объяснительный словарь синонимов русского языка. 2-е изд[Z]. М.: Школа «Языки славянской культуры», 2000a.

[32] Апресян Ю. Д. Отечественная теоретическая семантика в конце XX века [J]. Изв. РАН. Сер. лит. и яз. Т. 58, 1999(04).

[33] Апресян Ю. Д. Принципы семантического описания единиц языка[A]. Семантика и представление знаний[C]. Тарту: ТГУ, 1980.

[34] Апресян Ю. Д. Словарная статья выглядеть1, казаться1 [C]. Новый объяснительный словарь синонимов русского языка[Z]. М.: Школа «Языки славянской культуры», 2000b.

[35] Апресян Ю. Д. Типы информации для поверхностно-семантического компонента модели «Смысл<=>Текст»[M]. Wien: Wiener Slawistischer Almanach, 1981.

[36] Апресян Ю. Д. Фундаментальная классификация предикатов[C]. Языковая картина мира и системная лексикография[M]. М.: Языки

славянских культур, 2006.

[37] Апресян Ю.Д. Избранные труды. Т. 1. Лексическая семантика: Синонимические средства языка[M]. М.: Школа «Языки русской культуры», 1995a.

[38] Арбатский Д. И. Значения форм множественного числа имен существительных в современном русском литературном языке[D]. Дис. канд. филол. наук. М., 1954.

[39] Арутюнова Н. Д. Лингвистические проблемы референции[A]. Новое в зарубежной лингвистике[C]. М.: Прогресс, 1982.

[40] Арутюнова Н. Д. Наивные размышления о наивной картине языка[A]. Язык о языке: сб. статей[C]. М.: Языки русской культуры, 2000a.

[41] Арутюнова Н. Д. Пропозиционные предикаты в логическом и лингвистическом аспекте[A]. Логический анализ языка[C]. М.: Наука, 1987.

[42] Арутюнова Н. Д. Типы языковых значений: Оценка. Событие. Факт[M]. М.: Наука, 1988.

[43] Арутюнова Н. Д. Феномен молчания[A]. Язык о языке: сб. статей[C]. М.: Языки русской культуры, 2000b.

[44] Арутюнова Н. Д. Язык и мир человека[M]. М.: Языки русской культуры, 1999.

[45] Арутюнова Н. Д., Левонтина И. Б. Логический анализ языка (языки прастранства)[C]. М.: языки русской культуры, 2000.

[46] Архпикина Г. Д. Когнитивные основания и антропоцентрические параметры грамматической категории числа[M]. Ростов н/Д, 2005.

[47] Баранов А. Н. Англо-русский словарь по лингвистике и семиотике [Z]. М.: Азбуковник, 2001.

[48] Богуславская О. Ю. Динамика и статика в семантике пространственных прилагательных[A]. Логический анализ языка. Языки пространств[C]. М.: Языки русской культуры, 2000.

[49] Болдырев Н. Н. Когнитивная семантика: Курс лекций по английской

филологии[M]. Тамбов: Изд-во Тамб. ун-та, 2000.

[50] Бондарко А. В. К вопросу о перцептивности [A]. Сокровенные смыслы: Слово. Текст. Культура: сб. статей в честь Н. Д. Арутюновой[C]. М.: Языки славянской культуры, 2004.

[51] Бондарко А. В. Теория значения в системе функциональной грамматики: на материале русского языка [M]. М.: Языки славянской культуры, 2002.

[52] Бондарко А. В. Принципы функциональной грамматики и вопросы аспектологии. Изд. 2-е езд. [M]. М.: Эдиториал УРСС, 2001.

[53] Бордовская А. И. Средства номинации синестетических соощущений (на материале английских и русских художественных текстов)[D]. Дис... канд. филол. наук. Тверь, 2005.

[54] Булыгина Т. В. Скрытые категории[A]. Лингвистический энциклопедический словарь[Z]. М.: Советская энциклопедия, 1990.

[55] Бюлер К. Л. Теория языка. Репрезентативная функция языка[M]. М.: Прогресс, 1993.

[56] Верхотурова Т. Л. Лингвофилософская природа метакатегории «Наблюдатель»[D]. Дис... канд. филол. наук. Иркутск, 2009.

[57] Виноградов В. А. Дейксис. Лингвистический энциклопедический словарь[Z]. М.: Сов. энциклопедия, 1990.

[58] Виноградов В. В. Русский язык (грамматическое учение о слове)[M]. М.: Высшая школа, 1972.

[59] Виноградов В. В. Русский язык[M]. М.: Русский язык, 1986.

[60] Волошинов А. В. Об эстетике фракталов и фрактальности искусства[A]. Синергетическая парадигма, линейное мышление в науке и искусстве[C]. М.: Прогресс-Традиция, 2002.

[61] Вольф Е. М. Грамматика и семантика местоимений[M]. М.: Наука, 1974.

[62] Гловинская М. Я. Многозначность и синонимия в видо-временной системе русского глагола[M]. М.: Русские словари, Азбуковник, 2001.

[63] Гловинская М. Я. Семантические типы видовых противопоставлений русского глагола[M]. М.: Наука, 1982.

[64] Евгеньева А. П. Словарь русского языка в 4 т. (2-е изд., испр. и доп) [Z]. М.: Русский язык, 1981-1984.

[65] Залевская А. А. Проблема «Тело-Разум» в трактовке А. Домазио[A]. Studia Linguistica Cognitiva. Вып. 1. Язык и познание: Методологические проблемы и перспективы[C]. М.: Гнозис, 2006.

[66] Залевская А. А. Психолингвистические исследования. Слово. Текст. Избранные труды[C]. М.: Гнозис, 2005.

[67] Земская Е. А. Типы одновидовых приставочных глаголов в современном русском языке[A]. Исследования по грамматике русского литературного языка[C]. М.: Изд-во АНСССР, 1955.

[68] Исаченко А. В. Грамматический строй русского языка в сопоставлении со словацким. Ч. II. Морфология[M]. Братислава.: Изд-во Словацкой Академии наук, 1960.

[69] Калинина В. В. Языковое моделирование человека стыдящегося «извне» и «изнутри»[J]. Когнитивные аспекты языкового значения: Вестник ИГЛУ. Сер. Лингвистика. 2006(08).

[70] Карловска А. К. Русские каузативы движения и перемещения. Смысловой анализ[D]. Дис... на соискание. канд. филол. наук. М., 1990.

[71] Кравченко А. В. Вопросы теории указательности: Эгоцентричность. Дейктичность. Индексальность[M]. Иркутск: ИГЛУ, 1992.

[72] Кравченко А. В. Знак, значение, знание. Очерк когнитивной философии языка [M]. Иркутск: Иркут. обл. типография № 1, 2001.

[73] Кравченко А. В. Индексальные конструкции с глаголами чувственного восприятия в современном английском языке [D]. Дис... канд. филол. наук. Иркутск, 1987.

[74] Кравченко А. В. Когнитивной теории времени и вида [J]. Филологические науки. 1990(06).

[75] Кравченко А. В. Когнитивный горизонт языкознания [M]. М.: Изд-во

БГУЭП, 2008.

[76] Кравченко А. В. Язык и восприятие: Когнитивные аспекты языковой категоризации[M]. Иркутск: Изд-во Иркут. ун-та, 1996.

[77] Крейдлин Г. Е. Голос и тон в языке и речи[A]. Язык о языке: сб. статей[C]. М.: Языки русской культура, 2000.

[78] Крейдлин Г. Е. Движение рук: касание тактильное взаимодействие в коммуникации людей[A]. Языки динамического мира[C]. Дубна, 1999.

[79] Кронгауз М. А. Норма: семантический и прагматический аспекты[A]. Сокровенные смыслы: Слово. Текст. Культура: сб. статей в честь Н. Д. Арутюновой[C]. М.: Языки славянской культуры, 2004.

[80] Кузнецов С. А. Большой толковый словарь русского языка[Z]. СПб.: Норинт, 1998.

[81] Кустова Г. И. Вид, видимость, сущность (о семантическом потенциале слов со значением зрительного восприятия)[A]. Сокровенные смыслы: Слово. Текст. Культура: сб. статей в честь Н. Д. Арутюновой[C]. М.: Языки славянской культуры, 2004.

[82] Кустова Г. И. Типы производных значений и механизмы семантической деривации[D]. автореф. Дис... дра филол. наук. М., 2001.

[83] Кустова Г. И. Экспериенциальная сфера и концепт тяжести в русском языке [J]. Семиотика и информатика, 2002(37).

[84] Лазарев В. В. К теории обыденного / когнитивного познания (от Коперника к Птолемею) [J]. Вестн. Пятигор. гос. лингвист. ун-та, 1999(02).

[85] Левонтина И. Б., Шмелев А. Д. Родные просторы[A]. Логический анализ языка. Языки пространств[C]. М.: Языки русской культуры, 2000.

[86] Ляшевская О. Н. Нестандартное числовое поведение русских существительных[M]. АКД. М., 1999.

[87] Майсак Т. А. Семантика и статика: глагол идти на фоне других глаголов движения[A]. Языки динамического мира[C]. Дубна.: Международный

ун-т природы, общества и человека, 1999.

[88] Маслов Ю. С. Вид и лексическое значение глагола в современном русском языке[J]. Известия Академии наук СССР. Отделение литературы и языка. Т. VII, 1948(04).

[89] Маслов Ю. С. Избранные труды: Аспектология. Общее языкознание[M]. М.: Языки славянской культуры, 2004.

[90] Маслов Ю. С. Очерки по аспектологии[M]. Л.: Изд-во ЛГУ, 1984.

[91] Матурана У. Биология познания [A]. Язык и интеллект[C]. М.: Прогресс, 1996.

[92] Мельчук И. А. Курс общей морфологии. Том 2[M]. Москва – Вена: "Языки русской культуры", Венский славистический альманах, 1998.

[93] Морозов В. В. Сопоставительный анализ глаголов движения в английском, русском и французском языках [A]. Языки динамического мира[C]. Дубна.: Международный ун-т природы, общества и человека, 1999.

[94] Ожегов С. И. Словарь русского языка, стереотип[Z]. М.: Русский язык, 1985.

[95] Ожегов С. И., Шведова Н. Ю. Толковый словарь русского языка[Z]. М.: АЗЪ, 1998.

[96] Осипов Г. В. Российская социологическая энциклопедия [M]. М.: Издат. группа НОРМА-ИНФРАМ, 1998.

[97] Падучева Е. В. Акцентный статус как фактор лексического значения [J]. Изв. АН. Сер. лит. и яз, 2003(01).

[98] Падучева Е. В. Генитив дополнения в отрицательном предложении [J]. Вопросы языкознания, 2006b(06).

[99] Падучева Е. В. Глаголы движения и их стативные дериваты[A]. Логический анализ языка. Языки динамического мира[C]. Дубна.: Международный ун-т природы, общества и человека,1999.

[100] Падучева Е. В. Глаголы действия: толкование и сочетаемость [A]. Логический анализ языка. Модели действия[Z]. М.: Индрик, 1992a.

[101] Падучева Е. В. Дейктические компоненты в семантике глаголов движения [A]. Логический анализ языка. Семантика начала и конца[C].М.: Индрик, 2002.

[102] Падучева Е. В. Динамические модели в семантике лексики[M]. М.: ЯСК, 2004.

[103] Падучева Е. В. Наблюдатель как Эксперинт «За кадром»[A]. Слово в тексте и словаре: сб. ст. к 70-летию акад. Д. Апресяна[C]. М.: Школа «Языки русской культуры», 2000.

[104] Падучева Е. В. Наблюдатель: типология и возможные трактовки[A]. Сборник «Компьютерная лингвистика и интеллектуальные технологии». Труды международной конференции Диалог 2006 [C]. М.: Изд-во РГГУ, 2006a.

[105] Падучева Е. В. О семантическом подходе к синтаксису и генитивном субъекте БЫТЬ [J]. Russian Linguistics, 1992b(16).

[106] Падучева Е. В. Парадигма регулярной многозначности глаголов звука[J]. Вопрос языкознания. 1998(05).

[107] Падучева Е. В. Родительный субъект в отрицательном предложении [J]. Вопросы языкознания, 1997(02).

[108] Падучева Е. В. Семантические исследования[M]. М.: Школа «Языки русской культуры», 1996.

[109] Петрова Н. В. Интертекстуальность как общий механизм текстообразования англо-американского короткого рассказа[M]. Иркутск: ИГЛУ, 2004.

[110] Пешковский А. М. Русский синтаксис в научном освещении[M]. М:. : Государственное учебно-педагогическое издательство министерства просвещение РСФСР, 1956.

[111] Плунгяи В. А. Общая морфология. Введение в проблематику[M]. М.: Едиториал УРСС, 2000.

[112] Подлесстя В. К., Рахилина Е. В. Лицом к лицу[A]. Логический анализ языка. Языки пространств[C]. М.: Языки русской культуры, 2000.

[113] Пригожин И. Стенгерс И. Время, хаос, квант: К решению парадокса времен[M]. М.: Прогресс, 1994.

[114] Пригожин И. Стенгерс И. Порядок из хаоса: Новый диалог человека с природой[M]. М.: Прогресс, 1986.

[115] Рахилина Е. В. Когнитивный анализ предметных имен: семантика и сочетаемость[M]. М.: Русские словари, 2000.

[116] Рахилина Е. В. О лексических базах данных [C]. Вопросы языкознания. 1994(04).

[117] Рахилина Е. В. Семантика или синтаксис? (К анализу частных вопросов в русском языке) [M]. München: Sagner, 1990.

[118] Рожанский Ф. И. Направление движения (типологическое исследование) [A]. Логический анализ языка. Языки пространств[C]. М.: языки русской культуры, 2000.

[119] Рузин И. Г. Когнитивные стратегии именования: модусы перцепции (зрение, слух, осязание, обоняние, вкус) и их выражение в языке[J]. Вопросы языкознания, 1994(06).

[120] Рябцева Н. К. Язык и естественный интеллект[M]. М.: Academia, 2005.

[121] Свирский Я. И. Нелинейный мир постнеклассической науки и творческое наследие Жиля Делеза[D]: дис. д-ра философ, наук. М., 2004.

[122] Семёнова Т. И. Внутренний мир человека через призму кажимости[J]. Когнитивные аспекты языкового значения, 2003(03).

[123] Семёнова Т. И. Лингвистический феномен кажимости[M]. Иркутск: ИГЛУ, 2007.

[124] Семёнова Т. И. Модус кажимости как способ репрезентации внутреннего мира человека[J]. Лингвистика и межкультурная коммуникация. Том 2, 2004(01).

[125] Семёнова Т. И. Субъектный синкретизм в высказываниях с модусом кажимости[J]. Современные лингвистические теории: проблемы слова, предложения и текста, 2005(3).

[126] Тихонов А. Н. Комплексный словарь русского языка[M]. М.: Русский язык, 2001.

[127] Успенский Б. А. Поэтика композиции[M]. Флинта: Наука, 2007.

[128] Философский энциклопедический словарь[Z]. М.: ИНФРА- М, 1999.

[129] Фрумкина Р. М. Психолингвистика[M]. М.: Издательский центр «Академия», 2001.

[130] Фрумкина Р. М. Самосознание лингвистики – вчера и сегодня[J]. Изв. РАН. Сер. лит. и яз. Т. 58, 1999(04).

[131] Хориби А. С. Толковый словарь современного английского языка для продвинутого этапа: Специальное издание для СССР[M]. М.: Русский язык, 1982.

[132] Циммерлинг А. В. Субъект состояния и субъект оценки (типы предикатов и эпистемическая шкала)[A]. Логический анализ языка. Образ человека в культуре и языке[C]. М.: Индрик, 1999.

[133] Чжан Цзяхуа. Об одной трудности употребления видов русских глаголов[J]. Русский язык за рубежом. 1986(05).

[134] Чумирина В. Е. Грамматические и текстовые свойства полисемичных глаголов[J]. Филологические науки, 2003(03).

[135] Шатуновский И.Б. Проблемы русского вида[M]. М.: Языки славянских культур. 2009.

[136] Шаховский В. И. Языковая личность в лингвистике эмоций[J]. Языковая личность и семантика: тез. докл. науч. конференции 28-30 сент. 1994 г. Волгоград: Перемена, 1994.

[137] Шведова Н. Ю. Русская грамматика. Том I. Фонетика. Словообразование. Морфология[M]. М.: Наука, 1980.

[138] Швец Н.О. Роль языка в структурировании знания [D]. Дис... канд. филол. наук. Тверь, 2005.

[139] Щерба Л. В. Избранные работы по русскому языку[M]. М.: Учпедгиз, 1957.

[140] Юнг К. Г. Аналитическая психология[M]. СПб.: МЦНК и Т Кентавр,

Институт Личности, ИЧП «Палантир», 1994.

[141] Яковлева Е. С. О некоторых моделях пространства в русской языковой картине мира [J]. Вопросы языкознания, 1993(4).

[142] Яковлева Е. С. Фрагменты русской языковой картины мира (модели пространства, времени и восприятия)[M]. М.: Изд-во Гнозис, 1994.

[143] 卞志荣. 浅淡物理课堂教学的情景创设物[J]. 物理教学探讨, 2006(04).

[144] 车文博主编. 当代西方心理学新词典[Z]. 长春：吉林人民出版社, 2001.

[145] 戴耀晶. 现代汉语时体系统研究[M]. 杭州:浙江教育出版社, 1997.

[146] 段芸, 莫启扬, 文旭. 认知语料库语言学刍议[J]. 外语与外语教学, 2012 (06).

[147] 韩玉国. 现代汉语形容词的句法功能及再分类[J]. 语言教学与研究, 2001(02).

[148] 郝斌. 再论配价和题元[J]. 中国俄语教学, 2004(03).

[149] 黄松柏. 俄语状态词初探[J]. 福建外语, 1982(02).

[150] 金炳华. 马克思主义哲学大辞典[M]. 上海:上海辞书出版社, 2003.

[151] 李葆嘉. 汉语元语言系统研究的理论建构及应用价值[J]. 南京师范大学学报(社会科学版), 2002(04).

[152] 李淮春主编. 马克思主义哲学全书[M]. 北京:中国人民大学出版社, 1996年.

[153] 梁茂成. 理性主义、经验主义与语料库语言学[J]. 中国外语, 2010(04).

[154] 林崇德, 杨治良, 黄希庭. 心理学大词典[M]. 上海:上海教育出版社, 2004.

[155] 刘丹青. 形名同现及形容词的向[J]. 南京师大学报（社会科学版）, 1987(03).

[156] 吕叔湘主编. 现代汉语八百词（增订本）[M]. 北京:商务印书馆, 2007.

[157] 彭玉海. 题元研究的方法论[J]. 解放军外国语学院学报, 2004(03).

[158] 彭玉海. 题元与俄语语义理论[J]. 外语学刊, 2003(04).

[159] 沈家煊. 不对称和标记论[M]. 南昌:江西教育出版社, 1999.

[160] 沈家煊译. 克里斯特尔编, 现代语言学词典[M]. 北京：商务印书馆, 2000.

[161] 王超尘等. 现代俄语理论教程[M]. 上海:上海外语教育出版社, 1986.

[162] 王洪明. 阐释动词及其特征[J]. 外语学刊, 2011(01).

[163] 王洪明. 阐释动词与叙实动词对比分析[J]. 外语学刊, 2013(03).

[164] 王晓阳. 语言自我中心成分及其文本解释[M]. 北京:中国社会科学出版社, 2012.

[165] 肖燕. 时间的概念化及其语言表征[D]. 重庆:西南大学, 2012.

[166] 信德麟, 张会森, 华劭. 俄语语法[M]. 北京:外语教学与研究出版社, 2009.

[167] 徐时仪. "一味"的词汇化与语法化考探[J]. 语言教学与研究, 2006(06).

[168] 徐英平. 俄汉语框架语言类型归属探析[J]. 外语研究, 2009(01).

[169] 薛恩奎. 感知系统词汇化及其语义—句法关系分析[J]. 外语学刊. 2014(06).

[170] 杨家胜. 次级与标准理论的语言学研究[D]. 哈尔滨:黑龙江大学, 2007.

[171] 张国宪. 现代汉语形容词的典型特征[J]. 中国语文, 2000(05).

[172] 张会森. 最新俄语语法[M]. 北京:商务印书馆, 2003.

[173] 张家骅. 俄罗斯语义学—理论与研究[M]. 北京:中国社会科学出版社, 2011.

[174] 张家骅. 建构详解组合词典的相关语言学概念再阐释[J]. 外语学刊, 2014(06).

[175] 张家骅. 莫斯科语义学派的配价观[J]. 外语学刊, 2003(04).

[176] 张家骅. 现代俄语体学(修订版)[M]. 北京:高等教育出版社, 2004年.

[177] 张家骅. 新时代俄语通论(下册)[M]. 北京:商务印书馆, 2006年.

[178] 张志军. 俄汉语"徒步"空间运动动词语义构式分析[J]. 中国俄语教学, 2010(03).

[179] 赵春利. 情感形容词与名词同现的原则[J]. 中国语文, 2007(02).

[180] 赵春利. 形名组合的静态与动态研究[D]. 广州:暨南大学, 2006.

[181] 郑祥福. 范弗拉森可观察性概念的批判[J]. 自然辩证法研究, 1994(01).

[182] 中国社会科学院语言研究所词典编辑室. 现代汉语词典(第6版)[M]. 北京:商务印书馆, 2012.

[183] 周淑娟. 俄语空间客体分布动词语法语义中的观察者[J]. 解放军外国语学院学报, 2016(04).

[184] 周淑娟. 俄语空间名词数范畴语义中的观察者[J]. 中国俄语教学, 2015(04).

[185] 朱德熙. 现代汉语形容词研究[J]. 语言研究, 1956(01).

[186] 朱德熙. 语法讲义[M]. 北京:商务印书馆, 1984.

附录一　俄语空间客体分布动词一览表

Русские глаголы, описывающие расположение протяженных пространственных объектов

бежать₃-'тянуться, простираться в каком-либо направлении (о дороге, тропинке и т. д.)'

ввести₁ (вводить) -'привести куда-либо, указывая путь.'

вести₃-'иметь направление, простираться куда-либо.'

взобраться ₁ (взбираться) -'всходить, подниматься вверх, на высоту.'

вильнуть₂ -'круто повернуть, резко отклониться в сторону (о дороге, реке и т. п.) .'

вилять₂-'Делать крутые повороты, изгибы (о дороге, реке и т.п.).'

виться₂-'извиваться, пролегать, протекать.'

вклиниться₁ (вклиниваться) -'войти клином, узкой полосой во что-либо.'

войти₁ (входить) -'идти внутрь чего-либо (о дороге, тропинке и *Т.П.)*'

вывести»₂ (выводить)-'о *дороге, лестнице и т:п.* - приводить, указывать, направление движения откуда-, куда-либо.'

выйти₁ (выходить)-'идти откуда-либо, покидать место, пределы чего-либо.'

дойти₂ (доходить)-'простираясь в длину или ширину, достигать чего, граничить с чем-либо (о каких-либо земельных участках)'

достигнуть₁ (достигать)-'дойти до какого-либо места, предела'

завернуть₁(заворачивать)-'делать поворот, изменять направление'

завести₁ (заводить)-'заставлять прийти, войти куда-либо, приводить'

завилять₁-'начать вилять'

завиться$_3$ (завиваться) - 'принимать извилистое направление, поднимаясь, восходя'

зазмеиться$_1$ - 'начать змеиться'

закончиться$_1$ (заканчиваться) - 'иметь своим окончанием, в своем конце что-либо

запетлять$_1$ - 'начать петлять, пойти петлями'

змеиться$_1$ - 'тянуться извилистой линией, виться, извиваться'

идти$_{10}$ - 'пролегать, иметь известное направление, располагаться'

извиваться$_2$ - 'пролегать, протекать и т.д., образуя частые извилины (о дороге, реке и т.д.); виться'

изогнуться$_1$ (изгибаться) - 'сделать изгиб, поворот (о реке, тропинке и т.д.)

кончиться$_1$ (кончаться) - 'прийти к концу, окончиться'

набежать$_6$ (набегать) - 'вплотную подойти к чему-либо, достигать чего-либо'

начаться$_1$ (начинаться) - 'иметь исходной точкой что-нибудь'

обогнуть$_1$ (огибать) - 'располагаясь вокруг, окружить собой, опоясывать'

обойти$_2$ (обходить) - 'протягиваться вокруг чего-либо, окружать собой, опоясывать'

оборваться$_4$ (обрываться) - 'заканчиваться обрывом, переходить в обрыв (о горе, круче ит.п.)'

окончиться$_1$ (оканчиваться) - 'приходить к концу, завершаться, заканчиваться'

отклониться$_2$ (отклоняться) - 'переместиться в сторону от первоначального направления, уклониться, отойти'

отойти$_4$ (отходить) - 'отступить, изменив свое направление, расположение'

перебежать$_5$ (перебегать) - 'тянуться, проходить (о дороге, вытянутом полосой пространстве)'

перейти$_{11}$ (переходить) - 'продолжиться в виде чего-либо другого, соединиться с чем-либо другим'

пересечь$_2$ (пересекать) - 'расположиться, пройти по поверхности чего-либо от одного края к другому, перерезать'

петлять₁-'пролегать изгибами, петлями, извиваться'

повернуть₂ (поворачивать)-'изменить направление своего движения, течения'

повести₁-'начать вести'

подвести₁ (подводить)-'послужить путем куда-либо, привести к какому-либо месту, вывести'

подняться₂ (подниматься)-'располагаться в направлении снизу вверх, вести вверх. О дороге, лестнице и т. д. '

подойти₄ (подходить)-'располагаясь, простираясь, оказаться в непосредственной близости от чего-либо'

пойти₁₀-'получить известное направление'

потянуться₁-'начать тянуться'

прерваться₁ (прерываться)-'оборваться, внезапно прекратиться'

пресечься₂ (пресекаться)-'прекратиться, прерваться на каком-нибудь месте'

привести₂ (приводить)-'послужить путем куда-либо, указать дорогу к чему-либо'

прижаться₂ (прижиматься)-'находиться на очень близком расстоянии от чего-либо, рядом с чем-либо'

прийти₁ (приходить)-'простираясь, дойти куда-либо, достичь чего-либо'

пройти₆ (проходить)-'пролечь, протянуться в каком-нибудь направлении'

простираться₁-'распространяться по какому-либо пространству, занимать какое- либо пространство'

раздвоиться₁ (раздваиваться)-'разделиться надвое, на две части'

разделиться₁ (разделяться)-'разойтись в разные стороны, разветвиться'

разойтись₆ (расходиться)-'разделяясь, идти по разным направлениям, разветвляться. О пути, дороге'

расступиться₂ (расступаться)-'оказаться расположенным по сторонам чего-либо, оставляя свободное пространство посередине'

расшириться₁ (расширяться)-'стать более широким, просторным'

сбежать₄ (сбегать)-'располагаться по направлению вниз. О дороге, тропинке и т. п.'

свернуть₁ (сворачивать)-'менять направление, поворачивая в сторону. О дороге, тропинке и т. п.'

свести₁ (сводить)-'вести вниз, служить путем к чему-либо, находящемуся ниже. О дороге, тропинке и т. п.'

своротить₅ (свертывать)-'менять направление, поворачивая в сторону. О дороге, тропинке и т. п.'

сойти₁ (сходить)-'располагаться наклонно'

сорваться₈ (срываться)-'внезапно круто обрываться'

сползти₃ (сползать)-'располагаться по наклонной плоскости, наклонно. О дороге, тропинке и т. п.'

спуститься₅ (спускаться)-'понижаться, располагаться по наклонной плоскости, наклонно'

сузиться₁ (сужаться)-'становиться уже, уменьшаться в ширине'

тянуться₁ -'располагаться на большом протяжении, пространстве'

убегать₂ -'тянуться, простираться вдаль (о пути, дороге и т. д.) '

увести₁ (уводить)-'простираясь, пролегая где-либо, послужить путем к какому-либо месту'

уйти₉ (уходить)-'тянуться, располагаться, простираться в каком-либо направлении'

уклониться₂ (уклоняться)-'располагаться под углом, с отклонением от первоначального маршрута'

упереться₁ (упираться)- 'простираясь в каком-либо направлении, окончиться перед чем-либо'

附录二　俄语显示类动词一览表

Русские глаголы-прявление

вознестись₁ (возноситься)-'подняться вверх, ввысь'

возникнуть₂ (возникать)-'предстать перед глазами, показаться'

возвыситься₂ (возвышаться) -'подняться вверх, ввысь'

встать₅ (вставать)-'возникнуть, появиться, предстать'

вырасти₅ (вырастать)-'показаться, возникнуть перед кем-л., перед чьим-л. взором'

глянуть₁ (глядеть)-'быть видным, виднеться, выглядывать'

забелеть₁ (белеть)-'выделиться своим белым цветом, показаться (о чем-л. белом) '

заблестеть₁ (блестеть)-'показаться, выделиться своим блеском'

забрезжить₁ (брезжить), забрезжиться ₁ (брезжиться)-'начать брезжить(ся)'

завиднеться₁ (виднеться)-'стать видным, показаться'

заголубеть₁ (голубеть)-'выделиться своим голубым цветом, показаться (о чем-л. голубом)'

зажелтеть₁ (желтеть), зажелтеться ₁ (желтеться)-'выделиться своим желтым цветом, показаться (о чем-л. желтом) '

зазеленеть₂ (зеленеть), зазеленеться 1 (зеленеться)-'выделиться своим зеленым цветом, показаться (о чем-л. зеленом)'

зазолотиться₂ (золотиться)-'выделиться золотистым цветом, блеском, показаться (о чем-л. золотистом)'

заискриться₁ (искриться)-'начать искриться'

закраснеть$_1$ (краснеть), закраснеться$_1$ (краснеться)-'выделиться своим красным цветом, показаться (о чем-л. красном)'

залиловеть$_1$ (лиловеть)-'выделиться своим лиловым цветом, показаться (о чем-л. лиловом)'

замаячить$_1$ (маячить)-'показаться, обозначиться в отдалении; начать маячить'

замелькать$_1$ (мелькать)-'начать мелькать'

замерцать$_1$ (мерцать)-'начать мерцать'

запестреть$_1$ (пестреть)-'выделиться своей пестрой раскраской, показаться (о чем-либо пестром)'

зарозоветь$_1$ (розоветь)-'выделиться своим розовым цветом, показаться (о чем-л. розовом)'

засверкать$_1$ (сверкать)-'начать сверкать

засветиться$_1$ (светиться)-'начать светиться'

засеребриться$_1$ (серебриться)-'начать серебриться'

засереть$_1$ (сереть)-'выделиться своим серым цветом, показаться'

засинеть$_1$ (синеть), засинеться$_1$ (синеться)-'выделиться своим синим цветом, показаться (о чем-л. синем)'

засиять$_2$ (сиять)-'появиться, показаться (о чем-либо сияющем, блестящем)'

затемнеть$_2$ (темнеть), затемнеться$_1$ (темнеться)-'выделиться своим темным цветом, показаться (о чем-л. темном)'

зачернеть$_1$ (чернеть), зачернеться$_1$ (чернеться)-'выделиться своим черным цветом, показаться (о чем-л. черном)'

мелькнуть$_1$-'однокр. к мелькать'

открыться$_4$ (открываться)-'показаться, предстать взору'

подняться$_6$ (подниматься)-'появиться, возникнуть'

показаться$_2$ (показываться)-'стать видным, заметным, появиться'

появиться$_1$ (появляться)-'возникнув где-л., оказаться в поле зрения кого-л.; явиться, показаться'

проступить$_1$ (проступать)-'стать слегка или частично видимым'

развернуться$_6$ (разворачиваться) -'открыться взору'

致　谢

　　光阴如白驹过隙，转瞬毕业多年。在经历了选题、定题、收集材料、拟稿、定稿等"苦难的历程"之后，在定稿搁笔之际，我终觉如释重负。回首来时路，不禁百感交集。此时此刻，我最想表达的还是我的感激和谢意。

　　感谢母校黑龙江大学为我提供学习和深造的机会。

　　感谢我的导师张家骅教授。张家骅教授将我引入语言学研究之门，指点迷津，鼓励鞭策。能够成为张家骅老师的门下弟子，本人深感荣幸。在本书整个撰写过程中，时时都有先生呕心沥血的指导，殷切的关怀，字里行间，处处都有先生的身影。恩师严谨的治学、渊博的学识、敏捷的思维、豁达的胸怀、无私的品格无时无刻不在激励着我，促我奋进，令我感动，是我一生受益不尽的宝贵财富。

　　感谢我的副导师黄东晶教授。虽然黄老师诸事繁杂，但她总是牺牲自己宝贵的休息时间，在本书写作的各个阶段给予我很多宝贵的建议、指导和帮助。黄老师严谨的治学态度、务实的工作作风、乐观的心态、朴实温暖的话语深深感染了我，是我学习的楷模。

　　在黑大学习期间，邓军教授、孙淑芳教授、李鸿儒教授、薛恩奎教授、彭玉海教授、林春泽教授、黄忠廉教授以渊博的学识和独特的学术思想开阔了我的眼界，在生活上的关怀让我感到家一般的温暖。

　　我还要深深感谢吉林外国语大学秦和校长、田宝新教授、高凤兰教授以及我的同事张薇、徐秀娟、李丹、费丽敏、陈淑玲等，在我撰写本书期间，他们的支持、关怀、勉励和帮助是我前进的动力。

　　感谢与我并肩作战的薛文博、王朔、张月红、曾建松、史思谦、姜磊等，在学期间，我们相互鼓励、相互扶持，见贤思齐，他们是我的良师益友。

感谢父母的养育之恩。感谢公公和婆婆的理解和支持。感谢丈夫王晓阳博士，没有他的鼎力支持，我很难专心工作，完成本书。感谢乖巧可爱的儿子，他们温暖的笑容和贴心的话语激励我不断前进。

感谢在我研究道路上给予我支持和帮助的所有人！